変化する
青森県の経済と産業

2019年３月

一般財団法人 青森地域社会研究所

発刊にあたって

青森地域社会研究所が企画・編集した『変化する青森県の経済と産業』が完成いたしました。本書は、2008年に当研究所が発行した『よくわかる青森県の経済と産業』の後継書籍です。

本書は2000年代半ばから最近までの約10年間の動きを中心に記述されており、青森県経済の今を理解し、これからを考えるための書籍です。図表をできるだけ多く収めることにより、わかりやすい解説図書とすることを心掛けました。

この10年を振り返りますと、戦後最長の「いざなみ景気」が終了した後、2008年９月の米国投資銀行の破綻に端を発した世界的な金融危機「リーマンショック」により、本県経済も大きな影響を受けました。また、2011年３月11日には東日本大震災が発生。この間、欧州政府の債務危機を背景に、景気が低迷した時期もありましたが、2012年冬以降、わが国経済は持ち直しました。

青森県においては、この10年間に東北新幹線の全線開業や北海道新幹線の一部開業、海外旅客の急増など、さまざまな出来事がありました。必ずしも日本経済と同一の歩調で進んできたというわけではなく、違った部分も少なくなかったと感じております。

さて、本書の執筆陣は2017年11月に結成された「青森県の経済と産業研究会」のメンバー16名です。県内の大学や産業支援機関に所属する、さまざまな分野の研究者11名と当研究所の役職員５名で構成されています。本県経済の現状と課題に対する共通認識を醸成するため、外部講師を招きながら、複数回の研究会で意見交換を重ねつつ、各々の担当章を執筆してきました。

業務ご多忙の折、研究会に参加賜り、本書の執筆に携わっていただいた先生方には、衷心より御礼申しあげます。

青森県にとって最大の懸案事項である「人口減少」は今もなお足元で静かに進行し、地域の経済や生活にさまざまな影響を及ぼしています。そうした中、外部環境に目を向けますと、世界の成長の核は新興国に移行し、一方、第４次産業革命と呼ばれる、これまでとは桁違いの技術革新が世界中で同時進行しています。その結果、ヒト、モノ、カネ、データのボーダーレスな動きが加速しながら拡張を続けています。

こうした大きな環境変化の中で、私たちが向かっていく先を考える基礎資料として本書をご活用いただけましたら幸いです。

2019年３月吉日

一般財団法人青森地域社会研究所

理事長　**成　田　　晋**

目　次

発刊にあたって

Ⅰ　経　済　編

第１章　青森県経済のあゆみ……………………………… 2
　１．青森県の経済規模………………………………………… 2
　⑴　総生産と県民所得………………………………………… 2
　⑵　ＯＥＣＤ諸国との比較…………………………………… 2
　⑶　全国シェアからうかがわれる特徴点…………………… 4
　２．青森県経済の変化（最近10年間を中心に）………………… 6
　⑴　景気循環…………………………………………………… 7
　　①わが国の景気動向……………………………………… 7
　　②青森県の景気基準日付………………………………… 8
　⑵　リーマン・ショックと東日本大震災を越えて………… 8
　⑶　需要項目別の動き……………………………………… 10
　⑷　経済成長力の変動要因分析…………………………… 12
　３．県内企業の景況感……………………………………… 14
　４．「変化する青森県の経済と産業」のポイント…………… 17
　⑴　本章で見つけた４つの事実…………………………… 17
　⑵　外部環境の変化と本書のポイント…………………… 18
第２章　人口減少と少子高齢化………………………………… 20
　１．青森県と全国の人口ボーナスと人口オーナス………… 20
　２．転出超過の年齢と時期………………………………… 20
　⑴　転出の年齢……………………………………………… 20
　⑵　転出の時期……………………………………………… 22
　⑶　転出前後のコホートの比率…………………………… 23
　⑷　転出の都道府県比較…………………………………… 24

３．自然増減……………………………………………………………… 26
⑴　出生数減少の要因としての母親世代減少………………… 26
⑵　出生率低下の女性要因と男性要因………………………… 28
①　少子化の女性要因の低下…………………………………… 28
②　少子化の男性要因…………………………………………… 31
⑶　平均寿命………………………………………………………… 33
４．人口構成……………………………………………………………… 37
第３章　県内総生産と総需要………………………………………… 40
１．2015年度の県内総生産…………………………………………… 40
⑴　県内総生産額…………………………………………………… 40
２．動き出した青森県経済…………………………………………… 42
⑴　県内総生産額の推移…………………………………………… 42
⑵　生産、支出、分配面から見た県内経済…………………… 43
⑶　青森県の産出額………………………………………………… 44
３．県内総生産額………………………………………………………… 46
４．分配面から見た県民所得………………………………………… 48
⑴　一人当たり県民所得…………………………………………… 50
５．支出面から見た県内総生産……………………………………… 51
６．県民経済計算から見える青森県の姿…………………………… 54
⑴　一人当たり県民所得の要因分解……………………………… 54
７．基盤産業と非基盤産業…………………………………………… 56
８．青森県の県際構造………………………………………………… 58
９．おわりに……………………………………………………………… 60
第４章　青森県の労働市場…………………………………………… 62
１．就業構造……………………………………………………………… 62
２．賃金と労働時間…………………………………………………… 64
３．雇用改善の真相…………………………………………………… 68
４．有効求人倍率の決定要因………………………………………… 70

5．労働市場のミスマッチ…………………………………… 75
6．おわりに……………………………………………………… 82
第5章　事 業 所……………………………………………………… 86
1．青森県の事業所数と従業者数の推移……………………… 86
2．開業率と廃業率の推移……………………………………… 88
3．企業誘致の動向……………………………………………… 90
4．青森県の企業倒産状況……………………………………… 93
5．休廃業・解散と事業承継…………………………………… 94

Ⅱ　産 業 編

第6章　農林水産業…………………………………………………… 98
1．農　　業……………………………………………………… 98
(1)　青森県農業の位置づけ……………………………………… 98
(2)　全国と比較した青森県農業の特性と相対的優位性……100
(3)　青森県農業の構造変化……………………………………104
①　農家数…………………………………………………………104
②　農業就業人口…………………………………………………106
③　経営耕地面積…………………………………………………107
④　農業生産………………………………………………………108
(4)　今後の青森県農業…………………………………………109
2．林　　業………………………………………………………111
(1)　概　　況………………………………………………………111
(2)　青森県の林業………………………………………………113
3．水 産 業………………………………………………………115
(1)　概　　況………………………………………………………115
(2)　資源管理問題………………………………………………116
(3)　青森県水産業の位置づけと生産構造の変化……………117
(4)　漁業生産……………………………………………………119

⑸　今後の青森県水産業……120
第７章　建　設　業……122
１．青森県建設業の位置づけ……122
２．事業所・従業者数……124
⑴　事　業　所……124
⑵　従業者数……126
３．本県建設業の構造……128
⑴　建設工事……128
⑵　元請・下請関係……132
⑶　受注動向……133
⑷　財務指標……136
⑸　住宅市場の動向……137
⑹　労働事情……139
４．今後の青森県建設業……139
第８章　製　造　業……144
１．青森県製造業の位置づけ……144
２．青森県製造業の現状……146
⑴　事業所数……146
⑵　従業者数……148
⑶　製造品出荷額等……149
⑷　粗付加価値額……150
⑸　企業誘致……150
⑹　鉱工業生産指数……151
３．本県製造業の構造変化と特徴……152
⑴　産業別事業所数……152
⑵　産業別従業者数……153
⑶　産業別製造品出荷額等……154
⑷　産業別粗付加価値額……155

⑸　産業構造からみた本県製造業の特徴……………………155
４．地域別の生産活動の状況………………………………………159
⑴　地域別事業所数…………………………………………………159
⑵　地域別従業者数…………………………………………………160
⑶　地域別製造品出荷額等…………………………………………161
⑷　地域別粗付加価値額……………………………………………161
⑸　地域別の製造業集積の特色……………………………………162
５．今後の青森県製造業の展開……………………………………163
⑴　新産業の創出……………………………………………………163
⑵　第４次産業革命への対応………………………………………163
⑶　ものづくり人材の育成…………………………………………164
⑷　製造ネットワークの強化………………………………………164
第９章　商　　業……………………………………………………166
１．環境変化著しい商業……………………………………………166
２．青森県の商業の現状および特徴………………………………166
⑴　青森県商業（卸売業、小売業）の概要………………………166
⑵　卸売業、小売業別の概要………………………………………168
①　事業所数の推移～目立つ小売業の減少～……………168
②　従業者数の推移～小幅減少にとどまる小売業～……168
③　年間販売額の推移～小幅減少にとどまる小売業～…168
⑶　東北６県の年間販売額比較と各県の全国シェア………168
３．卸 売 業…………………………………………………………170
⑴　卸売業推移の全国比較…………………………………………170
⑵　青森県卸売業の特徴……………………………………………172
①　東北６県との販売効率比較………………………………172
②　業種分類別にみる青森県の卸売業………………………172
４．小 売 業…………………………………………………………174
⑴　小売業推移の全国比較…………………………………………174

(2) 青森県小売業の特徴……………………………………………176
① 東北６県との販売効率比較…………………………………176
② 業種分類別にみる青森県の小売業…………………………176
５．小売業業態別の状況（商業動態統計より）…………………178
(1) 東北６県の状況…………………………………………………178
(2) 本県小売業業態別の状況………………………………………178
６．青森県を取り巻く課題と商業………………………………180
(1) 買物難民問題の解決にむけ……………………………………180
(2) 縮むマーケット～市場を創出する試み～……………………180
(3) おわりに…………………………………………………………181
第10章 サービス業・飲食業……………………………………………182
１．サービス業・飲食業の現状…………………………………182
(1) サービス業の推移………………………………………………182
① 事業所数…………………………………………………………182
② 従業者数…………………………………………………………184
③ 売上金額…………………………………………………………185
(2) 県内総生産におけるサービス業………………………………187
２．サービスへの家計支出………………………………………188
３．主要サービス業の動向………………………………………190
(1) 飲 食 業…………………………………………………………190
(2) 宿 泊 業…………………………………………………………192
(3) 不動産業…………………………………………………………193
(4) 生活関連サービス業……………………………………………194
(5) 教育・学習支援業………………………………………………195
(6) 娯 楽 業…………………………………………………………196
４．今後の青森県の飲食業・サービス業の展望………………197
第11章 情報通信業……………………………………………………198
１．情報通信の発展史……………………………………………198

(1)　コンピュータの黎明……198
(2)　コンピュータの小型化……198
(3)　インターネットの普及……199
(4)　ビッグ・データの時代……200
2．青森県の情報通信業の事業所数と従業者数……200
3．青森県の携帯電話の契約数や普及率……203
4．青森県のパソコンの普及率……205
5．青森県のブロードバンドの普及率……206
6．青森県のサイバー犯罪……209
第12章　エネルギー……212
1．我が国のエネルギーの現状……212
2．青森県のエネルギーの現状……216
3．再生可能エネルギーの現状……220
4．青森県のエネルギー関連施設……224
(1)　むつ小川原国家石油備蓄基地……224
(2)　リサイクル燃料備蓄センター……224
(3)　原子力発電所……224
(4)　原子燃料サイクル施設……226
(5)　国際核融合エネルギー研究センター……226
5．青森県におけるエネルギー産業の発展に向けて……227
第13章　交通・運輸……230
1．概　　観……230
2．東北・北海道新幹線の開業……230
3．県内の鉄路の変遷……234
4．高規格道路の整備……235
5．海路の動向……239
6．航空網の充実……241
7．事業所数と従業者数の変化……244

８．貨物・旅客の動き……………………………………………………246
９．展　　望……………………………………………………………………249
第14章　観光業…………………………………………………………………252
１．観光の現状…………………………………………………………………252
⑴　観光を取り巻く環境の変化………………………………………………252
⑵　東北新幹線新青森駅開業の影響…………………………………………252
⑶　青森空港国際線拡充の影響………………………………………………253
２．青森県の観光の特色………………………………………………………253
⑴　青森県の観光の特色………………………………………………………253
⑵　青森県の観光資源…………………………………………………………253
３．本県観光の現状と課題……………………………………………………254
⑴　県内観光客数と宿泊客数の推移…………………………………………254
⑵　県内観光消費額の推移……………………………………………………256
⑶　県内主要行祭事・イベントの観光入込客数推移………………………257
⑷　県内自然公園内観光地点の観光入込客数推移…………………………258
⑸　東北６県の観光客入込数の推移…………………………………………260
４．各種主要施設、観光地の利用入込状況…………………………………261
⑴　各種主要施設利用状況……………………………………………………261
⑵　県内主要観光地・施設の利用状況………………………………………262
⑶　ＭＩＣＥの動向………………………………………………………………262
５．教育旅行客、外国人客、ウィンタースポーツ客の動向………………263
⑴　教育旅行への取組み………………………………………………………263
⑵　外国人観光客の入込状況…………………………………………………264
⑶　ウィンタースポーツ客の概況……………………………………………266
第15章　医療、健康福祉産業…………………………………………………268
１．医療、健康福祉産業の概要………………………………………………268
⑴　産業の範囲…………………………………………………………………268
⑵　概　　況……………………………………………………………………268

① 事業所数と従業者数……268
② 生 産 額……270
③ 他産業への影響力……272
④ 医療、福祉分野従事者の収入……273
2．医療・健康福祉に関する県の施策……276
3．医療・健康福祉産業に関する問題……278
(1) 医療、福祉分野における労働力不足……278
① 医療分野……278
② 介護分野の労働力不足問題……282
(2) 医療、健康福祉産業に対する基幹産業としての期待……284
第16章 金 融……288
1．青森県における金融業・保険業の概況……288
(1) 金融業・保険業の規模と構成……288
(2) 家計の金融資産選択……290
2．預金取扱金融機関の概要と貸借対照表……292
(1) 預金取扱金融機関の概要……292
(2) 預金取扱金融機関の貸借対照表……294
3．青森県全体の金融動向……296
4．個別預金取扱金融機関の動向……298
5．競争度の指標……303

Ⅲ　将来と課題

第17章　青森県の経済と産業の展望……………………………308
1．3つの環境変化……………………………………………308
(1) 人口動態の変化……………………………………………308
(2) 県内外の連関性の高まり…………………………………309
(3) 情報通信を中心とする技術革新…………………………310
2．2つの目標：所得の向上と人口流出の抑制……………311
(1) 付加価値の向上と製造業の役割…………………………311
(2) 人口流出抑制の考え方……………………………………315
3．地方創生と産業振興策の移り変わり……………………317
(1) 青森県の産業振興策………………………………………317
(2) 青森県の地方創生…………………………………………319
4．地域の発展のために………………………………………321

《コ ラ ム》

❶ 新たなステージを迎えた青森県の雇用………………… 85
❷ 青森をみつめ直す ……………………………………… 143
❸ 経済指標の成長と貿易 ………………………………… 211
❹「立体観光」の推進によるインバウンドの持続・拡大を…… 251
❺ ＡＩ時代と人間性 ……………………………………… 287

I. 経　済　編

第１章　青森県経済のあゆみ

第１章ではさまざまな社会経済指標の大まかな変化を捉えながら、青森県経済の規模、水準、足取りを概観する。

１．青森県の経済規模

⑴　総生産と県民所得

「平成27年度青森県県民経済計算」（青森県企画政策部）で、2015年度の県内総生産をみると、名目で４兆5,402億円、実質で４兆4,604億円となった。同年の国内総生産は名目で532兆1,914億円、実質で517兆1,953億円であり、青森県の経済規模は全国の0.9％を占めている。

また、県民所得は３兆2,210億円で、全国に対するシェアは0.8％である。これを総人口で除した１人当たり県民所得は246万２千円となった。国を100とした場合の１人当たり県民所得水準は80.5となっている。（１－１表参照）

⑵　ＯＥＣＤ諸国との比較

各種の経済指標ランキングで47都道府県中、下位グループに甘んじることが多い青森県を悲観的に見る向きも少なくないが、日本のＧＤＰの約１％を占める経済は、決して小さくない。本県の経済規模を正しく認識することが必要だ。

１－２表は「先進国倶楽部」と言われる経済協力開発機構（ＯＥＣＤ）加盟国のUSドル表記による国内総生産額（ＧＤＰ）の一覧である。

日本銀行のデータ検索サイトで2015年度のドル円相場を確認すると120円／ドルであった。先の県内総生産・名目４兆5,402億円に当てはめると378億ドルとなる。2015年度と2016年暦年の大雑把な比較ではあるが、120円／ドルの円安水準にあっても、青森県の経済規模は北

１－１表　県内総生産額と県民所得

（単位：億円、％）

項目			2015年度実績	前年比増加率
青森県	青森県県内総生産	名目	45,402	3.6
		実質	44,604	2.7
	県民所得		32,210	4.6
	１人当たり県民所得（千円）		2,462	5.6
国	国内総生産	名目	5,321,914	2.8
		実質	5,171,953	1.3
	国民所得		3,884,604	2.7
	１人当たり国民所得（千円）		3,059	2.8
県内総生産の水準（名目）（国内総生産＝100）			0.9	－
１人当たり県民所得の水準（１人当たり国民所得＝100）			80.5	－

資料：「平成27年度青森県県民経済計算」（青森県企画政策部）

注１）１人当たり県民（国民）所得は雇用者報酬、財産所得、企業の利潤等の合計を総人口で除したものであり、県民経済計算全体の所得水準を表す有効な指標であるが、個人の所得水準を表す指標ではないので留意すること

注２）実質値は連鎖方式による（2011年暦年連鎖価格）

１－２表　ＯＥＣＤ加盟36カ国のＧＤＰ（名目、ＵＳ10億ドル、2016年）

Gross domestic product in US dollars, current prices, 2016

(billions US dollars)

Country	GDP	Country	GDP
アメリカ合衆国	18,624.5	チリ	420.5
日本	5,369.5	チェコ	366.8
ドイツ	4,050.5	アイルランド	336.6
イギリス	2,806.9	イスラエル	320.0
フランス	2,765.2	ポルトガル	316.6
イタリア	2,326.9	ノルウェー	308.1
メキシコ	2,266.4	ギリシャ	288.4
トルコ	2,007.5	デンマーク	280.8
韓国	1,877.1	ハンガリー	262.0
スペイン	1,687.9	フィンランド	238.7
カナダ	1,625.4	ニュージーランド	185.2
オーストラリア	1,181.2	スロバキア	165.4
ポーランド	1,039.6	リトアニア	85.7
オランダ	867.7	スロベニア	67.6
スイス	534.9	ルクセンブルク	59.6
ベルギー	526.0	ラトビア	50.1
スウェーデン	483.2	エストニア	40.2
オーストリア	441.4	アイスランド	17.0

資料：「経済協力開発機構主要統計」（ＯＥＣＤ）

ヨーロッパのエストニア共和国１国（402億ドル）に匹敵する規模であることがわかる。エストニアの人口は本県とほぼ同じ約134万人であるため、人口１人当たりの生産額も本県と同等である。日本経済の約１％（0.9％）を占める本県経済の実力はそうした水準にある。ちなみに80円／ドルくらいの過去最高の円高水準を想定すれば、15年度の県内総生産は567億ドルに換算され、ルクセンブルク大公国の経済規模に相当する。

⑶　全国シェアからうかがわれる特徴点

１－３表でさまざまな経済関連の指標について、全国シェアを比較してみよう。

先に、青森県の総合的な経済規模がわが国の約0.9％を占めていることを示したが、2015年の国勢調査では、青森県の総人口は130万８千人でわが国の総人口１億2,709万人の1.03％を占めた。県土面積は国土全体の2.50％である。

また、2016年の経済センサスで本県の事業所数と従業者数を比較すると、５万9,069事業所、49万９千人が経済活動に従事しており、事業所数は全国の1.06％、従業者数は全国の0.88％を占めている。

ごく大雑把に全体を総括すると、青森県は国土の約2.5％を占める土地で、全国の１％前後の事業所や人が活躍し、日本全体の１％弱に相当する付加価値を生み出している県である。したがって、青森県でさまざまな指標を全国と比較する際には、これまで同様、シェア１％がひとつの目安となる。

産業活動別に主だった指標を見ると、16年の農業算出額は3,221億円（全国シェア3.46％）、素材生産量は69万８千㎥（同3.28％）、海面漁業生産量は10万７千トン（同3.28％）と軒並み全国の３％以上のシェアを誇り、１次産業が非常に盛んな県であることがわかる。

しかしながら、２次産業に目を転じると、17年の製造品出荷額等は

１兆８千億円（同0.60％）にとどまり、ものづくりの分野ではシェア１％に程遠い状況が続いている。建設分野で個人住宅の需要は重要だが、17年の新設住宅着工戸数は6,509戸（同0.67％）となった。世帯数が約１％のシェアであることからすると、全国に比して活発な着工状況とは言いがたい。

１－３表　青森県の経済規模

項目	単位	実数		全国シェア	年次
		A 青森県	B 全国	A／B(%)	(*)は年度
① 面積	平方km	9,646	377,974	2.50	2017
② 総人口	千人	1,308	127,095	1.03	2015
③ 世帯数	千世帯	511	53,449	0.96	2015
④ 県内総生産額	億円	45,402	5,321,914	0.85	2015(*)
⑤ 事業所数	事業所	59,069	5,578,975	1.06	2016
⑥ 従業者数	千人	499	56,873	0.88	2016
⑦ 農業産出額	億円	3,221	93,051	3.46	2016
⑧ 素材生産量	千㎥	698	21,279	3.28	2017
⑨ 海面漁業生産量	トン	107,003	3,263,618	3.28	2016
⑩ 新設住宅着工戸数	戸	6,509	964,641	0.67	2017
⑪ 乗用車保有台数	千台	730	61,585	1.18	2017(*)
⑫ 製造品出荷額等	億円	18,070	3,020,356	0.60	2017
⑬ 卸売業年間販売額	億円	18,430	4,068,203	0.45	2015
⑭ 小売業年間販売額	億円	14,305	1,380,156	1.04	2015
⑮ 電力需要量	百万kwh	8,711	863,137	1.01	2017(*)
⑯ ソフトウェア、情報処理、インターネットサービス業年間売上高	億円	215	237,087	0.09	2017
⑰ 歳出総額	億円	6,741	502,103	1.34	2016
⑱ 預貯金残高	10億円	7,229	1,203,210	0.60	2016(*)
⑲ 貸付金残高	10億円	3,280	589,380	0.56	2016(*)

資料：①「全国都道府県市町村別面積調」、②③「国勢調査」、④「県民経済計算年報」、⑤⑥⑬⑭「経済センサス活動調査」、⑦「生産農業所得統計」、⑧「木材需給報告書」、⑨「漁業・養殖業生産統計」、⑩「建築着工統計」、⑪「自動車検査登録情報協会」、⑫「工業統計表」、⑮「電力調査統計」、⑯「特定サービス産業実態調査」、⑰「都道府県決算状況調べ」、⑱⑲「金融ジャーナル社」

また、３次産業の関連指標を見ると、15年における小売業の年間販売額は１兆４千億円（同1.04％）と人口や世帯数のシェアに適合した販売額を示したが､同年の卸売業年間販売額は１兆８千億円あまり(同0.45％）にとどまった。おおよそ10年前の04年商業統計調査における卸売業の販売額シェアは0.52％であったことから見て、県内の卸売業の販売環境がさらに厳しさを増している状況がうかがわれた。

次に、サービス業分野で進展著しい情報サービス産業の売上高を見てみよう。17年の情報サービス産業の売上高は、主要３業務（ソフトウェア、情報処理・提供サービス、インターネット付随サービス）の合算ベースで215億円（同0.09％）にとどまり、シェア１％どころか、0.1％にも届いていない。ちなみに、05年の特定サービス産業実態調査ではシェアが0.13％であった。情報サービス産業が相変わらず本県の不得意分野であり、全国との格差がさらに拡大していることが気がかりだ。

その他の指標を見ると、17年度末の乗用車の保有台数は73万台（同1.18％）と高めのシェアを示した。本県での生活には、自動車が必需品であることが背景にあるとみられる。なお、16年度の県の歳出総額は6,741億円（同1.34％）となった。公的支出は高めの水準にある。金融面では16年度末の計数で、預貯金残高が７兆2,300億円（同0.60％)、貸出金残高が３兆2,800億円（同0.56％）となっている。

２．青森県経済の変化（最近10年間を中心に）

『よくわかる青森県の経済と産業』(2008、青森地域社会研究所）は、第１章で1980年頃～2007年まで、おおむね25～30年間にわたる長期的な青森県経済の足取りを概観した。この間、経済規模は着実に拡大したものの、2002年以降、外需主導型の景気回復局面において、本県の回復力には弱さがうかがわれた。その要因として、輸出型の機械製造業や、情報サービス産業に代表される高付加価値産業の脆弱さなどが指摘された。

結果的に各種経済指標の全国ランキングや生活面の質的向上において青森県は変化に乏しく、産業の高付加価値化や産業構造の改善になお余地が残されているという結論であった。

その後の10年間で青森県はどのような変化を遂げたのか、本節で探ってみたい。

⑴　景気循環

①　わが国の景気動向

内閣府は、第14循環の景気の山を2008年２月、景気の谷を2009年３月と決定した（11年10月19日）。また、第15循環の景気の山を2012年３月、景気の谷を2012年11月と決定した（15年７月24日）。

１－４表　青森県と全国の景気基準日付一覧表

循環（国）	青森県					全国				
	山	谷	拡張期間	後退期間	全循環	山	谷	拡張期間	後退期間	全循環
13	2000年８月	2002年３月	18カ月	19カ月	37カ月	2000年11月	2002年１月	22カ月	14カ月	36カ月
14	2007年９月	2009年４月	66カ月	19カ月	85カ月	2008年２月	2009年３月	73カ月	13カ月	86カ月
15	2012年５月	2012年11月	37カ月	６カ月	43カ月	2012年３月	2012年11月	36カ月	８カ月	44カ月

資料：青森県企画政策部公表資料、内閣府経済社会総合研究所公表資料

第14循環の景気拡張期は、2002年２月から73か月の長期にわたり、「いざなみ景気」とも呼ばれた。しかし、米国のサブプライム問題に端を発した世界金融危機の影響を受け、2008年３月から景気は失速した。中でも、同年９月に発生したリーマンショック以降、景気は急激に悪化、2009年３月まで「リーマン不況」と呼ばれる景気後退期が続いた。

家電エコポイント、ゼロ金利復活等の経済対策が打ち出され、景気はやや持ち直したかに見えたが、2011年３月11日に東日本大震災が発生した。また欧州では、2009年秋頃から、ギリシャを発端に政府の債

務危機問題が徐々に広がっていった。

とにもかくにも、2012年春までわが国の景気拡張期は続いたが、それ以降は、欧州政府の債務危機深刻化等を背景に、世界経済が減速し、わが国の景気を牽引していた輸出にブレーキがかかった。これが「欧州経済危機」による景気後退期である。

しかし、同年秋以降の円安や株価上昇の動きなどもあり、短期間で景気は持ち直しに転じた。現在のところ、第16循環の山は定められておらず、2012年11月を底とする拡張期、通称「アベノミクス景気」が継続している。

② 青森県の景気基準日付

最近の約10年間に関わる青森県の景気基準日付（県企画政策部が確定）は、国の第14循環に相当する景気の山が2007年９月、谷は2009年４月とされ、第15循環に相当する景気の山は2012年５月、谷は2012年11月とされた。

第14循環の山が全国よりも５カ月前倒しで到来し、「いざなみ景気」は全国よりも７カ月短い66カ月間に終わった。14循環の後退期「リーマン不況」は５カ月早く始まり、谷が１か月遅れだったため、全国よりも６カ月長かった。

第15循環の山は、全国に遅れること２カ月、谷は全国と同じだったので、「リーマン不況」後の拡張期、通称「デジャブ景気」は全国を１カ月上回る37カ月となった。また、通称「欧州経済危機」の期間は全国よりも２カ月短い６カ月で終了し、その後、全国と同様、「アベノミクス」による景気拡張期が続いている。

⑵ リーマン・ショックと東日本大震災を越えて

2016年以降の青森県と全国の総生産額（ＧＤＰ）の推移を比較してみる。本県経済が全国の0.9％規模であることに鑑み、青森県の目盛を100分の１にしてある。

１－１図　青森県と日本の名目・実質総生産額（ＧＤＰ）の推移

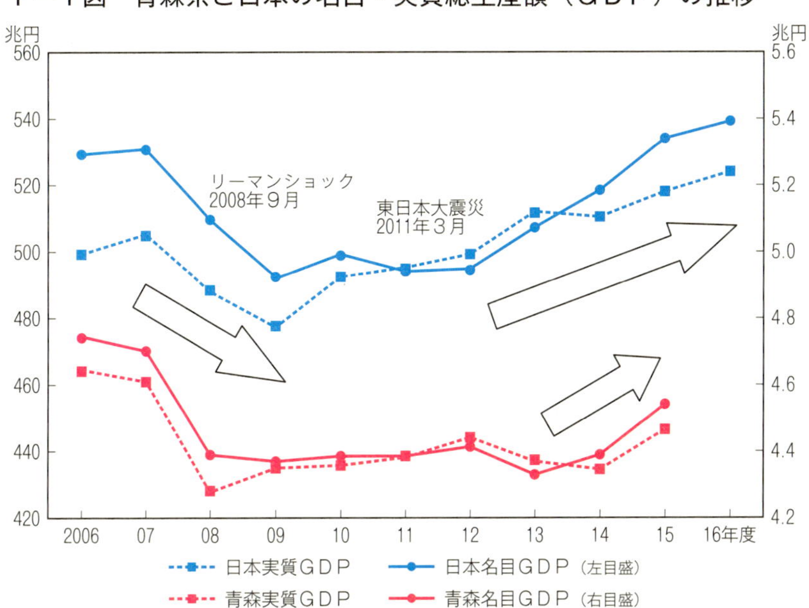

資料：「平成27年度青森県県民経済計算」（青森県企画政策部）、「平成28年度国民経済計算」（内閣府）

当該期間で比較を行うにあたってのポイントは、リーマンショックの影響がどのように出たのか、また、東日本大震災の影響とその後の景気回復期の状況はどうだったのかということにほぼ尽きる。

まず、全体的な特徴点として、国内総生産は、第14～15景気循環を経て、2012年度を底に持ち直し、15年度時点で名目、実質ともにリーマンショック以前の07年度水準を回復している。しかし、県内総生産は13年度に一段の低下が見られ、それ以降、上向きに転じたものの、リーマン以前の07年度水準までは未だに回復しきれていない。

国内、県内ともに、リーマンショックのマイナスインパクトの方が東日本大震災の影響よりも大きく、東日本大震災前後は、ともに名目横ばい、実質拡張の動きが見られた。リーマンショックによる落ち込みは、国内では09年度まで一直線に低下した。一方、本県では、08年度の落ち込みが日本全体よりも急激であったが、09年度は名目横ばいに持ち直し、実質では上向いた。県内経済へのリーマンショックの影響が軽微だったとは言えないが、おおむね１年の時間を掛けて回復していった状況がうかがわれる。

本県は11年３月の東日本大震災により、特に太平洋側地域で甚大な被害を受けた。その被害を乗り越えて、13年度以降は全国的な動きに追随する形で緩やかな景気回復を続けている。

⑶　需要項目別の動き

次に県民経済計算の支出側を用い、主要な需要項目別の動きを振り返ってみることにする。

支出額の約６割を占める個人消費は、リーマン不況で08年度～09年度にかけ、大幅に落ち込んだ。その後、若干回復したものの、東日本大震災の影響からか、12年度には再び小幅低下となっている。気がかりなのは、直近の景気拡張期に入ってから、個人消費が再び低下していることである。景気動向もさることながら、急激に進んでいる人口減少の影響による域内需要の減退の影響を感じずにはいられない。

最大の需要項目である個人消費は、リーマン不況前の07年度２兆9,000億円から、15年度には２兆6,000億円まで3,000億円減少している。

住宅投資額は住宅数の充足、高品質住宅の普及を背景に、長期的に減少傾向を続けてきた。かつては県内総生産の５％程度を維持し、経済波及の裾野の広さとあいまって重視された住宅投資だが、最近のＧＤＰに占めるシェアは２～３％程度にとどまっている。

この約10年間の住宅投資額をみると、06年度の約2,000億円から、低下傾向が続き、09年度から11年度までは06年度比半減の1,000億円を割り込む水準まで低下した。しかしながら、その後、超低金利が持続する中、建て替え等の新設需要が活発化したほか、リノベーションやリフォーム需要の盛り上がりもあり、15年度には約1,500億円まで回復している。

１－５表　県内総生産（支出側、実質：連鎖方式）
－ 2011（平成23）暦年連鎖価格 －

（単位：10億円）

項　　目	2006 平成18	2007 19	2008 20	2009 21	2010 22	2011 23	2012 24	2013 25	2014 26	2015年度 27年度
個人消費	2,902	2,935	2,741	2,683	2,689	2,744	2,716	2,773	2,750	2,646
対家計民間非営利消費	65	53	49	47	52	59	69	75	60	73
政府消費	1,178	1,261	1,184	1,235	1,234	1,329	1,291	1,266	1,335	1,317
民間住宅投資	199	132	124	87	96	86	109	165	120	148
民間設備投資	609	646	533	491	530	577	548	574	596	658
公共投資	395	432	474	442	370	367	383	425	349	322
在庫品増加	16	34	△41	31	△37	30	27	4	△55	18
財貨・サービスの純移出・統計上の不突合・開差	△721	△886	△788	△673	△585	△814	△705	△916	△812	△722
県内総生産（支出側）	4,642	4,606	4,275	4,343	4,351	4,377	4,439	4,366	4,344	4,460

資料：「平成27年度青森県県民経済計算」（青森県企画政策部）により筆者作成（項目名は簡易表示）

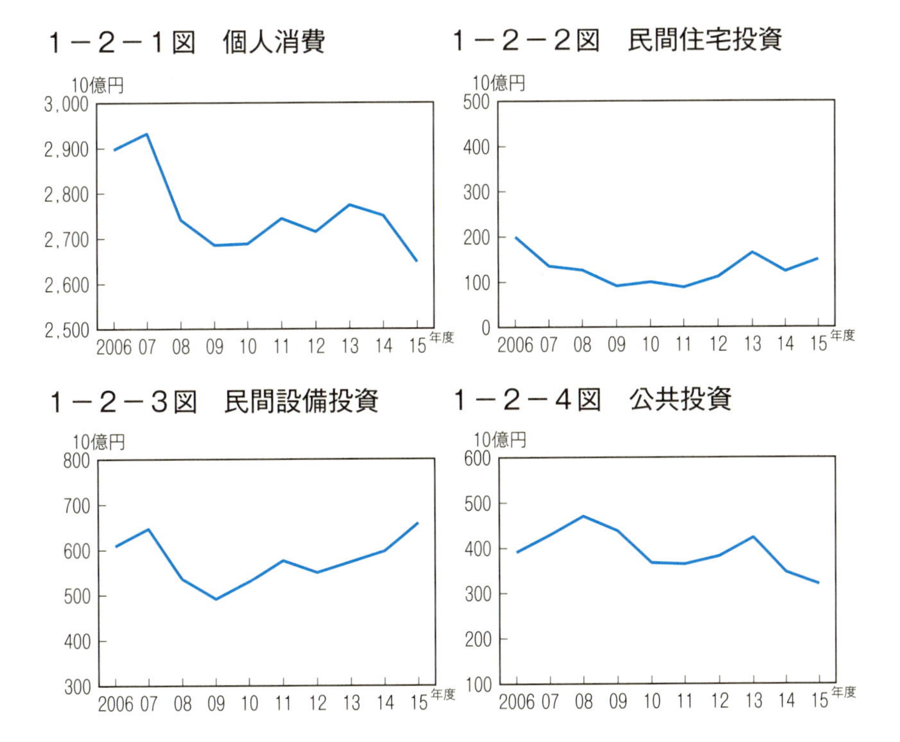

資料：「平成27年度青森県県民経済計算」（青森県企画政策部）により筆者作成（項目名は簡易表示）

民間設備投資は、リーマン不況前の07年度約6,500億円を15年度に取り戻した。リーマンショックで急激に冷え込み、09年度には5,000億円を割り込む水準まで低下した県内の民間設備投資は、リーマン不況からの回復、震災からの復興、そして未来に向けた新規事業への投資、省力化投資などが着実に積み重ねられ、09年度を底に増加傾向が続いており、景気回復の大切なエンジンとなっている。

公共投資は弱い地合いが続いている。この10年間は、東北新幹線の全線開業や北海道新幹線の一部開業、東日本大震災の復興・復旧など、特殊な投資も見られた。全体としてみれば、増減を繰り返しながら、緊縮財政の中、長期的な漸減傾向が続いている。

⑷ 経済成長力の変動要因分析

ここまで見てきた需要項目別の動きを全国と比較することにより、最近の青森県の成長力の変動要因を確認してみよう。

2006年度から2015年度までの実質ＧＤＰの動きをリーマンショック以前の06年度～東日本大震災があった11年度まで５年間の変化と、11年度以降15年度までの４年間の変化に分け、需要項目別の寄与度が前半と後半でどのように違っているのか、また、わが国全体と本県とではどのような差があるのかに着目したい。

１－６表　2006～2011年度、2011年～2015年度のＧＤＰ（支出額）の変化

国	実質GDP（兆円）			増加額（兆円）		増加率（%）		寄与度（%ポイント）		年換算増加率（%）	
	2006 平成18	2011 23	2015年度 27年度	2006－2011 ５年間	2011－2015 ４年間	2006－2011 ５年間	2011－2015 ４年間	2006－2011 ５年間	2011－2015 ４年間	2006－2011 年率	2011－2015 年率
個人消費	277.9	282.0	288.7	4.1	6.7	1.48	2.36	0.83	1.35	0.29	0.47
対家計民間非営利消費	5.7	6.7	7.6	1.1	0.9	19.38	13.12	0.22	0.18	3.61	2.50
政府消費	92.7	99.8	105.2	7.0	5.4	7.58	5.45	1.41	1.10	1.47	1.07
民間住宅投資	20.1	14.3	15.2	△5.8	0.9	△28.79	6.29	△1.16	0.18	△6.56	1.23
民間設備投資	80.3	70.5	81.6	△9.8	11.2	△12.26	15.87	△1.97	2.26	△2.58	2.99
公共投資	26.5	24.2	25.7	△2.3	1.5	△8.52	6.06	△0.45	0.30	△1.76	1.18
在庫品増加	1.0	1.5	1.1	0.5	△0.4	43.85	△23.88	0.09	△0.07	7.54	△5.31
財貨・サービスの純移出・統計上の不突合・開差	△4.6	△3.7	△6.9	0.9	△3.2	△20.32	85.60	0.19	△0.64	△4.44	13.17
国内総生産(支出側)	499.5	495.2	518.3	△4.2	23.1	△0.85	4.66	△0.85	4.66	△0.17	0.92

青森県	実質GDP（10億円）			増加額(10億円)		増加率（%）		寄与度（%ポイント）		年換算増加率（%）	
	2006 平成18	2011 23	2015年度 27年度	2006－2011 5年間	2011－2015 4年間	2006－2011 5年間	2011－2015 4年間	2006－2011 5年間	2011－2015 4年間	2006－2011 年率	2011－2015 年率
個人消費	2,902	2,744	2,646	△157	△98	△5.42	△3.58	△3.39	△2.24	△1.11	△0.73
対家計民間非営利消費	65	59	73	△6	15	△9.56	24.70	△0.13	0.33	△1.99	4.51
政府消費	1,178	1,329	1,317	151	△12	12.82	△0.90	3.25	△0.27	2.44	△0.18
民間住宅投資	199	86	148	△113	62	△56.67	71.92	△2.43	1.41	△15.40	11.45
民間設備投資	609	577	658	△32	81	△5.18	14.04	△0.68	1.85	△1.06	2.66
公共投資	395	367	322	△28	△45	△7.14	△12.29	△0.61	△1.03	△1.47	△2.59
在庫品増加	16	30	18	13	△12	83.64	△39.83	0.29	△0.27	12.93	△9.66
財貨・サービスの純移出・統計上の不突合・開差	△721	△814	△722	△93	92	12.94	△11.36	△2.01	2.11	2.46	△2.38
県内総生産(支出側)	4,642	4,377	4,460	△265	83	△5.70	1.89	△5.70	1.89	△1.17	0.38

資料：「国民経済計算年報」（内閣府）、「青森県県民経済計算」（青森県企画政策部）により筆者作成

まず、前半５年間の国と青森県の成長率は、国が△0.85％、本県は△5.70％といずれもマイナス成長だったが、本県のマイナス幅の大きさが目立った。年率に換算すると、国は△0.17％、本県は△1.17％のペースであった。

後半４年の成長率は全国が4.66％と伸張したのに対し、本県の伸びは1.89％にとどまった。年率に換算すると、国は0.92％と着実な成長路線に転換し、一方本県は0.38％と微増ペースであった。

この差は、主要な需要項目別の寄与度を見れば一目瞭然である。前

半の５年は、国の場合、住宅投資と設備投資、さらには公共投資の投資３部門で3.5ポイントを超えるマイナス圧力があったが、政府消費支出によるカバーのほか、非営利部門を含む消費の寄与が0.5ポイント以上あり、５年間のマイナス幅を１％以内にとどめることができた。

一方、本県の前半５年間を見ると、民間・公共を合わせた投資３部門では△3.7ポイントと国とほぼ同程度であった。国との大きな違いは、非営利部門を含む消費も△3.4ポイントとマイナスに寄与したほか、純移出その他部門も△2.0ポイントと総崩れの様相を呈したことであった。このため、３ポイントを超える政府消費のカバーがあったにもかかわらず、全体では△5.7％となってしまった。

後半の４年間についても、国の4.7％増に対し、本県の1.9％増は明らかに見劣りしている。これも寄与度を見ると、国も県も民間の住宅投資と設備投資が牽引している状況は、多少の程度の違いはあるものの、同様である。問題はやはり消費である。国では個人消費の寄与がプラス1.3ポイントを超えているが、本県では約2.2ポイントのマイナス寄与となっており、前半５年間の状況と合わせた結果から、消費が本県の経済成長の足を引っ張っている主因であることは、否定できない。

３．県内企業の景況感

青森銀行が４半期ごとに実施している県内企業業況調査結果（あおぎんＢＳＩ）で、この10年間の企業経営者から見た「景況感」を振り返ってみたい。ＢＳＩとはBusiness Survey Indexの略であり、業況の判断指標という意味である。青森銀行では、県内に事業所を構える企業300社以上に、前年同期との比較で、当該４半期の業況が好転か、変化なしか、悪化かを回答していただき、「業況が好転した企業の割合」から、「業況が悪化した企業の割合」を差し引いた指数を「ＢＳＩ」として公表している。

１－３図　青森県内企業の業況感

― あおぎんＢＳＩと日銀短観（青森支店）―

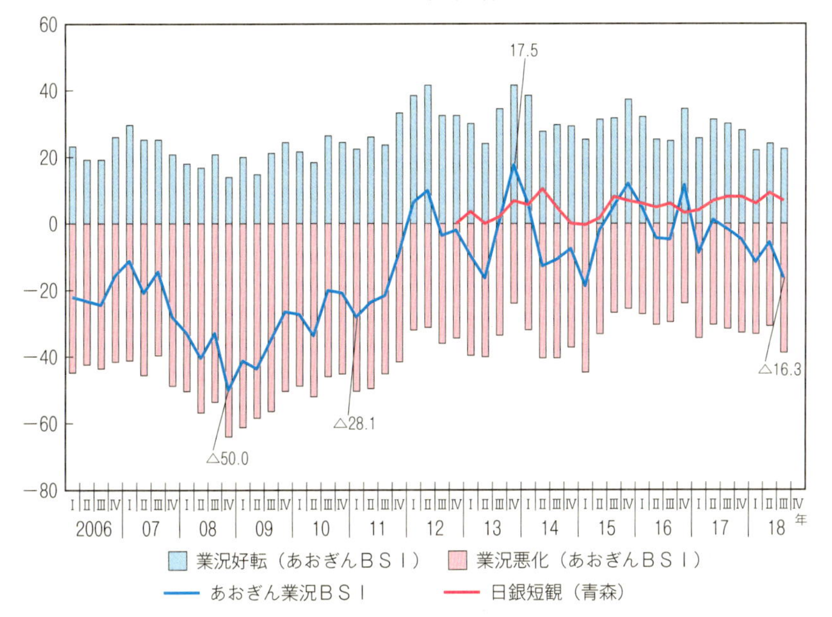

資料：「県内企業業況調査結果」（青森銀行）、「県内企業短期経済観測調査結果」（日本銀行青森支店）

１－３図は、2006年１－３月期から、直近の2018年７－９月期までの「あおぎんＢＳＩ」を業況好転割合と業況悪化割合とともに表したものである。比較のため、日銀青森支店による「県内企業短期経済観測調査結果（日銀短観青森支店版）」を破線の折れ線グラフで重ねている。

「あおぎんＢＳＩ」が、2006年以降で最低水準を記録したのは、リーマンショックが発生した翌期、2008年10－12月期であった。当該４半期は業況好転企業の割合が14.0％と極めて低かった一方、業況悪化企業の割合は64.0％に上り、差し引きの「業況ＢＳＩ」は△50となった。

また、東日本大震災が発生した2011年１－３月についても、業況感の一時的な悪化はみられ、「業況ＢＳＩ」は△28.1に低下した。しかしながら、リーマンショックの時と比べれば、さほど急激な低下でもなく、その後１年程度で水面上に浮上した。

これは、震災の影響が、一部地域では甚大だったものの、全体としては景況感が徐々に改善している中での一時的なショックにとどまったことを示している。リーマンショックの影響が１年程度では収まらなかったこととの相違点である。１－３図全体を見れば、リーマン不況から東日本大震災を挟んでの景気回復期に「あおぎんＢＳＩ」がリーマン不況以前にも見られなかった形で水面上に浮上し、何度かの足踏みを経ながら、2013年以降のいわゆる「アベノミクス景気」に進んできたことがうかがわれる。つまり、企業経営者の景況感は、マクロの実体経済を反映した回答として表れていたのである。

日本銀行青森支店による「県内企業短期経済観測調査」（日銀短観）においても、傾向的には同様の結果がうかがわれた。

なお、東日本大震災の影響が、本県経済全体としてみれば、思ったほど深刻なダメージとならなかったことに関しては、本県の被害が岩手県や宮城県、福島県などに比べ軽微であったことのほか、県内でも地域別、業種別にその影響がまちまちであったことが挙げられる。

１－４図は、リーマンショックが生じた2008年７－９月期と東日本大震災が生じた2011年１－３月期を含む、おおむね過去10年間の季節調整済み鉱工業生産指数の推移を示している。全体の指数のほか、ウエートの高い主要４業種が掲載されている。

まず、リーマンショック後の状況を見ると電子・デバイスが急激に落ち込んでいるほか、業務用機械が不安定な動きを示し、鉄鋼業も低下した。食料品工業以外は軒並み大きなマイナス影響を受けている。

一方、東日本大震災に際しては、太平洋岸に工場が立地していた鉄鋼業や紙・パルプ、一部の水産加工業などが壊滅的なダメージを受け、生産が停滞した。この図では、鉄鋼業にその状況が表れている。しかしながら、東北を中心とした各地の製造拠点や供給ネットワークに被害が及ぶ中、稼動できない他施設を補完する形で、業務用機械や電子・

デバイスの稼動が高まった形跡がある。

震災の影響は業種と立地により、跛行性が大きかった。

１－４図　青森県の鉱工業生産指数の推移（季節調整済み）

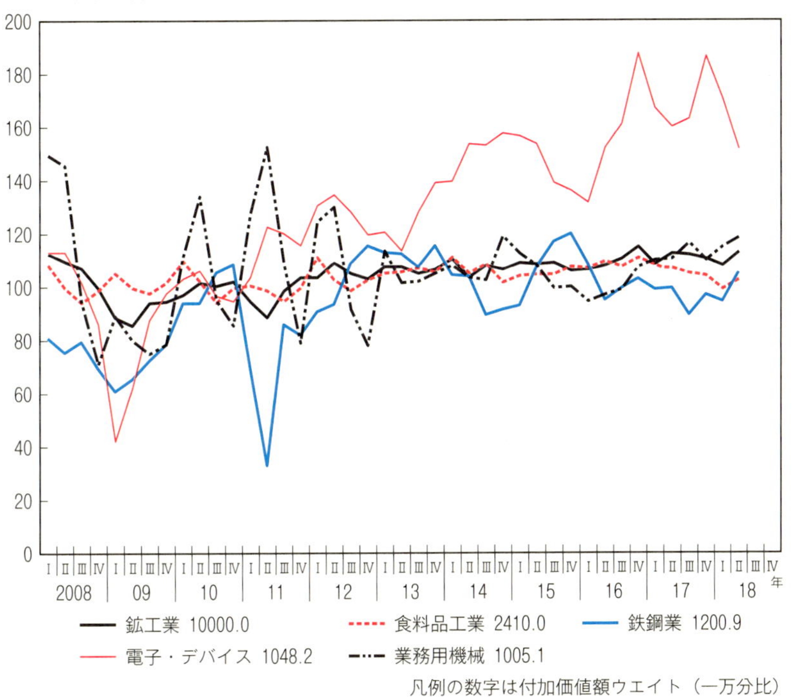

資料：「青森県鉱工業生産指数」（青森県企画政策部）

4．「変化する青森県の経済と産業」のポイント

⑴　本章で見つけた４つの事実

第１章では、イントロダクションとして、青森県経済の規模、水準、そして概ね過去10年間の足取りを概観した。

次章以降で、変化する青森県の経済と産業の実情を理解し、今後を展望するための着眼点を、本章で発見したいくつかの事実から見出していきたい。

第１の事実は、県内需要に対する人口減少のマイナス圧力は小さくなかったことだ。これからも人口減少によるさまざまな影響を常に意識していく必要がある。

第２に、そうした中でも、この10年間の県内総生産は４兆円台半ばの水準を維持してきた。支出面で見ると、特に最近の数年間では、主に「設備投資」と「財貨・サービスの純移出」が「個人消費」のマイナスをカバーしてきた。

第３に、リーマンショックや東日本大震災の影響を受けながらも、鉱工業生産は順調に回復傾向をたどり、非製造業を含む企業の業況感も、全体として回復傾向を示してきた。

第４に、各種指標の全国シェアについては、「製造品出荷額等」の0.60％、「卸売業年間販売額」の0.45％などが、「総人口」1.03％、「県内総生産額」0.85％のシェアと比較すると、見劣りしている。特に心配なのは、情報サービス産業の主要３業種合算の売上高シェアが0.09％と非常に低かったことだ。

⑵ 外部環境の変化と本書のポイント

今後の青森県の経済や産業のあり方を展望する上では、世界の潮流を押さえておく必要がある。

世界的視野で外部環境の変化を見ると、第１に、世界の経済成長の中心が新興国の巨大都市に移行しつつあり、グローバルの概念が従来の想定を超えた広がりを示していることが挙げられる。また、第２の変化として、これまでとは桁違いのスピードで情報技術革新が進行しており、あらゆる分野の仕組みが劇的に改変されている。簡単にまとめると、これらふたつの動きが重なり合い、ヒト、モノ、カネ、データのボーダーレスな動きが加速度的に膨れ上がっているのが、現在の社会経済の姿である。

本章で見出した事実と外部環境の変化を合わせると、本書における主要な着目点が浮かび上がってくる。

本県にとって当面最大の課題である「人口減少」が経済や産業に及ぼす影響については、生産、分配、支出の３面からしっかりと分析した上で、これからの対策を考えていく必要がある。生産面では、人材の確保や働き方改革、設備投資と業務革新による労働生産性の向上等が課題となろう。分配面では特に雇用者報酬の動きが気にかかるところであり、支出面では今後の事業に資する設備投資をどうするのか、国内外で多面的に繋がりあうようになった社会の中で、純移出額をどうやってプラスに近づけていくのかなどが課題となるだろう。

移出額の増加については、産業的な側面からも興味深い。「観光産業」に関連するあらゆる業種を強化していく必要があり、一方では、県外・国外に売ることができる強い商品・サービスの開発をどうやって実現するのかという視点も大切である。

さらには、第４次産業革命のただなかにおいて、産業活動の高度化を目指すにはＩＴ産業のサポートが不可欠である。現状では極端に集積が弱いといわざるを得ない「情報サービス産業」の今後の活躍にも期待がかかる。

人口減少が引き続き進行する中、情報通信技術を最大限活用し、効率的に広がりゆく新しい需要を獲得しつつ、地域生活の利便性を損なわない新たな仕組みを創り上げていくことが望まれている。そうした視座で本書を読み進めていただきたい。

（担当：竹内　紀人）

第2章　人口減少と少子高齢化

1. 青森県と全国の人口ボーナスと人口オーナス

日本の人口は、総務省「人口推計」によれば、2008年の1億2,808万人をピークに減少に転じたが、青森県の人口は、それよりもかなり早い1983年に約152万9,269人をピークに減少している。2－1図では、本県の15歳未満の年少人口、15歳から65歳未満の生産年齢人口、65歳以上の老年人口（万人）、を左軸に、それらが総人口に占める割合を右軸に示している。

1950年代の10年間に合計特殊出生率（女性が生涯に産む子ども数に対応する指標）が2まで急速に低下し、年少人口が減少すると、総人口に占める生産年齢人口比率が上昇する人口ボーナスを経験するが、転出超過により青森の人口ボーナスは緩やかである。その後、第2次ベビーブーム（1971～74年生まれ）世代が年少人口に加わる75年以降に生産年齢の割合は、全国ではいったん低下する。全国では90年以降、生産年齢人口比率が減少する人口オーナスの時代に入ったが、青森の老年人口比率は85年以降全国を上回り、全国よりも早い時期に人口オーナスを迎えた。青森の年少人口比率は、全国を上回ってきたが、2010年以降は全国よりも低くなった。

全国と青森の人口構成の違いは自然増減の違いと青森からの人口転出によってもたらされている。次節では社会増減について見ることにする。

2. 転出超過の年齢と時期

(1) 転出の年齢

2－2図は2017年における青森県の年齢別転出・転入人口を示している。転出超過は主に高校、短大、大学の卒業年齢における就職や進

２－１図　年齢３区分人口の長期推移

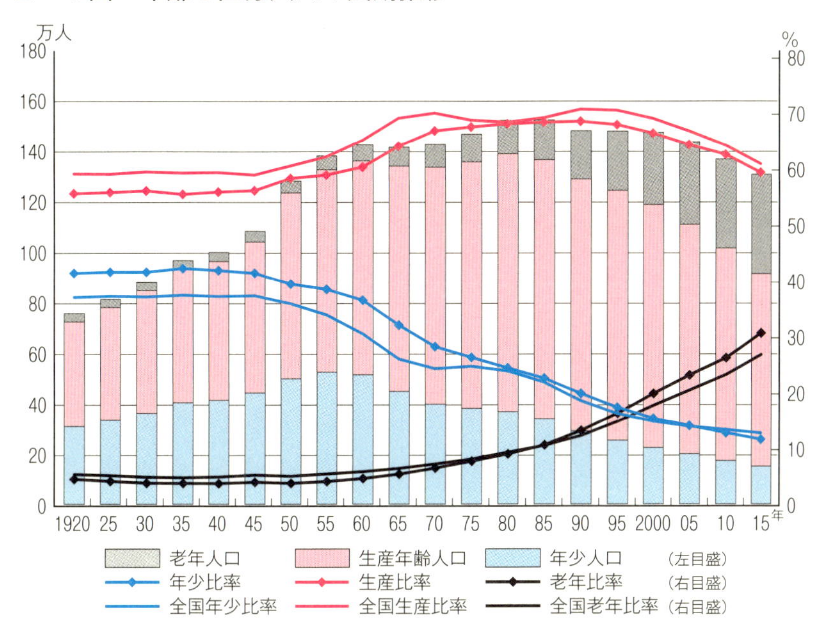

資料：「国勢調査」（総務省）

２－２図　年齢別転出・転入（平成28年10月１日～平成29年９月30日）

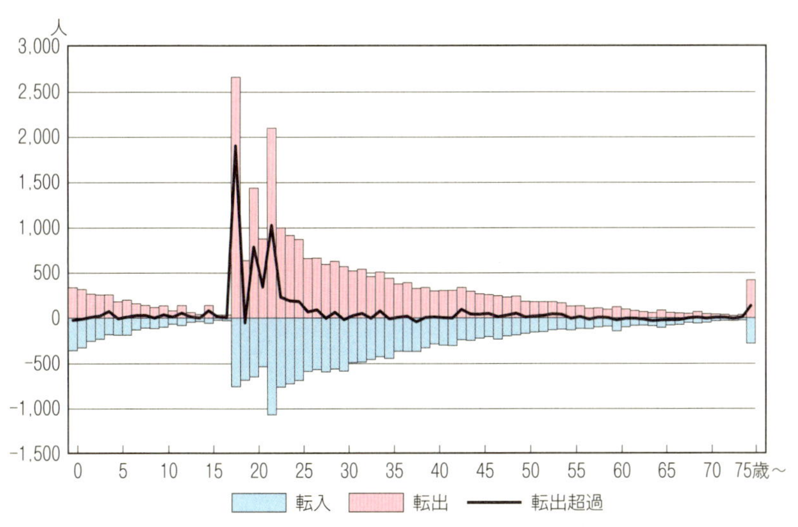

資料：「平成29年青森県の人口」（青森県企画政策部）

学によっておきている。

(2) 転出の時期

転出超過はどのような時期に起こるのだろうか。次の２－３図では、転出超過数（左軸）と「東京の有効求人倍率÷青森の有効求人倍率」、「全国の有効求人倍率÷青森の有効求人倍率」（右軸）を示している。転出超過数は極めて大きく変動している。有効求人倍率と変動パターンは類似しているが、とくに山の時期は一致していない。いずれにせよ、青森と都市部の求人の違いという短期的景気変動が大きく影響している。60年代の高度成長期、80年代から90年代前半などに転出超過が多いが、他方で、75年以降の不況期や90年代の不況期には転出超過は極めて少ない。

２－２図によると、転出超過はほぼ新規学卒時に限られるので、県外転出はほぼ生涯に一度の決定にもかかわらず、短期的な景気変動に左右されており、日本的雇用慣行の影響とも言えよう。

２－３図　転出超過と景気

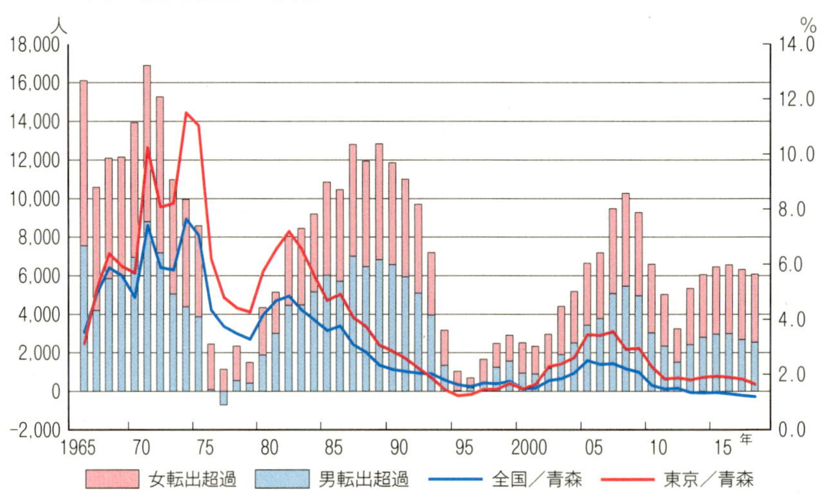

資料：「住民基本台帳人口移動報告」（総務省）、「職業安定業務月報」（厚生労働省）

⑶　転出前後のコホートの比率

青森県で年少期を過ごした同世代は、何割が転出するだろうか、その割合は安定的だろうか。２－４図の横目盛の「1941～45年生」には、1955年に青森県にいる10～14歳の人口と、20年後の1975年に青森県にいる30～34歳の人口の減少率を示している。また、２－５図では、その減少人数を示している。全国での死亡等による減少率は３％程度なので、青森県の値はコホートの転出超過にほぼ対応している。

２－４図　コホート別10歳から30歳への減少率

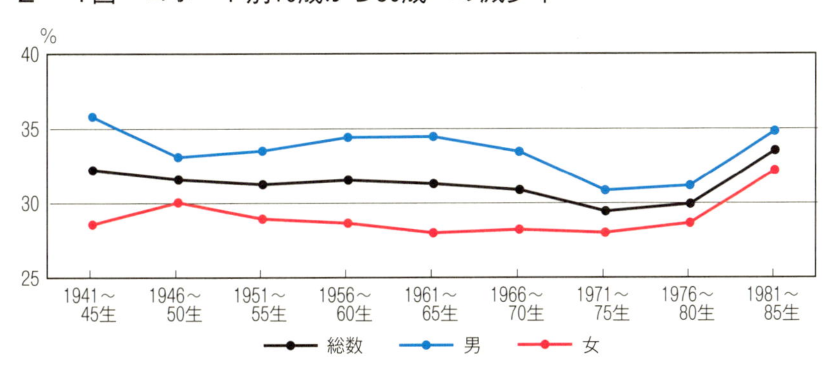

資料：「国勢調査」（総務省）

２－５図　コホート別10歳から30歳への減少数

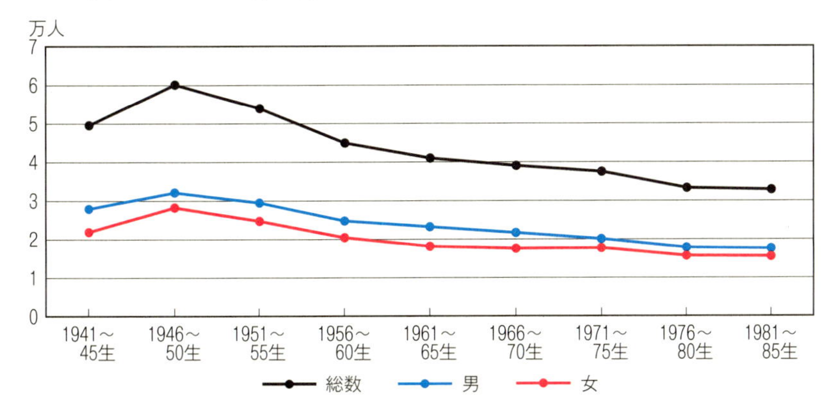

資料：「国勢調査」（総務省）

第１次ベビーブーム（1947～49年生まれ）世代を含む「1946～50年生」コホートも、第２次ベビーブーム世代（71～74年生まれ）を含む「1971～75年生」コホートも前後のコホートよりも転出超過数は大きいが、転出超過割合は小さい。５歳階級なので毎年の変化が平準化されていることもあり、２－３図で示された毎年の転出超過数に比べると変動は緩やかで、減少率は３割前後で比較的安定している。また、男性の減少率がわずかに大きいことがわかる。

⑷ 転出の都道府県比較

青森県の転出は他県に比べて大きいのだろうか。転出超過数÷総人口を求め、転出超過率を比較することも考えられるが、分母の総人口の高齢化の違いなどの影響を受けてしまう。そこで２－４図と同じく、コホートの変化率を比較することにする。

２－６図　都道府県別10歳から30歳の残存率

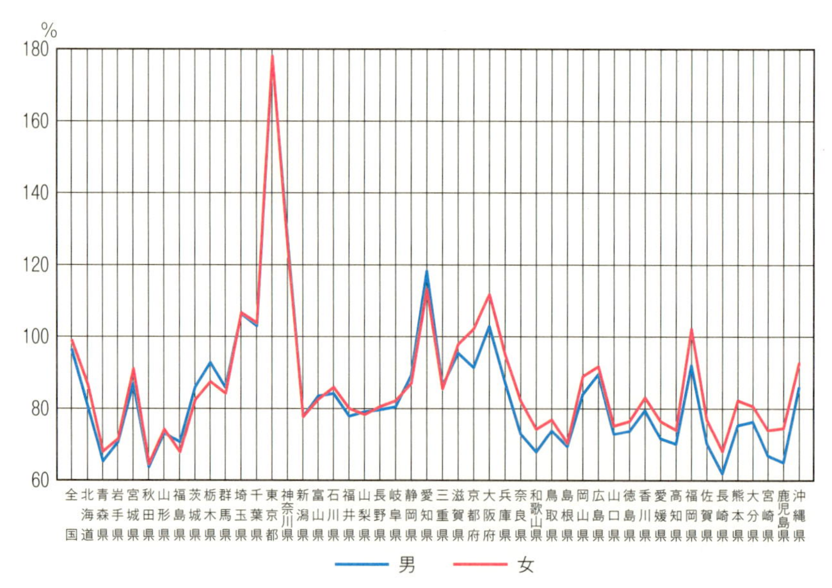

資料：「国勢調査」（総務省）

２－６図では、1995年に10～14歳で、2015年に30～34歳となる「1981～1985年生」コホートの残存率を47都道府県について示している。

全国では、死亡等により残存率は男性が96.3％、女性が98.8％である。青森県は男性が65.2％、女性が67.9％と残存率が小さい県の１つであり、男性の残存率の方がやや小さい。西日本では男性が多く転出し東日本では女性が多く転出する傾向が見られる。工藤（2011）は、東北では男性が地元に残り、西南では男性は都市部に流出するという価値観の違いを指摘している。

２－７図　30～34歳男女比率（2015年）

資料：「国勢調査」（総務省）

元々男性のほうが出生数は多いので、男性の転出の方が多くても30歳男性の比率が高い場合もある。男性と女性の転出入の結果、青森県の男女比率はどのような値だろうか。30～34歳の男性÷女性の比率を表したのが図２－７である。全国では30～34歳男性は女性よりも約２％多い。青森県では転出超過は男性が多いが、30～34歳の男性は女性よりも約１％多い。

中井（2017）は男女人口比率の違いによって、東日本では男性の、西日本では女性の未婚率を高めることを重回帰分析によって示しているが、青森県の場合には、男女のアンバランスの問題は小さいと考えられる。

３．自然増減

言うまでもなく、自然増の要因は出生数であり、自然減を強める要因は死亡率の高さであり、自然減を弱める要因は長寿化である。はじめに出生数について見てみよう。

⑴ 出生数減少の要因としての母親世代減少

出生数は、考え方としては、母親世代人口と母親世代１人当たりの子ども数の積で求められる。そこで次の簡便な推計値を作成して要因分解を試みた。合計特殊出生率をＴＦＲと略すことにする。

「出生数」≒「母親数」×ＴＦＲ　　　　式①

年齢別出産の中心となる年齢は次第に高くなってはいるが、主な年代は25～29歳である。１年分にするために５で割った値、「25～29歳女性人口÷５」を式①での母親数の代理とした。図には、出生数、ＴＦＲ（右軸）、「母親数」、「母親数」×ＴＦＲ、死亡数と５年毎の「75～79歳男女合計÷５」の値を1960年から2015年まで示している。

２－８図によれば90年頃まではＴＦＲの低下が出生数を減少させ、それ以降はＴＦＲの低下は鈍化または上昇するので、主に母親世代人口の減少が出生数の減少を引き起こしたようにみえる。このことを確認するために次のような要因分解を行った。

２－８図　青森県の出生数と死亡数とその要因

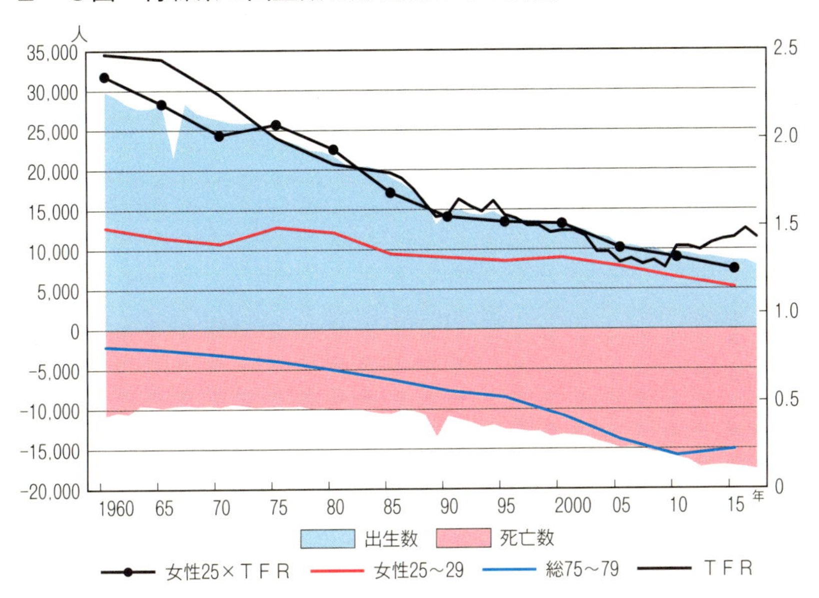

資料：「人口動態統計」（厚生労働省）、「国勢調査」（総務省）

２－９図　出生数変化の要因分解

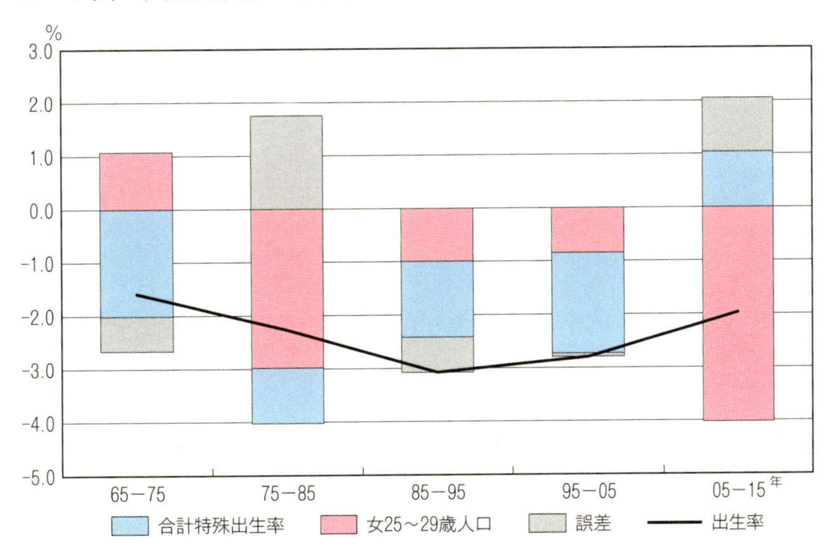

資料：「人口動態統計」（厚生労働省）、「国勢調査」（総務省）

前の式①を変化率に直すと、

「出生数」の変化率＝「『母親数』の変化率」＋「『ＴＦＲ』の変化率」＋誤差項

式②

と表される。その結果を示したのが２－９図である。変化率（年率）は10年間の変化を自然対数で計算した。折れ線は式②の左辺の出生数の変化率、積上棒グラフは式②の右辺による分解である。

それによれば、65～75年の間は主にＴＦＲの低下、75～85年は団塊世代が30代になることによる母親世代の減少、85～05年はＴＦＲの低下、05～15年は、ＴＦＲが上昇に転じたものの、それを上回る第２次ベビーブーム世代が30歳を超えることによる母親世代減少、が出生数を低下させたと解釈される。出生数に関して、出生率低下が注目されることが多いが、特に青森県においては、母親世代の転出による減少の方が強く影響しているのである。

⑵　出生率低下の女性要因と男性要因

①　少子化の女性要因の低下

出生率に関して、最も単純で理論的裏付けのある分析は、女性賃金と男性賃金の２つを要因とするものである。

たとえば47都道府県の女性の「きまって支給する現金給与額」(千円)を横軸に、ＴＦＲを縦軸にプロットすると２－10図のように右下がりの関係（負の相関係数）になるが、横軸に男性賃金をとっても、同じく右下がりの関係になる。男性賃金と女性賃金はきわめて高い相関があるからである。東京は男女とも賃金が高く、出生率は極めて低い。青森は男性賃金も女性賃金も低い。

２－10図　合計特殊出生率と女性賃金（2015年）

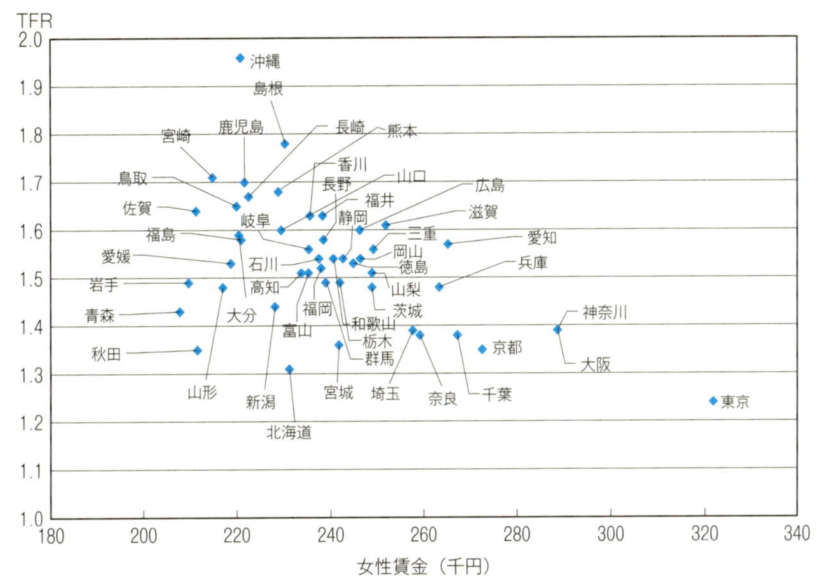

資料：「人口動態統計」「賃金構造基本調査」（厚生労働省）

２－１表　ＴＦＲと女性賃金、男性賃金の相関（2015年）

	ＴＦＲ	男性賃金	女性賃金
Ｔ　Ｆ　Ｒ	1		
男　性　賃　金	−0.51264	1	
女　性　賃　金	−0.51126	0.948718	1

２－２表　ＴＦＲと女性賃金、男性賃金の相関（2000年）

	ＴＦＲ	男性賃金	女性賃金
Ｔ　Ｆ　Ｒ	1		
男　性　賃　金	−0.71392	1	
女　性　賃　金	−0.75349	0.945732	1

経済理論によれば、男性賃金、女性賃金の高さはともに子育てにプラスに作用する。しかし女性賃金の高さの方は、女性が仕事をやめて子育てを選択しにくくするので、ＴＦＲへのマイナスの影響を含んで

いる。女性賃金の高さは、仕事と子育ての両立の難しさを代表し、男性賃金は子育ての所得の要因を代表している。次の２－３表は、2015年の同じデータによる回帰分析結果である。男性賃金の有意性が低いものの、係数は理論どおりにプラスになっている。

青森の女性賃金の低さはＴＦＲを過去も現在も高める要因であるが、この影響が弱まってきたため、青森の男性賃金の低さの方が、ＴＦＲの低下要因として、相対的に重要となってきた。

全国の過半を占める都市部でのＴＦＲの低さから、出生率低下の分析は、仕事と子育ての両立の要因に力点がおかれてきた。

２－３表　ＴＦＲと男性賃金、女性賃金、沖縄ダミー（2015年）

	係　数	標準誤差	t　値
切　片	2.155913	0.15866	13.58827
男性賃金	0.001109	0.001478	0.750535
女性賃金	−0.0042	0.002185	−1.92224
沖　縄	0.419997	0.11058	3.798148
重相関　R	0.672786087		
重決定　R2	0.452641119		
補正　R2	0.41445329		
観測数	47		

２－４表　ＴＦＲと男性賃金、女性賃金、沖縄ダミー（2000年）

	係　数	標準誤差	t　値
切　片	2.420280	0.134032	18.0573
男性賃金	0.001275	0.001225	1.041175
女性賃金	−0.00631	0.001853	−3.40874
沖　縄	0.274559	0.090231	3.042839
重相関　R	0.8027110		
重決定　R2	0.644345		
補正　R2	0.619531		
観測数	47		

たとえば、政府の「地域少子化・働き方指標（第３版）」（2017）で挙がった、「週60時間以上働く労働者の割合」「１日当たり通勤時間」、「０～５歳人口に対する保育所定員」「三世代同居率」などは青森県の課題ではない。２－３表と２－４表を比較すると2000年から2015年の間にも女性賃金の影響は弱まり、回帰結果の有意性が低下していることがわかる。ＴＦＲと女性賃金のマイナスの相関も弱まっている。全国も青森もＴＦＲは2005年頃を底に緩やかに上昇しており、仕事と子育ての対立関係は徐々に弱まっている。

② 少子化の男性要因

出生率について、男性賃金に代表される子育て世代の所得要因が相対的に重要となっており、青森での男性賃金の低さはＴＦＲの低さにつながっている。以下で男性要因について見てみよう。

次の２－11図は青森の30～39歳男性の産業別未婚率を全国と比較したものである。

２－11図　30代男性の産業別未婚率

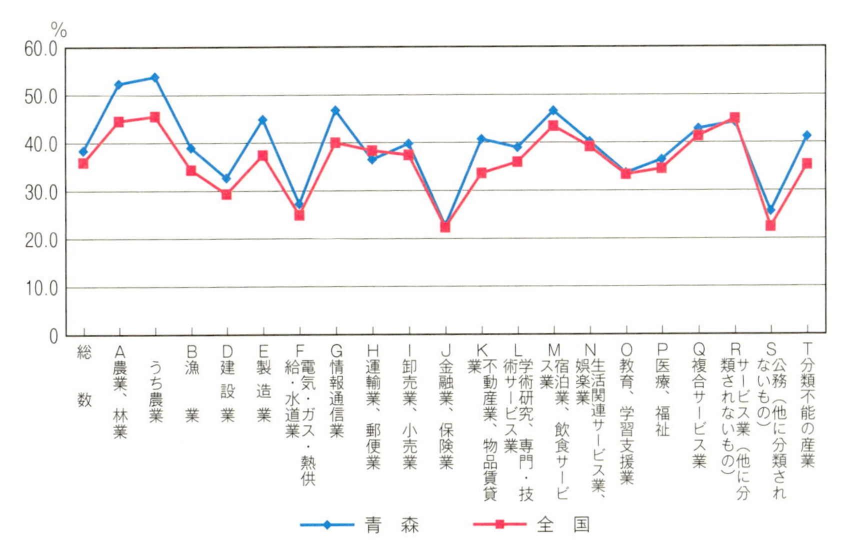

資料：「2015年国勢調査」（総務省）

2－12図　30代男性の産業別就業者割合、青森と全国

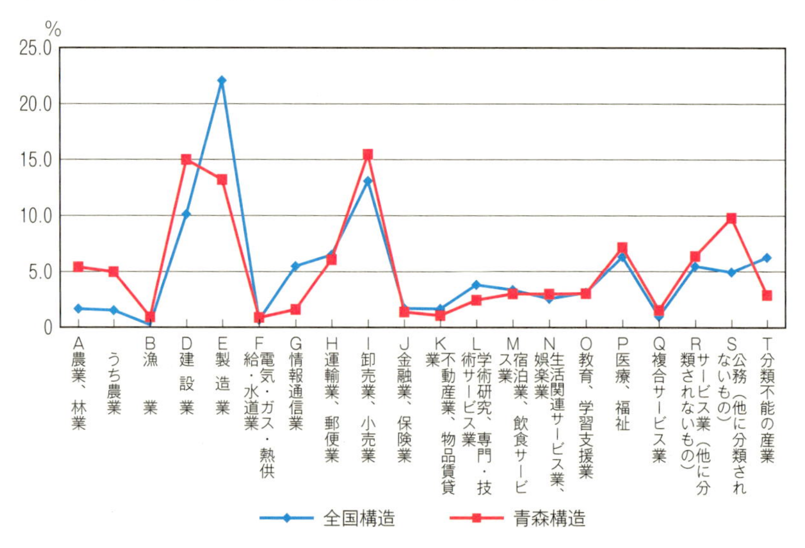

資料：「2017年就業構造基本調査」（総務省）

2－13図　30代男性の産業別非正規率、青森と全国

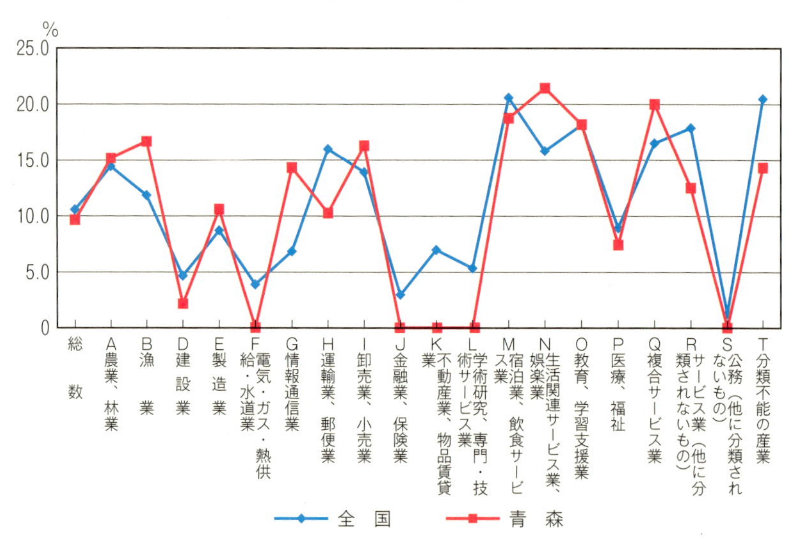

資料：「2017年就業構造基本調査」（総務省）

全国と類似したパターンであることに驚かされるが、農業、製造業、情報通信業、不動産業では全国よりも未婚率が高い。

青森は未婚率が高い産業に就業する割合は高いだろうか。２－12図は30代男性の就業者全体に占める各産業就業者の割合を青森と全国について示している。未婚率が高い農業のシェアが高いことが挙げられる。２－13図の非正規率にも大きな違いは見られない。

⑶　平均寿命

次に自然減少について見てみよう。青森県の平均寿命は2015年に男性が78.67歳、女性は85.93歳で、男性は70年代から女性は90年代から最下位が続くが、全国との差は男性が2.1歳、女性が1.07歳へと縮小している。

２－14図　主な死因別年齢調整死亡率の推移（男性）

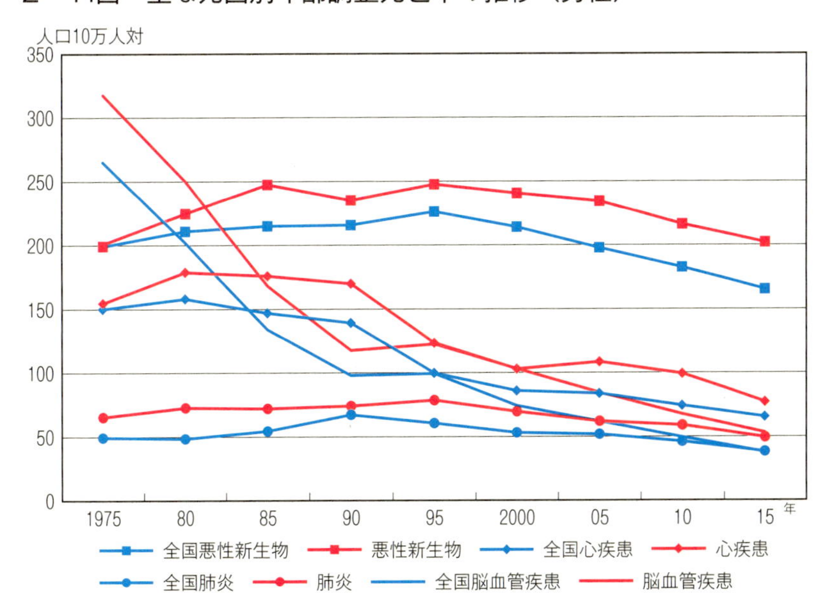

資料：「人口動態統計特殊報告」（厚生労働省）

2－15図　主な死因別年齢調整死亡率の推移（女性）

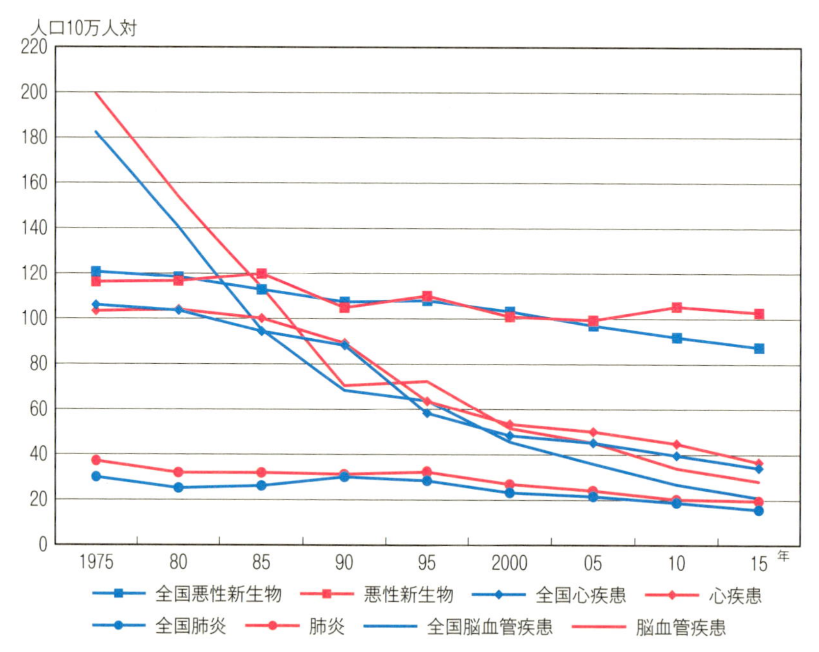

資料：「人口動態統計特殊報告」（厚生労働省）

平均寿命が短いことは一定年齢での死亡率が高いことを意味している。青森と全国の死亡率を、高齢人口比率の増大を除くための年齢調整死亡率で比較する。２－14図と15図はそれぞれ男性と女性の主な４つの死因別の死亡率を青森県と全国で示している。脳血管疾患は、くも膜下出血、脳内出血、脳梗塞などであり、最も多い死因であったが、男女とも80年代以降は悪性新生物（癌）が１位となっている。癌に関しては、全国との差を見ると、男性はあまり縮小せず、女性は2010年以降むしろ拡大している。

2－5表　主な死因別年齢調整死亡率の青森県と全国（2010、15年）

	男					女				
	死亡率	全国順位	構成比	5年間の変化	対全国差の変化	死亡率	全国順位	構成比	5年間の変化	対全国差の変化
総数	585.6	1		−76.8	−18.6	288.4	1		−15.9	4
悪性新生物	201.6	1	34.4%	−14.3	2.8	103	1	35.7%	−2.6	1.9
心疾患	76.8	6	13.1%	−22.0	−13.3	36.6	16	12.7%	−8.3	−2.8
脳血管疾患	52.8	1	9.0%	−14.3	−2.7	28.2	3	9.8%	−5.8	0
肺炎	49.1	1	8.4%	−9.5	−1.8	19.6	4	6.8%	−0.6	2.4
自殺	26.5	11	4.5%	−12.6	−5.8	7.4	40	2.6%	−5.0	−1.6

資料：「平成29年青森県人口動態統計（確定数）の概況」（青森県健康福祉部）

死因の３分の１を占め、全国よりも改善が遅い悪性新生物についてやや詳しくみることにする。

２－16図と17図は、悪性新生物の罹患率を縦軸に、年齢調整死亡率を横軸にとり、47都道府県の値をプロットしたものである。縦横の太線は全国値を示している。青森の罹患率は男女とも全国をやや上回る程度であるが、死亡率は最も高い。長野は罹患率は青森とほぼ同じにもかかわらず、死亡率は最も低い県の１つであり、平均寿命も長い。「平成27年青森県版生命表の概況」によれば、がん検診率は乳がん、子宮頸がんで全国を下回るが、胃がん、大腸がん、肺がんでは平均を大きく上回っている。しかし、がん検診精密検査受診率になると胃がん以外は全国を下回るのである。

国立がん研究センター（2018）掲載の2014年のがん罹患者の進展度分布によれば、最初に発生した臓器以外に広がっていない「限局」の率は青森41.9%、全国44.7%、長野47.4%、滋賀48.6%と、青森では進行した状態の割合が多い。

松田（2017）は、青森と長野の違いについて、長野も塩分摂取が多く、近年は食生活の違いよりも、罹患した後の数値化しにくい違いを指摘している。長野では保健補導員制度が戦後まもなく確立し、「こ

2－16図　47都道府県の悪性新生物罹患率と死亡率、男性（2014年）

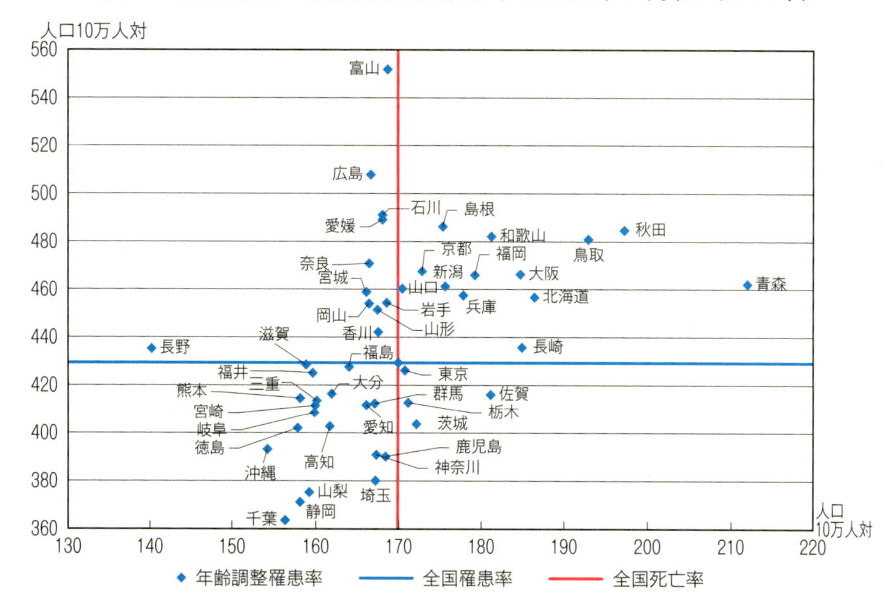

2－17図　47都道府県の悪性新生物罹患率と死亡率、女性（2014年）

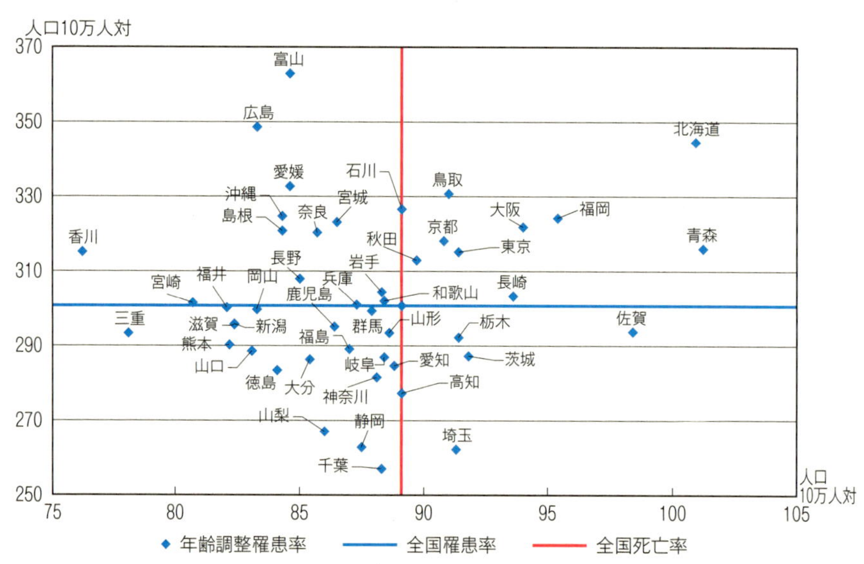

以上資料：「全国がん罹患モニタリング集計2014年罹患数・率報告」（国立ガン研究センター）

うした活動が住民と医療との「距離」を縮め、かかりつけ医制度に近いものを成り立たせている」と述べている。罹患率低下と同時に罹患率と死亡率の関係も重要課題と言えるだろう。

４．人口構成

これまでの分析を踏まえて、青森の人口構成の特徴を全国と比較してまとめてみよう。２－18図は2015年の青森の総人口を100％として青森の男女各年齢の割合を示した人口ピラミッドと全国の総人口を100％として全国の男女各年齢の割合を示した人口ピラミッドを重ね合わせたものである。

2015年に40～44歳になっている第２次ベビーブーム世代は、青森の雇用が相対的に悪い90年代初めに、20歳前後の学卒年齢だったため、大量に県外に転出したので、全国のような尖りが見られない。それよ

２－18図　2015年の人口ピラミッド、青森と全国

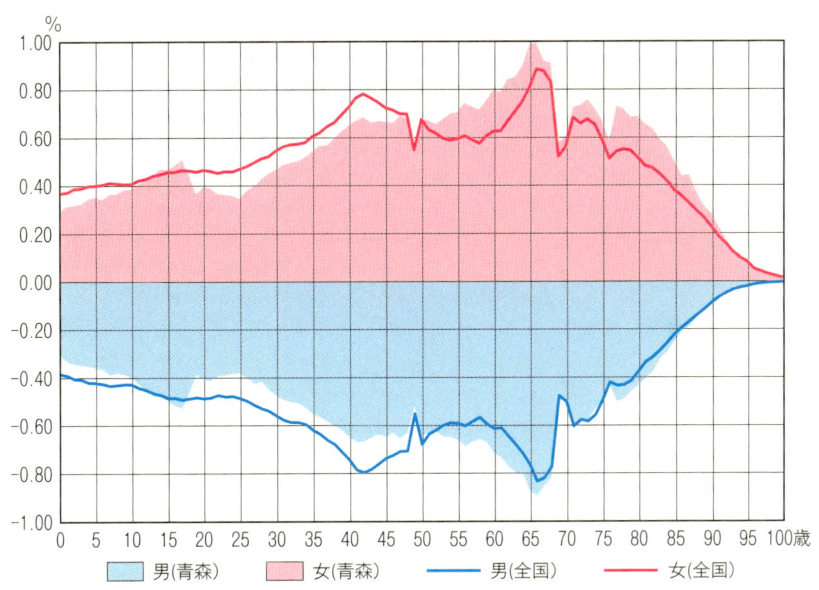

資料：「2015年国勢調査」（総務省）

り若い世代も転出が多い。その結果、転出した第２次ベビーブーム以降の世代を母親とする10歳以下の子ども世代も少なくなり、青森の年少人口比率は全国を下回るようになったのである。

このことを確認するために、同様に作成した今から20年前の1995年の人口ピラミッドを見てみよう。（２－19図）

95年には第２次ベビーブーム世代が20～25歳で、既に大量に転出したばかりである。しかし、まだ多くは母親の年齢ではないので、出生数の低下には結びついておらず、15歳未満の年少人口は全国よりも大きい割合を保っていた。この５年後から、減少した第２次ベビーブーム世代を母親とする出生数の減少が本格化することになる。

２－19図　1995年の人口ピラミッド青森と全国

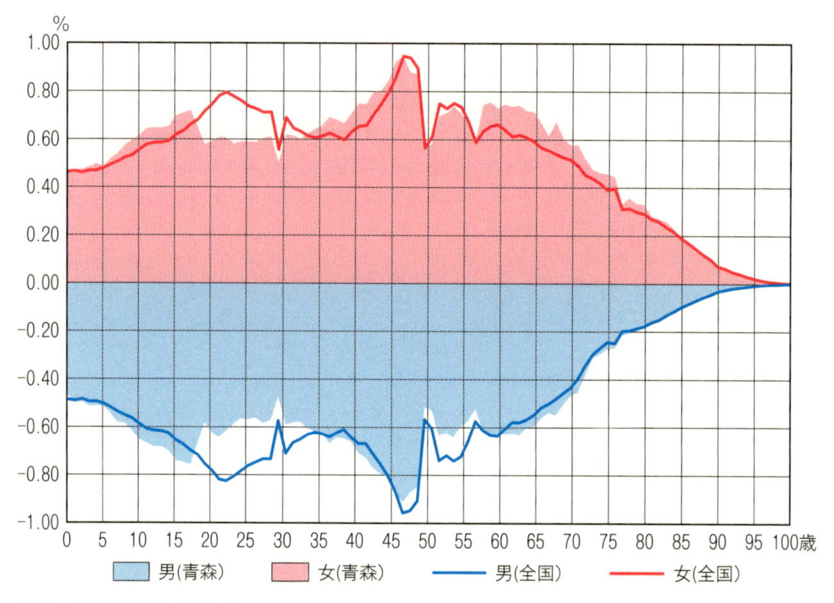

資料：「国勢調査」（総務省）

青森の生産年齢人口比率の低さと年少人口比率の低さは、バブル期に学卒年齢だった第２次ベビーブームの転出超過による影響が大きく、バブルの履歴効果が残っていると言っても過言ではない。2－18図の15歳未満の世代は既に少ないが、2－6図で見たように今後5年間にさらに3割以上転出すると予想され、生産年齢人口比率は累積的に低下する。県外からの中途採用などの柔軟な人事制度が求められよう。

（担当：木立　力）

【参考文献】

工藤豪（2011）、「結婚動向の地域性－未婚化・晩婚化からの接近－」、『人口問題研究』67巻4号、pp.3－21.

国立がん研究センター（2018）、『全国がん罹患モニタリング集計2014年罹患数・率報告』.

中井章太（2016）、「少子化の都道府県格差要因としての若年男性雇用」、『産開研論集』第28号、大阪産業経済リサーチセンター.

内閣官房（2017）、「地域少子化・働き方指標（第3版）」.
https: //www. kantei. go. jp/jp/singi/sousei/info/pdf/h29-05-12-shihyou3-1.pdf

松田智大（2017）、『がんで死ぬ県、死なない県』NHK新書.

第３章　県内総生産と総需要

１．2015年度の県内総生産

県内総生産（名目）	４兆5,402億円	経済成長率3.6％増
県内総生産（実質）	４兆4,604億円	経済成長率2.7％増

経済は「政府、企業、家計」という３つの経済主体から成り立っている。経済主体による経済活動は、主に企業によって生産されたものが政府・企業・家計によって消費され、消費によって再び生産が刺激され、経済が循環していく（３－１図）。

３－１図　３つの経済主体

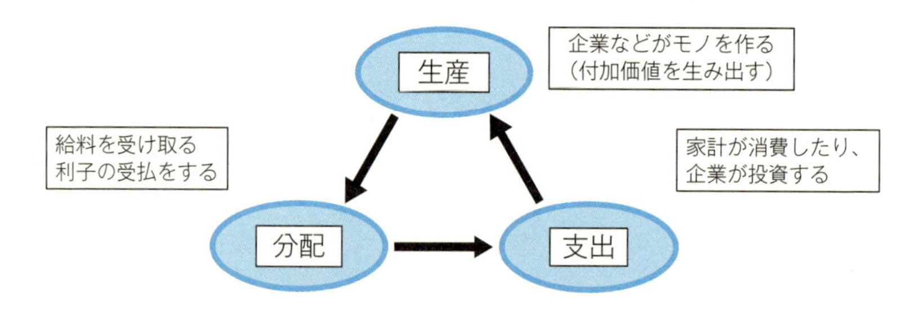

⑴　県内総生産額

2015年度の青森県経済をみると、県内総生産は名目４兆5,402億円、実質４兆4,604億円、前年度比増減率は名目3.6％増、実質2.7％増と名目では２年連続、実質では３年ぶりのプラス成長となった（３－２図）。

15年度の青森県経済は食料品や輸送機械の生産が上向いたほか、農業がりんごの輸出増加、野菜価格上昇から堅調な推移を示した。

３－２図　青森県と国のＧＤＰの推移

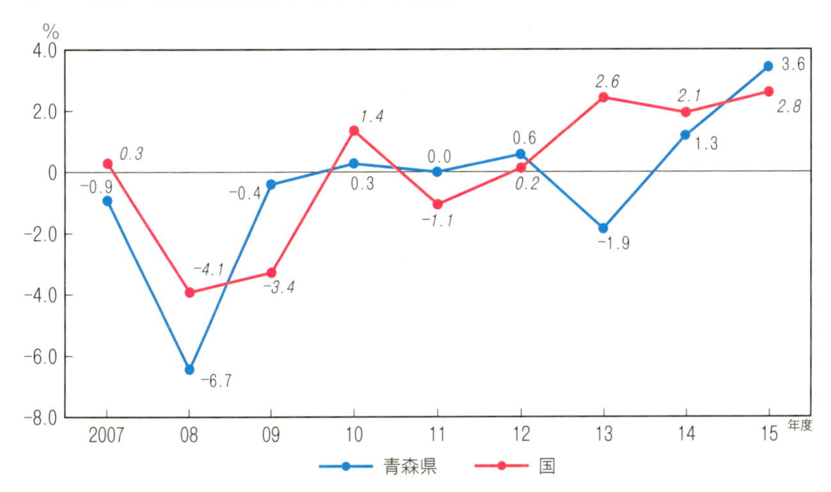

資料：「平成27年度青森県県民経済計算」（青森県企画政策部）、「平成27年度国民経済計算」（内閣府）

一方、県民所得は３兆2,210億円（前年度比4.6％増）、雇用者報酬、企業所得が増加した。一人当たり県民所得は246万２千円で前年度比5.6％増の高い伸びを示した。国民所得を100とした場合の水準は80.5と前年度の78.3を2.2ポイント上回った（３－１表）。

３－１表　青森県と国のGDP

		青森県		国	
		14年度	15年度	14年度	15年度
県（国）内総生産（億円）	名目	43,813	45,402	5,178,666	5,321,914
	実質	43,441	44,604	5,103,931	5,171,953
経済成長率（％）	名目	1.3	3.6	2.1	2.8
	実質	△0.5	2.7	△0.4	1.3
県（国）民所得（億円）（％）		30,787	32,210	3,783,183	3,884,604
	前年度比	△1.5	4.6	1.2	2.7
一人当たり県(国)民所得（千円）（％）		2,330	2,462	2,977	3,059
	前年度比	△0.5	5.6	1.3	2.8

資料：「平成27年度青森県県民経済計算」（青森県企画政策部）

2．動き出した青森県経済

(1) 県内総生産額の推移

県内総生産額は2008年度以降、４兆３千億円台で推移してきたが、2015年度は８年ぶりの大幅増加に転じ、前年度比約1,500億円増の４兆５千億円台を記録した。産業別では製造業が7,699億円（前年度比730億円増）、農林水産業が2,053億円（同424億円増）、卸・小売業が5,370億円（同271億円増）と増加したものの、建設業3,013億円（同41億円減）、教育1,971億円（同27億円減）が減少した（３－３図）。

３－３図　県内総生産の推移

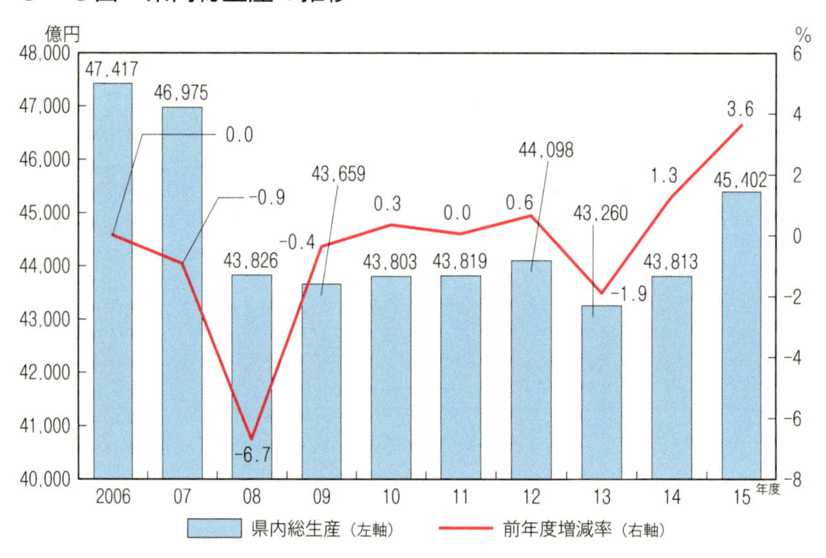

資料：「平成27年度青森県県民経済計算」（青森県企画政策部）

総生産の前年度比3.6％増の内訳を産業別寄与度でみると、増加に大きく寄与したのが製造業の1.66％、次いで農林水産業の0.97％、卸・小売業の0.55％、逆に建設業△0.10％、教育△0.06％の寄与度はマイナスとなった（３－４図）。

３－４図　経済活動別総生産産業寄与度（2015年度）

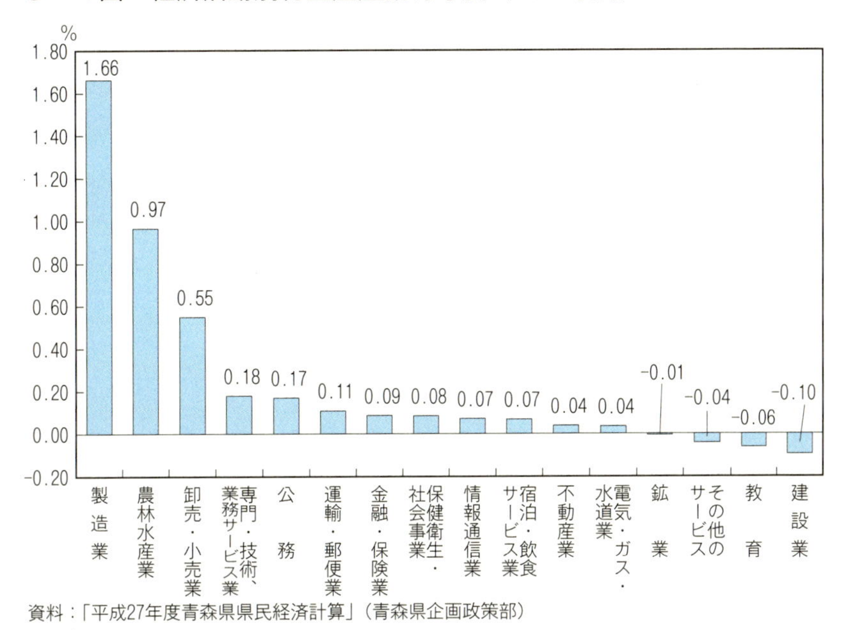

資料：「平成27年度青森県県民経済計算」（青森県企画政策部）

⑵　生産、支出、分配面から見た県内経済

県民経済計算は、一定期間（１会計年度）において生み出された生産物の価値を「生産」「分配」「支出」の三面から総合的に把握し、県経済の規模や成長率・産業構造を明らかにしたものである。県内で経済活動を営み、財やサービスを生産し、新たな付加価値を生み出す。この付加価値は、企業や個人に分配され、分配された所得はさらに消費、投資に支出される。（RESASによる青森県経済構造の分析より）

3－5図　青森県の地域経済循環図（2013年）

単位：億円

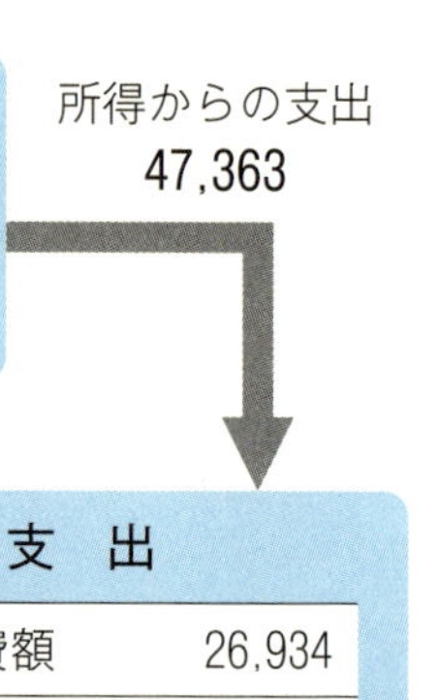

所得への分配　42,351

分　配（所得）

雇用者所得	23,610
その他所得	23,753

所得からの支出　47,363

生産（付加価値額）

第一次産業	1,823
第二次産業	9,110
第三次産業	31,419

支　出

民間消費額	26,934
民間投資額	6,241
その他支出	9,177

支出による生産への還流　42,351

資料：ＲＥＳＡＳ地域経済分析システムをもとに作成

⑶　青森県の産出額

県内総生産額は生産活動から生み出された財、サービスの総額である産出額から原材料費等の中間投入を差し引いたもので、一般的な売上、出荷額の概念に近い。2015年度の県内総産出額は７兆6,878億円、中間投入額は３兆1,476億円、産出額から中間投入を差し引いた県内総生産額は４兆5,402億円であった。

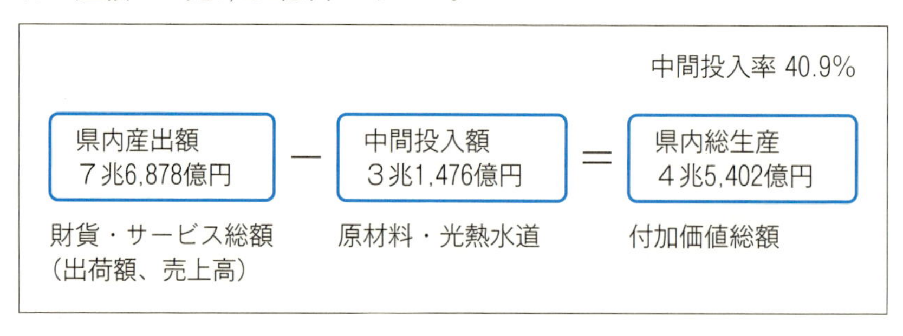

青森県主要産業の産出額は製造業の１兆7,520億円が最も多く、次いで卸・小売業、保健衛生・社会事業、建設業、不動産業、公務の順となった。また、中間投入率は製造業、建設業が50％を上回り、不動産業、公務は20％を下回る水準にある（３－２表）。

３－２表　青森県の産出額（2015年度）

単位：百万円、％

	産出額	中間投入	総生産額	中間投入率
製造業	1,751,971	982,091	769,881	56.1
卸売・小売業	770,318	233,361	536,957	30.3
保健衛生・社会事業	687,493	283,662	403,831	41.3
建設業	657,786	356,486	301,300	54.2
不動産業	608,258	113,230	495,028	18.6
公務	558,833	107,173	451,660	19.2

資料：「平成27年度青森県県民経済計算」（青森県企画政策部）

３．県内総生産額

> 経済成長率（名目）は3.6％増（２年連続のプラス）、経済成長率（実質）2.7％増（３年ぶりのプラス）。生産面では建設業が減少したものの、製造業、農林水産業及び卸・小売業が増加した。

県内総生産は県内の工場や事業所における生産活動で生み出された付加価値の合計で2015年度は前年度比3.6％増の４兆5,402億円と２年連続で増加した。県内総生産額の産業別構成比をみると、製造業（17％）、卸・小売業（12％）、不動産業（11％）、保健衛生・社会事業（９％）、建設業（７％）、農林水産業（５％）の順にウエートが大きかった（３－６図）。

３－６図　県内総生産産業別構成比

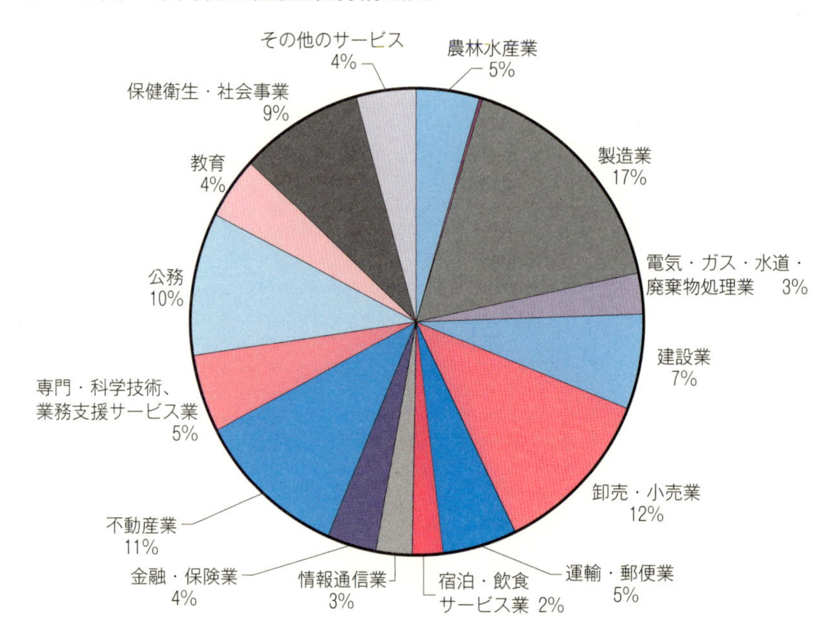

資料：「平成27年度青森県県民経済計算」（青森県企画政策部）

産業別に前年度増減の寄与度[1]を算出すると、製造業(寄与度1.66％)、農林水産業（同0.97％)、卸・小売業（同0.55％)、専門技術・業務サービス業（同0.18％)、公務（同0.17％）が総生産額の増加に寄与し、建設業（同△0.10％)、教育（同△0.06％）がマイナスに寄与した。

2014～2015年度、２年連続の県経済プラス成長は製造業、農林水産業の上向きによるほか、2015年度は対象産業（15産業）中12産業の寄与度がプラスと、2014年度の８産業を上回り、経済活動の上向きが産業面で大きく広がった。

好調だった製造業の業種別寄与度を算出すると、食料品(同0.43％)、一次金属（同0.48％)、輸送機械（同0.48％）の３業種の増加寄与度が大きかった。

３－７図　産業別増減寄与度の推移

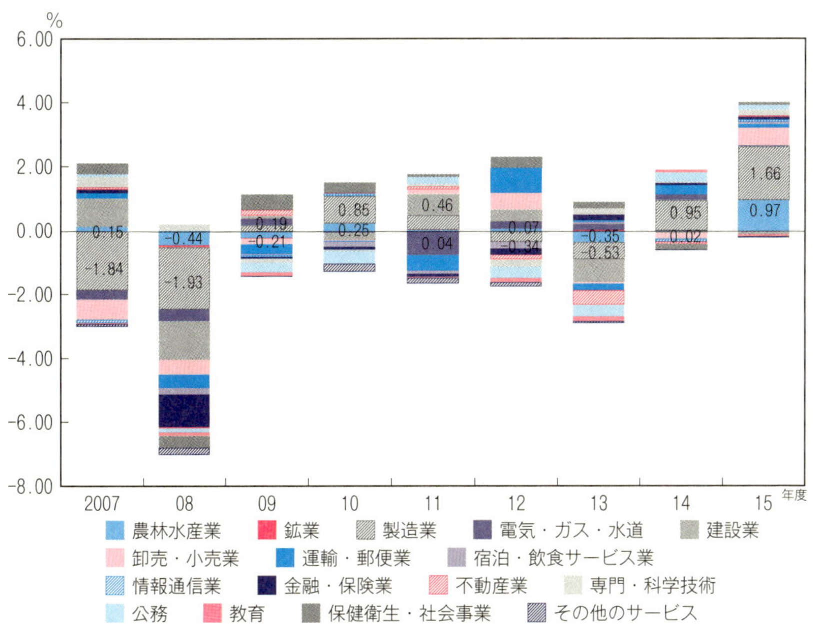

資料：「平成27年度青森県県民経済計算」（青森県企画政策部）

1　寄与度はあるデータ全体の変化に対して、その構成要素であるデータの貢献度を示す指標

4. 分配面から見た県民所得

県内各産業が生み出した付加価値は、その生産要素を提供した県内居住者に地代・賃金・利潤などの所得の形で分配されていく。

県内居住者は個人だけではなく、法人企業、政府関係機関等も含めた経済主体を指し、「雇用者報酬」「財産所得」「企業所得」に分類される。

2015年度の県民所得は3兆2,210億円で、前年度比4.6%増となった。県民雇用者報酬は賃金・俸給が増加したことなどから、前年度比4.6%増の2兆1,193億円となった。財産所得は配当、投資所得、賃貸料の減少から、同3.7%減の1,080億円にとどまった。企業所得は金融機関が減少したものの、個人所得が増加したことから、前年度比5.6%増の9,937億円となった。

この結果、人口一人当たり県民所得は246万2千円で、前年度比5.6%増、13万2千円増加した。

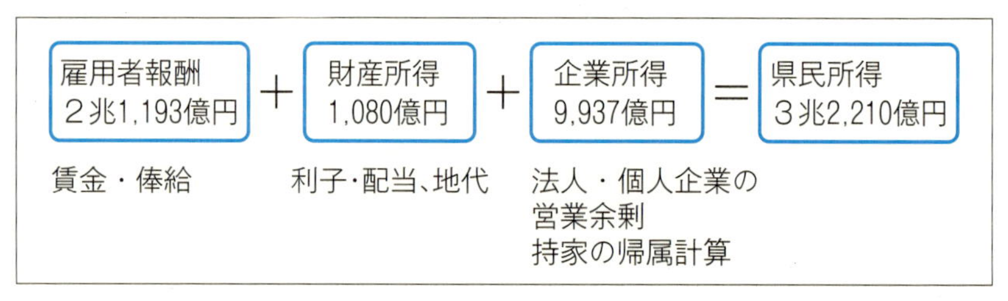

県内の生産活動により1年間に生み出された付加価値は所得として県内に分配され、地域の生活を支えている。県民所得は全体の6割以上を占める雇用者報酬、低金利で伸び悩む財産所得、変動の大きな企業所得に分類される。

2015年の県内分配所得は2008年のリーマンショックの落ち込みから8年ぶりに3兆2千億円台に回復したが、これは製造業、卸・小売業などの業況回復や雇用者報酬の増加によるところが大きい(3-8図)。

３－８図　県民所得の推移

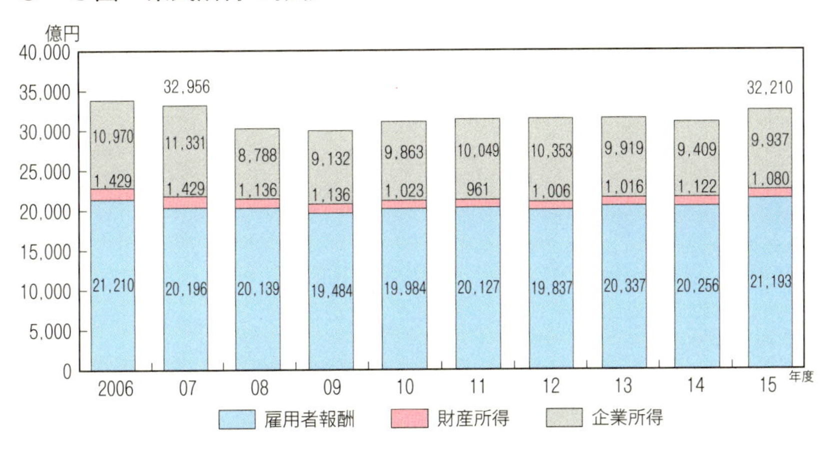

資料：「平成27年度青森県県民経済計算」（青森県企画政策部）

県民所得の変化を2007年以降の雇用者報酬、財産所得、企業所得別の寄与度でみると、2008年度のリーマンショックの企業所得の大幅減、2009年度の雇用者報酬の落ち込みが特徴的だが、以降は企業所得の増減が全体と共通した動きを続け、2015年度は企業所得、雇用者報酬が前年度比4.7％増の高い伸びとなった（３－９図）。

３－９図　県民所得寄与度の推移

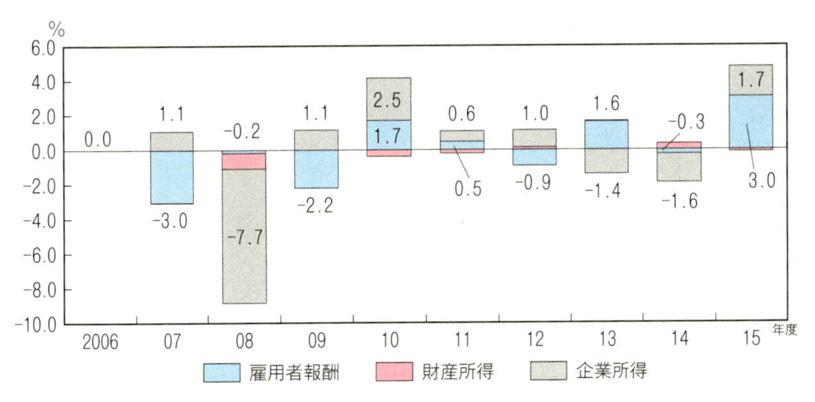

資料：「平成27年度青森県県民経済計算」（青森県企画政策部）

県民所得を2006年＝100として、県民所得、雇用者報酬、財産所得、企業所得それぞれの推移をみると、近年の低金利を映し財産所得が伸び悩み、2015年度は75.6の水準に落ち込んでいる。また、企業所得が90.6、県民所得が95.8と９年前の水準を下回り、雇用者所得が99.9と同水準となっている（３－10図）。

３－10図　県民所得の推移（2006年度＝100）

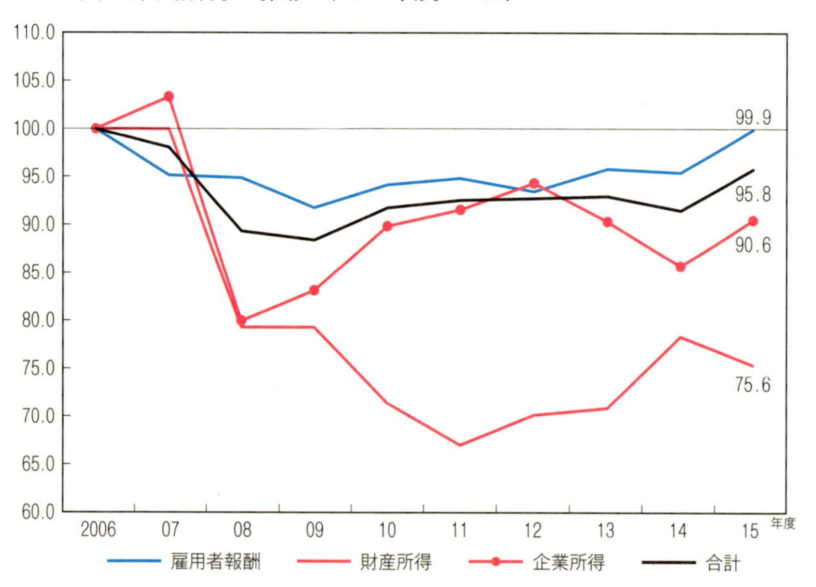

資料：「平成27年度青森県県民経済計算」（青森県企画政策部）

⑴　一人当たり県民所得

県民所得を総人口で除した一人当たり県民所得は246万２千円で前年度比5.6％増、13万２千円増加した。国民所得を100とした水準は80.5となった（３－11図）。

3－11図　青森県と国の一人当たり県（国）民所得の推移

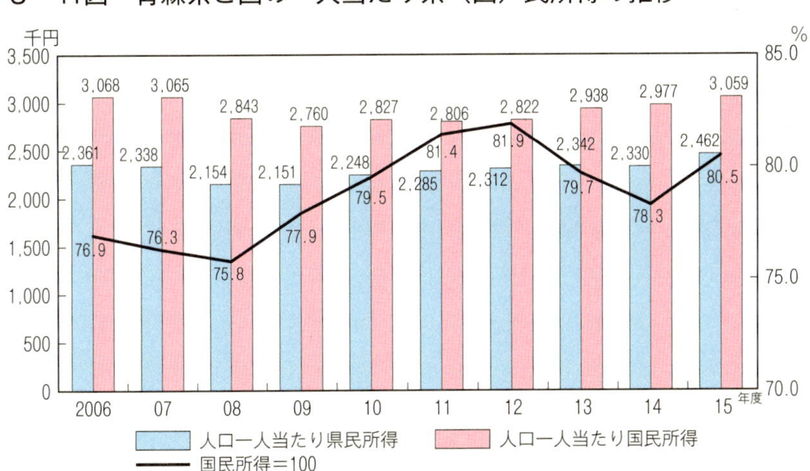

資料：「平成27年度青森県県民経済計算」（青森県企画政策部）

5．支出面から見た県内総生産

民間最終支出	２兆7,263億円	前年度比	△1.4%
政府最終消費支出	１兆3,183億円	〃	△0.5%
県内総資本形成	１兆　708億円	〃	9.6%
民間需要	３兆4,680億円	〃	1.7%
公的需要	１兆6,475億円	〃	△0.7%
県外需要	△5,752億円	〃	2.6%

民間需要＝民間最終消費支出＋民間住宅＋民間企業設備＋民間在庫変動

公的需要＝政府最終消費支出＋公的資本形成＋公的在庫変動

2015年度の県内総生産（支出ベース）は民間最終消費支出が前年度比1.4％減の２兆7,263億円、政府最終消費支出が同0.5％減の１兆3,183億円、県内総資本形成が同9.6％増の１兆708億円と県内総資本形成が大幅に増加した。さらに、県内需要を民間需要（民間最終消費支出及び民間固定資本形成等の合計）と公的需要（政府最終消費支出及び公的固定資本形成等の合計）に分類すると、民間需要は前年度比1.7％増の３兆4,680億円、公的需要は同0.7％減の１兆6,475億円、県外需要が同2.6％増の△5,752億円となった。

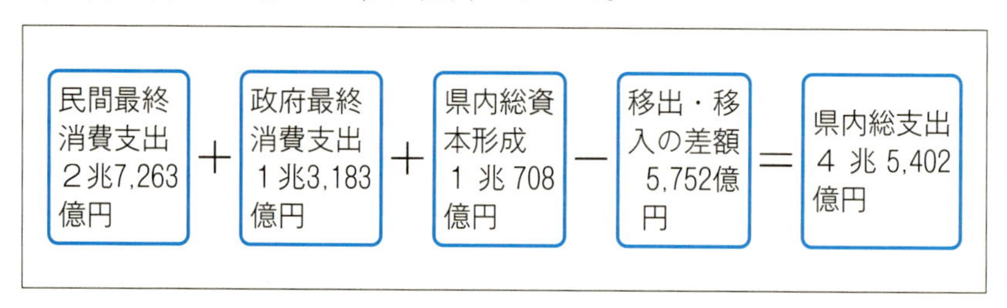

民間需要、公的需要、県外需要の寄与度をそれぞれ算出すると、2015年度は民間需要が1.7％と１年ぶりのプラス、県外需要が２年連続のプラス、公的需要が２年連続のマイナス寄与度となった（３－12図）。

３－12図　県内総支出需要別寄与度の推移

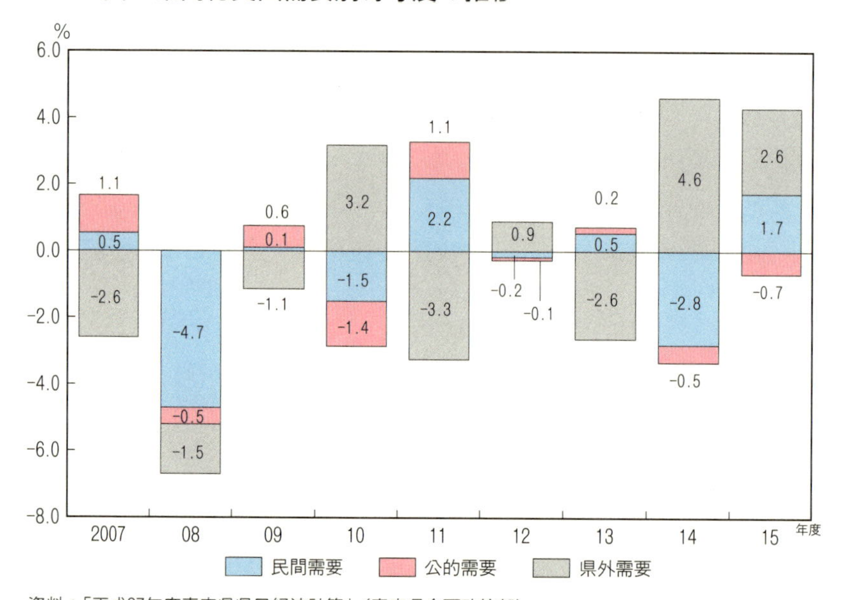

資料：「平成27年度青森県県民経済計算」（青森県企画政策部）

次に、県内総固定資本形成の内訳である民間企業設備、民間住宅、公的資本形成をみると、民間住宅が前年度比9.4％増の1,083億円、民間企業設備が同6.1％増の6,168億円と増加したものの、公的資本形成は同5.5％減の3,292億円と伸び悩んだ（３－13図）。

３－13図　県内総固定資本形成の推移

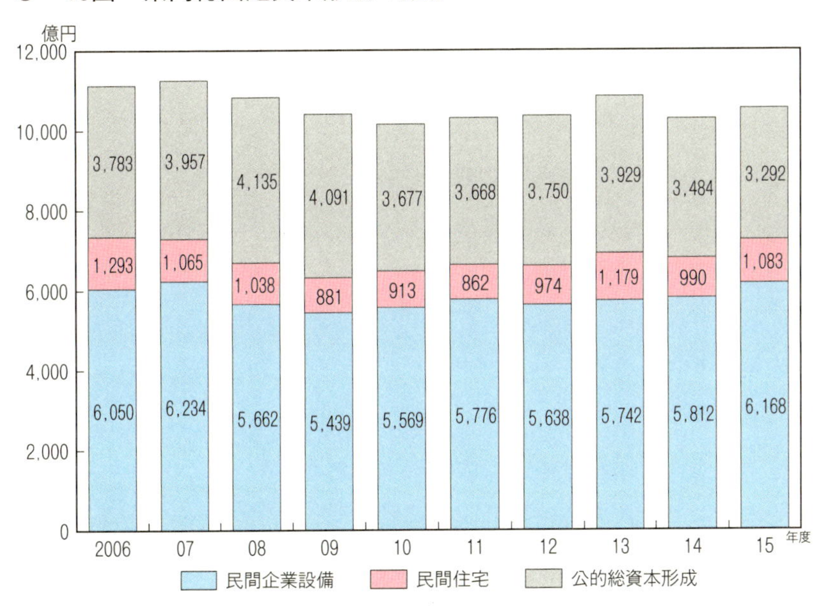

資料：「平成27年度青森県県民経済計算」（青森県企画政策部）

6．県民経済計算から見える青森県の姿

県民経済計算による青森県経済活動（2006～2015年度）を生産、分配、支出の３分野から見てきた。生産はこのところ、製造業、農林水産業の伸びに支えられ底堅く推移し、分配面では雇用者報酬、企業所得に回復の動きが見られている。

こうした青森県経済の変化を、一人当たり県民所得、基盤産業と非基盤産業、県際構造の変化の視点で分析していくことにする。

⑴ 一人当たり県民所得の要因分解

県民所得を人口で割って得られる一人当たり県民所得は、各都道府県の経済力を示す指標としてしばしば用いられる。2015年度の青森県一人当たり県民所得は246万２千円で国民所得を100とした水準は80.5の水準にある。青森県の人口が減少していく人口減少社会の中で、生活の豊かさにつながる一人当たり県民所得をキープしていくためには何をすべきか、県民所得の要因分解で考察していく。

一人当たり県民所得は次のように就業率、県民分配率、労働生産性の３つに分解できる。この３つの要素によって一人当たり県民所得が変化していく。

$$\frac{\text{県民所得}}{\text{総人口}} = \frac{\text{就業者}}{\text{総人口}} \times \frac{\text{県民所得}}{\text{県内純生産}} \times \frac{\text{県内純生産}}{\text{就業者数}}$$

（一人当たり県民所得）（就業率）（県民分配率）（労働生産性）

2015年度の一人当たり県民所得を要因分解すると、就業率0.498％、県民分配率0.983、労働生産性502万３千円に分かれ、労働生産性が前年に比べ大きく増加し、一人当たり県民所得の増加に寄与したことが分かる。

３－３表　一人当たり県民所得の要因分解

年　　度	一人当たり県民所得 千円	就業人口÷総人口 (就　業　率) %	県民所得÷県内純生産 (県民分配率) %	県内純生産÷就業者数 (労働生産性)千円
2014	2,330	0.495	0.977	4,816
2015	2,462	0.498	0.983	5,023

次に、産業別労働生産性（2015年度）で見ると、帰属家賃が含まれる不動産業を除くと情報通信業、電気・ガス・水道、製造業、公務が高く、就業者数が多い卸・小売業、保健衛生・社会事業、農林水産業は労働生産性が低くなっている。

また、５年前と比較すると就業者が少ない農林水産業の生産性が著しく向上しているのが分かる（３－４表、３－14図）。

３－４表　労働生産性（2010～2015年度）の推移

	2010年度	2015年度	増　減　率
農林水産業	2,096	2,567	22.5
鉱　　業	12,222	13,751	12.5
製 造 業	9,914	11,366	14.6
電気・ガス・水道	18,786	18,265	△2.8
建 設 業	4,680	4,878	4.2
卸売・小売業	4,599	5,126	11.5
運輸・郵便業	6,027	6,555	8.8
宿泊・飲食サービス業	3,160	2,981	△5.6
情報通信業	18,217	17,803	△2.3
金融・保険業	11,161	11,711	4.9
不動産業	111,450	108,108	△3.0
専門・科学技術	6,439	6,616	2.7
公　　務	11,952	12,124	1.4
教　　育	8,919	8,422	△5.6
保健衛生・社会事業	4,408	4,463	1.2
その他のサービス	4,449	4,170	△6.3
小　　　　計	6,684	6,991	4.6

資料：「平成27年度青森県県民経済計算」（青森県企画政策部）
　注）労働生産性は総生産÷県内就業者数で算出

3－14図　労働生産性（2010～2015年度）の増減率

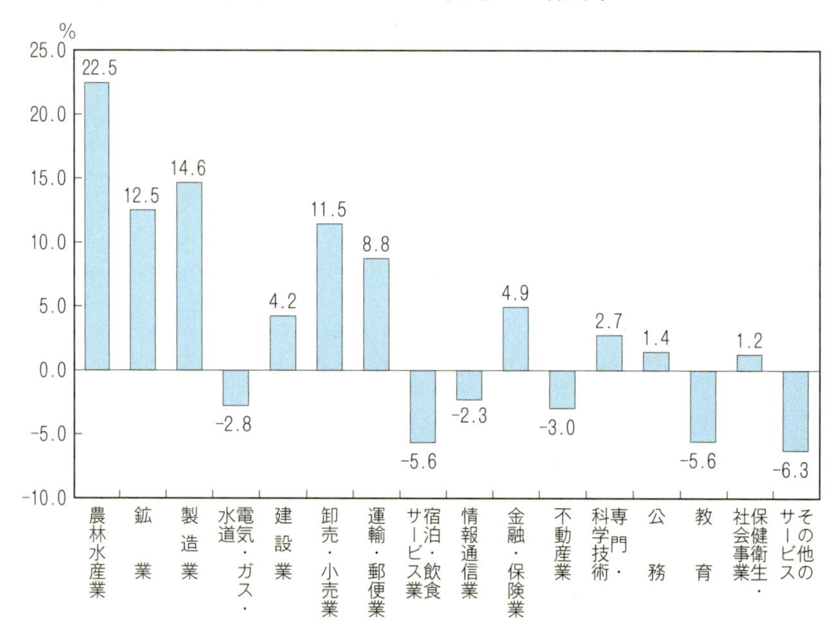

資料：「平成27年度青森県県民経済計算」（青森県企画政策部）

7．基盤産業と非基盤産業

地域経済にとって重要なのが、地域外の需要を取り込む移出である。移出によって稼いだ域外マネーは、域内において循環し地域内の経済活動を活発化させる。地域の主力産業を見い出す際、特化係数を用いて、地域の産業を基盤産業と非基盤産業に分類するＢＮ分析[2]という手法がある。

青森県の産業で就業者数が比較的多く、特化係数が１を上回る産業は農業、建設業、卸・小売業、医療・福祉、公務などで、これらが青森県経済を支える基盤産業であり、特化係数が１を下回る産業は非基

2　地域の経済活動を、全国と地域の産業別構成比を比較し、地域の経済的基盤を支えている基盤活動とそれ以外に区分し、地域の特徴を把握する分析

盤産業とする。ただし、基盤産業の中でも地域内の需要を対象とした非基盤経済活動に従事する就業者も存在する。そこで、特化係数から１を差し引いた割合を基盤産業就業者としてカウントする。

青森県の場合、基盤産業就業者は農業の４万４千人、建設業の１万３千人など、合計９万１千人、これは全就業者62万６千人の14.6％にあたる。青森県の基盤産業は農業ということになる（３－５表）。

３－５表　青森県の基盤産業就業者数

産業分類	就業者数	特化係数	特化係数－1	基盤産業就業者数
農　　業	65,721	3.09	2.09	44,452
林　　業	1,792	2.65	1.65	1,116
漁　　業	7,787	4.77	3.77	6,154
鉱　　業	484	2.04	1.04	247
建設業	59,390	1.29	0.29	13,267
電気・ガス・水道業	3,133	1.04	0.04	124
卸小売業	97,079	1.02	0.02	1,446
生活関連サービス	22,503	1.02	0.02	487
医療・福祉	83,632	1.12	0.12	9,008
複合サービス	6,826	1.33	0.33	1,694
公　　務	34,991	1.63	0.63	13,466
※総就業者数	625,970		基盤合計	91,461

資料：「平成27年国勢調査」（総務省）
注）総就業者には非基盤産業就業者を含む

8．青森県の県際構造

県内総生産（支出ベース）には財貨・サービスの移出入（純）の項目がある。移出から移入を差し引いた移出入を推計したもので、青森県は恒常的に移入が移出を上回る移入超過県である。

2006年度以降の推移をみると、2011年度以降４年連続で移入超過幅が縮小している（３－15図）。

３－15図　財貨・サービスの移出入（純）

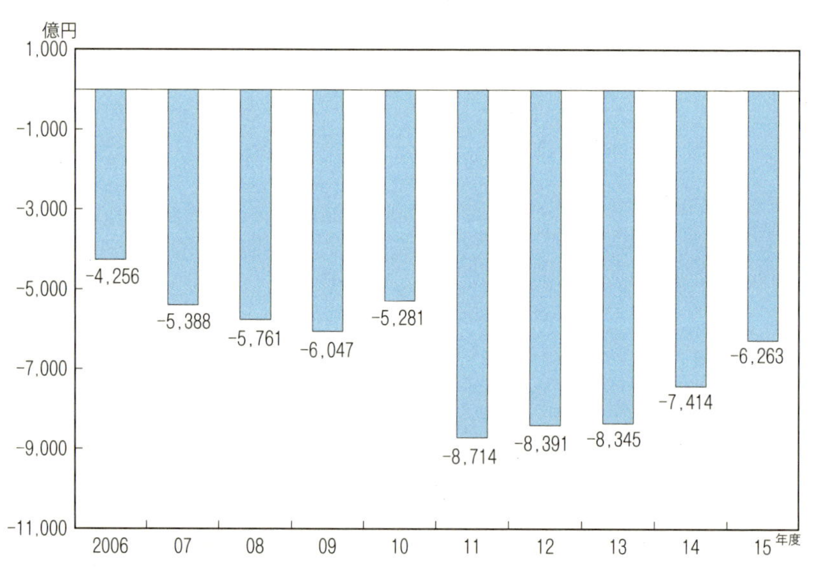

資料：「平成27年度青森県県民経済計算」（青森県企画政策部）

次に産業別の移出入を青森県産業連関表の県際収支（移輸出額－移輸入額）で見ていくことにする。

県内の移輸出超過となった産業は農業（1,039億円）、畜産（86億円）、林業（28億円）、運輸・郵便（60億円）の４産業、移輸入超過は製造業（5,081億円）、情報通信（1,122億円）などの産業が大幅移輸入超過となっている。うち、製造業ではほとんどの業種が移輸入超過となっているが、なかでも石油石炭製品が2,258億円の大幅移輸入超過となり、エネルギーの県外依存の大きさが特徴的である（３－６表）。

３－６表　青森県の県際収支（2011年）

単位：億円

	移輸出	移輸入	県際収支
農業	1,629	590	1,039
畜産	320	234	86
林業	51	23	28
漁業	314	347	△33
鉱業	96	343	△247
製造業	12,500	17,581	△5,081
電気・ガス・水道業	2	528	△526
建設業	0	0	0
卸売・小売業	4,389	5,009	△620
金融・保険業	109	561	△452
不動産業	0	145	△145
運輸・郵便	1,607	1,547	60
情報通信	520	1,642	△1,122
公務	0	0	0
サービス	635	2,139	△1,504
分類不明	0	1	△1
産業計	22,172	30,690	△8,518

資料：「平成23年産業連関表」（青森県）

9．おわりに

地域経済が活性化しないと、日本経済は元気がでない。地域経済の形は様々であり、一つの処方箋で経済が活発化するわけでなく、地域産業構造の現状分析、課題解決に向けた戦略構築が欠かせない。青森県は青森県基本計画を策定し、2030年のめざす姿の実現にむけ、産業雇用などの４分野の施策に取り組んでいる。

その際、参考になるのが青森県の産業構造であり、それを把握するために青森県の産業別特化係数（就業者ベース）を見ていくことにする。

産業別では漁業（4.77)、農業（3.09)、建設業（1.29)、医療・福祉(1.12)、複合サービス業（1.33)、公務（1.63）が1.0を上回っている。一方、製造業（0.63)、情報通信業（0.33)、学術専門サービス業（0.60)は特化係数が1.0を下回った。

この結果、青森県の産業構造は農業、漁業、公務の規模が大きく、労働生産性が高い製造業、情報通信業の集積が進んでいないことが分かる（３－16図)。

全国有数、東北トップの農業県である青森県は、生産、輸出の伸びに支えられ、このところ順調な経済活動を続けている。特化係数、基盤産業、域際収支でみても、このことをうらづけている。

３－16図　青森県産業別特化係数（就業者ベース）

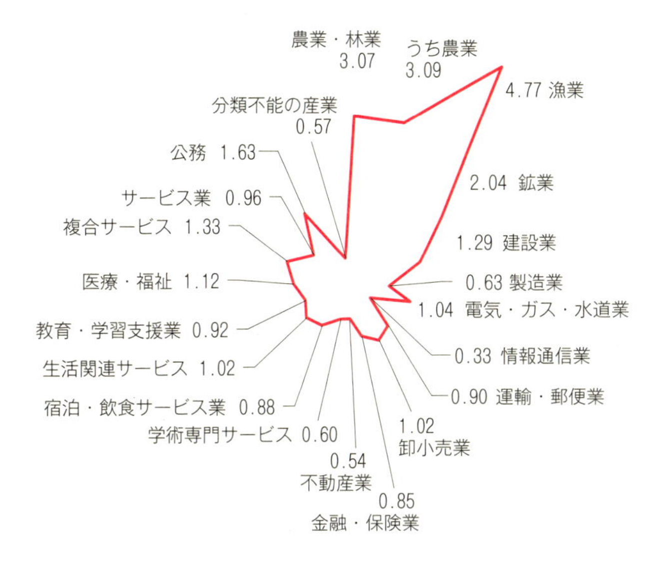

資料：「平成27年度青森県県民経済計算」（青森県企画政策部）

青森県経済の特徴は、農林水産業のウェートが大きいことである。なかでも、漁業、農業は特化係数3.0を超え、そのほかでは建設業、医療・福祉、複合サービス業、公務が1.0を超えている。産業構造の高度化の視点でみると、製造業、情報通信などのサービス業の集積が遅れていることが残念であるが、近年青森県の農林水産業が「攻めの農林水産業」の政策効果で販売額や輸出額を伸長していることが評価される。

農業産出額が２年連続の３千億円台で東北トップ、観光産業は外国人延べ宿泊数が過去最多、製造品出荷額が過去最高をそれぞれ記録した。青森県の基盤産業の一層の充実を図り、外貨を稼ぐ産業の強化が期待される。

（担当：高山　貢）

第４章　青森県の労働市場

近年、青森県の有効求人倍率は、１倍を大きく上回り、1963年の統計開始以来最高水準を更新している。全国最低水準だった雇用状況がいまや人手不足感が実感できるまでに回復している。しかし、その一方で本県からの若年者の流出は止まらず、現在でも年間4,000人強の若者が就職を理由に本県を離れている。本章では、雇用状況が劇的に改善し、人手不足の状況にも関わらず、若年流出が止まらない本県の労働市場の実態を明らかにし、その問題点と解決策を模索したい。

１．就業構造

本論に入る前に、本県の労働市場の概要を見てみたい。４－１表は、15歳以上人口（労働可能人口）と就業者数の推移を男女別に整理したものである。15歳以上人口に注目すると、1980年から2000年まで継続して増加し、2000年の1,251,760名をピークに減少に転じていることが分かる。2015年の1,148,807名は1980年の水準を下回っており、増加時より早いスピードで減少している様子がうかがえる。団塊の世代が80歳代に突入する2027年以降は、より急速に15歳以上人口が減少されることが予想される。

次に男女別に見ると、男女共に2000年をピークに15歳以上人口が継続して減少していることが分かる。減少幅は、男性が55,787人で9.5％の減少、女性は47,166人で、7.1％の減少となっており、女性より男性の減少幅が大きい。

就業者数は、15歳以上人口より５年早い、1995年の736,263人をピークに減少に転じている。しかし、男女別に見ると、女性は男性より５年遅れの2000年をピークに減少している。そして、男女間の違いが明確に表れているのは、就業率である。就業率は、就業者を15歳以上人口で割ったもので、労働可能人口の中で実際働いている人がどの程度いるかを示す指標である。

本県の就業率は、1980年の62.4％をピークに継続して減少し、2015年には54.5％となっている。男性の就業率は、男女計と同じく1980年以降継続して低下している。40年間に15.0ポイント減少している。一方、女性の就業率はピーク時が48.2％、現在は46.5％でその差はわずか1.7ポイントと、ほとんど変化がないことが分かる。男性の大幅な減少の理由は、高齢化の進展によって、就業率が大幅に低下したことであると思われる。逆に女性の場合は、そもそも引退年齢が早いことで、高齢化の影響がさほど大きくなかったことと、昨今の女性の社会進出によって若年層の就業率が高まったことで大きな変化が見えなかったと思われる。

４－１表　就業者の推移

		1980	1985	1990	1995	2000	2005	2010	2015年
		昭和55	昭和60	平成２	平成７	平成12	平成17	平成22	平成27年
15歳以上人口(人)		1,157,302	1,185,876	1,192,580	1,228,056	1,251,760	1,237,418	1,196,335	1,148,807
	男	548,155	558,259	555,857	574,511	588,420	577,480	555,524	532,633
	女	609,147	627,617	636,723	653,545	663,340	659,938	640,831	616,174
就業者数(人)		722,131	718,014	717,945	736,263	729,472	685,401	639,584	625,970
	男	431,487	421,651	410,817	421,612	413,998	381,349	351,719	339,392
	女	290,644	296,363	307,128	314,651	315,474	304,052	287,865	286,578
就業率(％)		62.4	60.5	60.2	60.0	58.3	55.4	53.5	54.5
	男	78.7	75.5	73.9	73.4	70.4	66.0	63.3	63.7
	女	47.7	47.2	48.2	48.1	47.6	46.1	44.9	46.5

資料：「国勢調査」（総務省）

次に産業別の就業者構成比を見てみよう。４－２表は青森県、東北、全国の産業別就業者割合を整理したものである。まず、クラークの産業３分類別の特徴を見ると、青森県は第１次産業の就業者割合が全国平均の３倍以上となっていることが分かる。第２次産業は、全国や東北より約５ポイント程度低くなっている。また、第３次産業の割合も全国水準と比較すると若干低くなっている。総合すると、第１次産業への依存度が高く、第２次、第３次の割合がその分若干低くなっていると言える。産業大分類別の特徴を見ると、構成比が多い方から、卸売・小売業、医療・福祉業、農業、製造業が２桁シェアで割合が高くなっている。

次に４－１図の男女別雇用者数の推移を見ると、女性雇用者の割合が着実に増加していることが分かる。1985年の37.7％から2015年には46.4％で女性の割合が増えている。15歳以上人口に占める女性の割合も1980年の52.6％から2015年の53.6％へと増加しており、今後も労働市場における女性の活躍の場が拡がっていくことが予想される。

２．賃金と労働時間

ここでは、本県と全国の賃金水準を比較してみたい。４－３表は、産業別の賃金水準を2010年と2017年のデータを用いて比較したものである。産業計の水準を見ると、本県の年収は2010年の3,157.9千円から2017年3,594.6千円、金額にして436.7千円、率にして13.8％上昇した。全国水準が同じ期間で5.2％増加したのと比較すると、大幅な上昇であることがよく分かる。その結果、全国水準を100としたとき、2010年には67.7だったのが、2017年には73.2までその差が縮まっている。ただ、依然としてその差は1,316.9千円で、年収の３分の１に匹敵する。

４－２表　産業別就業人口

		青森県		東北	全国
		就業人口（人）	構成比（%）	構成比（%）	構成比（%）
	農林業	67,513	10.8	7.6	3.5
	漁業	7,787	1.2	0.5	0.3
１次産業		75,300	12.0	8.1	3.8
	鉱・建設業	59,874	9.6	10.1	7.4
	製造業	64,158	10.2	14.9	16.2
２次産業		124,032	19.8	25.0	23.6
	情報通信業	5,900	0.9	1.3	2.9
	運輸・郵便業	28,987	4.6	4.7	5.2
	卸売・小売業	97,079	15.5	15.5	15.3
	金融・保険業	12,909	2.1	2.0	2.4
	不動産業	6,859	1.1	1.4	2.0
	宿泊・飲食サービス業	30,452	4.9	5.1	5.5
	医療・福祉業	83,632	13.4	12.3	11.9
	複合サービス事業	6,826	1.1	1.2	0.8
	サービス業	36,027	5.8	5.8	6.0
	公務	34,991	5.6	4.3	3.4
３次産業		407,585	65.1	64.4	67.2
合計		625,970	100.0	100.0	100.0

資料：「平成27年国勢調査」（総務省）

４－１図　青森県の男女別雇用者数推移

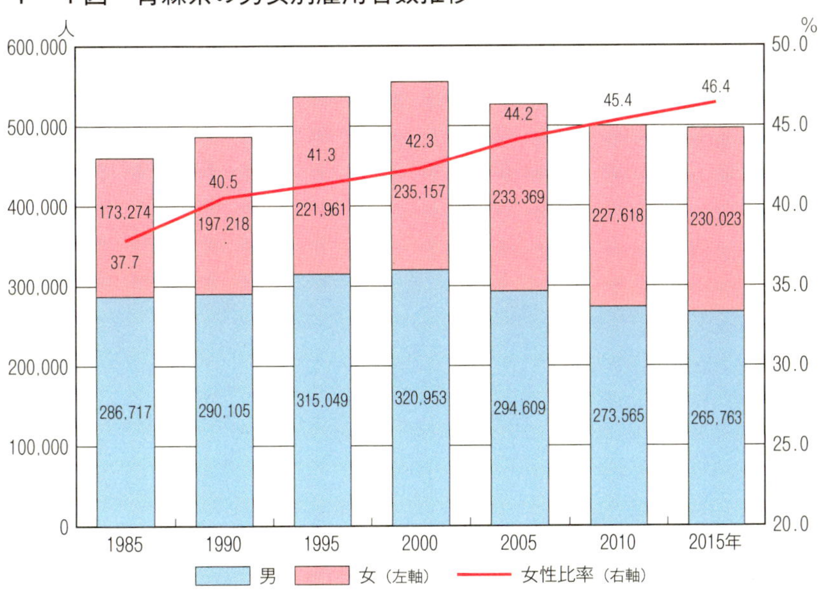

資料：「国勢調査」（総務省）

産業別の水準を見ると、本県で年収が高いのは、金融・保険業、情報通信業、複合サービス事業、不動産業・物品賃貸業の順になっている。逆に、低いのは、宿泊業・飲食サービス業、サービス業、卸売・小売業、医療・福祉分野となっている。また、全国の年収水準に一番近い産業は複合サービス事業、逆に差が一番大きいのは、建設業となっている。建設業においては、その差が1,682.0千円にのぼる。また、複合サービス事業、医療・福祉、運輸業・郵便業、宿泊業・飲食サービス業の４つの産業を除けば、全ての産業で全国との差が100万円を超えており、所得格差の深刻さが読み取れる。

次に労働時間と時給の水準を産業別に比較してみよう。所定内労働時間は産業計で、167.0時間となっており、全国水準165.0時間よりは２時間長くなっている。産業別に見ると、建設業が最も長く、金融・保険業が最短となっている。また、所定外労働時間に注目すると、運輸業・郵便業が最も長く、月29.0時間となっている。

年収を総労働時間で割った時給を見ると、産業計では1,430円となっており、全国の1,875円と比較すると443円の差があり、全国を100とすると、76.4の水準になっている。産業別には金融・保険業が最も高く、宿泊業・飲食サービス業が最も低くなっている。

４－３表　産業別年収水準

（単位：千円、％）

	2010年			2017年		
	青森県	全　国	水　準	青森県	全　国	水　準
産　業　計	3157.9	4667.2	67.7	3594.6	4911.5	73.2
建　設　業	3156.5	4591.4	68.7	3624.3	5306.3	68.3
製　造　業	2799.3	4778.2	58.6	3535.9	5020.3	70.4
情報通信業	5019.0	5856.3	85.7	4703.5	6158.8	76.4
運輸業，郵便業	2789.6	4200.2	66.4	3706.5	4526.7	81.9
卸売業，小売業	3269.5	4517.3	72.4	3333.4	4878.4	68.3
金融業，保険業	4882.2	6020.2	81.1	4720.9	6281.5	75.2
不動産業，物品賃貸業	3570.5	4873.2	73.3	3897.6	5130.1	76.0
宿泊業，飲食サービス業	2359.5	3322.3	71.0	2675.0	3522.2	75.9
医療，福祉	3077.9	4218.6	73.0	3498.0	4276.4	81.8
複合サービス事業	3032.6	4464.6	67.9	4130.1	4723.0	87.4
サービス業（他に分類されないもの）	2693.6	3796.5	70.9	2684.1	3839.5	69.9

資料：「賃金構造基本統計調査」（厚生労働省）

４－４表　産業別労働時間

	所定内労働時間		所定外労働時間		時　給	
	実　数（時間）	水　準（％）	実　数（時間）	水　準（％）	実　数（千円）	水　準（％）
産　業　計	167.0	100.0	11.0	100.0	1.43	100.1
建　設　業	174.0	104.2	13.0	118.2	1.42	99.3
製　造　業	166.0	99.4	16.0	145.5	1.39	97.3
情報通信業	162.0	97.0	9.0	81.8	1.83	128.2
運輸業，郵便業	169.0	101.2	29.0	263.6	1.41	98.7
卸売業，小売業	169.0	101.2	10.0	90.9	1.30	91.0
金融業，保険業	150.0	89.8	6.0	54.5	1.98	138.2
不動産業，物品賃貸業	169.0	101.2	7.0	63.6	1.49	104.2
宿泊業，飲食サービス業	171.0	102.4	13.0	118.2	1.12	78.6
医療，福祉	166.0	99.4	5.0	45.5	1.44	100.5
複合サービス事業	161.0	96.4	7.0	63.6	1.65	115.4
サービス業（他に分類されないもの）	169.0	101.2	9.0	81.8	1.12	78.2

資料：「賃金構造基本統計調査」（厚生労働省）

3．雇用改善の真相

4－2図　完全失業率と有効求人倍率

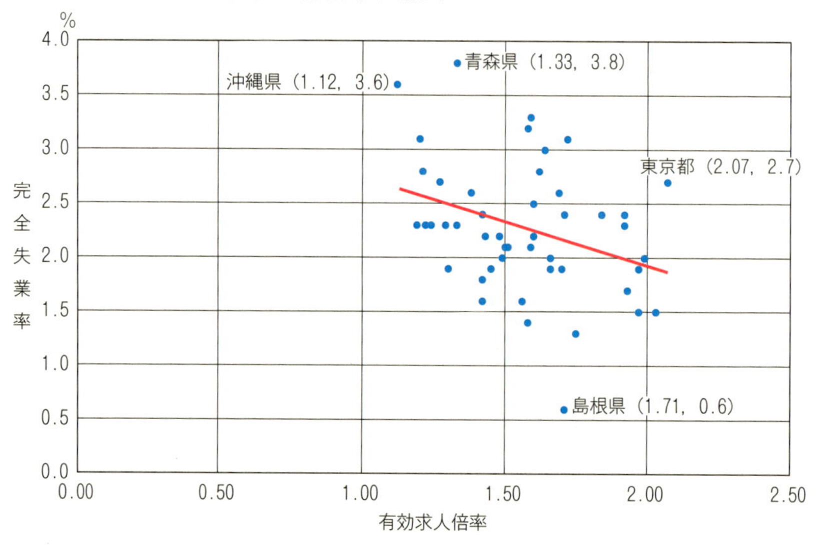

資料：完全失業率は「労働力調査」（総務省）、有効求人倍率は「一般職業紹介状況」（厚生労働省）を用いて筆者作成

雇用状況の良し悪しを示す指標として、有効求人倍率と完全失業率がよく用いられる。有効求人倍率は、企業の求人数を職探し中の求職者数で割ったものである。これが１を超えると、仕事を探している求職者より、求人の方が多いことを意味し、数値上は職を探している全ての人が仕事に巡り合えるはずである。しかし、現実はそう単純にはいかない。

例えば、リンゴ農家の人が台風の被害で農業を続けられずに新しい仕事を探している時に、新しく進出したＩＴ企業がシステム・エンジニアを募集している状況を考えてみよう。数値上は１名の求職者と１つの求人があるので、有効求人倍率は１である。ただ、今の例えでは企業が求めるスキルと求職者が持っているスキルが大きく異なっており、すぐに仕事に就けるとは思えない。そのため、有効求人倍率は１

となっているが、職を失った失業者は仕事に就くことが出来ないのである。

そこで、雇用状況の良し悪しを正確に評価するためには、有効求人倍率と合わせて完全失業率にも注意を払う必要がある。完全失業率は、完全失業者を労働力人口で割ったものである。完全失業者（あるいは単に失業者）とは、働くために仕事を探しており、仕事があればすぐに就くことが出来る失業者である。労働市場の状況が、情報が完全で、求職者と求人との間にスキルの違いがなく、なおかつ瞬時に移動でき、移動コストも必要としないなら、有効求人倍率が１以上の場合は完全失業者は存在しないはずである。

しかし、通常は求職者と求人の間にはスキルの違いや労働条件の差、そして移動コストなどが存在するために、失業と求人が同時に存在するのである。労働市場に、求人と求職者の間のミスマッチが多ければ多いほど、有効求人倍率と完全失業率が同時に高いことになる。

４－２図は、横軸に有効求人倍率、縦軸に完全失業率をとって、2018年３月時点のそれぞれの数値を用いて、都道府県別の散布図を描いたものである。まず、近似線に注目すると、右下がりになっており、有効求人倍率と完全失業率との間に反比例の関係が成立していることがうかがえる。

その理由は次の通りである。景気が良くなると消費が増加し、企業は生産量を拡大する。生産拡大は求人数を増やし、有効求人倍率の上昇につながる。また、多くの求人に求職者がマッチすると、雇用が拡大され、失業者が減少し、失業率が低下するのである。そのため、有効求人倍率と完全失業率の間には反比例の関係が成り立ち、４－２図はその傾向を示しているのである。

４－２図の青森県の値に注目すると、有効求人倍率は1.33と１倍を超えているのに対して、完全失業率が3.8％で、全国で最も高くなっているのが分かる。有効求人倍率と完全失業率が同時に高くなっている。なぜ、このような現象が青森県の労働市場で起こっているのか、その原因について以下で詳細に検討したい。

4．有効求人倍率の決定要因

有効求人倍率は、先に述べたように求人数と求職者数の比率で決定されている。景気が浮上し、企業の生産拡大が続けば、求人数が増加し、有効求人倍率が増加する。逆に景気低迷期には、企業の生産活動が停滞し、求人数の減少が有効求人倍率を下げる。そのため、有効求人倍率の変化は企業の生産活動や景気状況を示す指標としてよく用いられるのである。しかし、注意しなければならないのは、求人数の増減に関わらず、求職者が減少することによっても有効求人倍率が上昇するという事実である。特に地方においては、この点を注意深く観察しなければならない。

ある地域から若者を中心とした人口流出が続けば、その地域内の求職者が減少し、有効求人倍率は上昇するのである。このような変化は、景気の浮上に伴う有効求人倍率の上昇とは逆に、人口流出によるもので、地域経済規模が縮小し、地域の消滅につながる深刻な問題となる。そのため、どのような要因で有効求人倍率が上昇しているのかを正確に把握することは、地方経済の分析において大変重要である。そこで、4－3図は、有効求人倍率の変化を求人増加要因と求職減少要因に分解し、その変化率を表したものである。

４－３図　有効求人倍率の変化要因分解

資料：「一般職業紹介状況」（厚生労働省）から筆者作成

注）有効求人倍率の要因分解は以下の式により算出

$Or=R/A$　〔Or：有効求人倍率　R：求人数　A：求職者数〕

$\Delta Or=(1/(A+\Delta A))*\Delta-(R/(A*(A+\Delta A))*\Delta A$

（求人増加要因）　　（求職減少要因）

図から分かるように2010年～13年までの間は、白い四角の求人増加要因が有効求人倍率をけん引していた。2010年には求人増加要因の寄与度が求職減少要因を大幅に上回っている。それに対して、2014年には、求職減少要因の寄与度が64.9％で、大幅に増加していることがわかる。それ以降も有効求人倍率の変化の約半分が求職減少要因に起因する。

それではなぜ、求職者数が減少しているのであろうか。まず、考えられるのは失業者が減少したために求職者が減っている可能性である。もしそうであるならば、大変好ましい事態であると言える。なぜなら、労働力人口は就業者と失業者の合計となるため、失業者の減少は就業者の増加を意味する場合が多い。ただし、もう一つの可能性として考えなければならないのは労働力人口自体の減少によって、求職者が減っている場合である。

そこで、完全失業率の変動要因を詳細に分析することで、両方の可能性を検討してみたい。本県の完全失業率は2009年の6.8％をピークに継続して低下し、2017年は年平均で3.4％となっている。全国平均2.8％よりは高いものの、以前よりは大幅に低下していると言える。このような完全失業率の低下がどのような要因で引き起こされているのかを失業率の変動要因分析で明らかにしたい。

完全失業率は完全失業者を労働力人口で割ったものである。そのため、完全失業率の低下要因を要因分解すると次のようになる。まず、分子の完全失業者についてである。労働力人口は就業者と完全失業者の和であるため、労働力人口から就業者を引くと完全失業者となる。したがって、就業者の増加は完全失業者を低下させ、完全失業率を下げる要因となる。

次に分母である労働力人口の変動要因について検討しよう。労働力人口は15歳以上人口（労働可能人口）に労働力率をかけたものである。つまり、義務教育終了後の労働可能人口の内、労働参加意欲がある人口を指している。そこで、15歳以上人口の減少は労働力人口を減少させ、完全失業率を高める要因となる。逆に女性や高齢者などの労働参加意欲が高まり、労働力率が増加すれば、完全失業率は低下することになる。

4－4図　完全失業率の要因分解

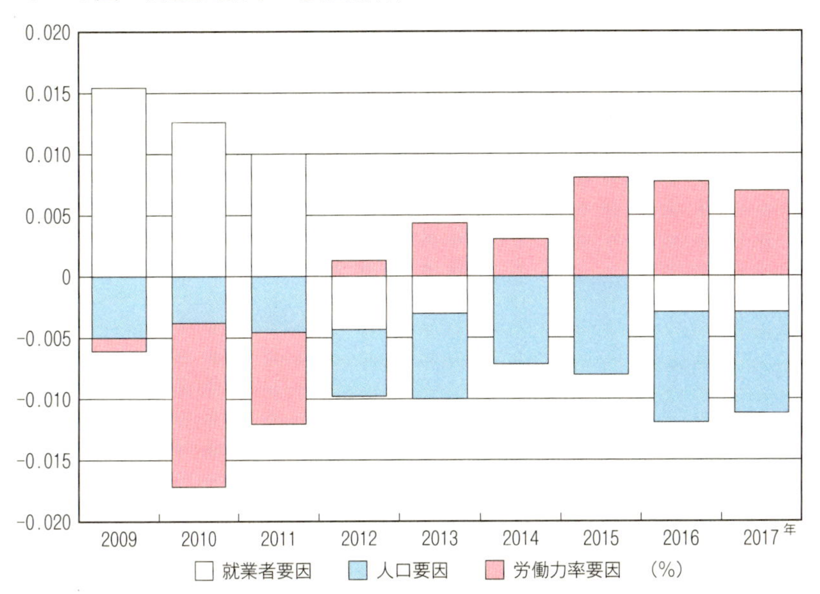

資料：「労働力調査」（総務省）から筆者作成

注）完全失業率の要因分解は以下の式により算出

Ur=U／L　L=a∗N　U=a∗N−E

〔Ur：完全失業率　U：完全失業者　L：労働力人口　E：就業者　a：労働力率
N：15歳以上人口（労働可能人口）〕

$$\Delta Ur=-(1/(aN))*\Delta E+(E/(aN)2)*\Delta N+(E/(aN)2)*\Delta a$$

（就業者要因）　（人口要因）　（労働力率要因）

以上から完全失業率の変動は、就業者要因、人口要因、労働力率要因の３つに要因分解できるのである。４－４図は2009年から2017年までの年平均の青森県の完全失業率を３つに要因分解したものである。前年比の増減分を３つの要因に分けて計算して図示している。要因分解の詳細については図の注書きを参照されたい。

４－４図から2009年から2011年までの要因分解に注目すると、就業者増加要因が大きな変動要因であることが分かる。しかし、2012年以降においては、就業者増加要因は一度も見られない。その代わりに2012年以降は15歳以上人口の減少が完全失業率を変動させる最大の要因であることが分かる。また､そのような人口減少要因が2009年以降､

継続的に続いていることも重視しなければならない。つまり、地域内の労働可能人口の減少が地域内の完全失業率を悪化させている深刻な状況に陥っていることが読み取れる。

それでは、なぜ県内の労働力人口は継続して減少しているのだろうか。太田（2005、2010）は、県外就職率と新卒求人倍率との関係を明らかにしている。太田氏によると、県外就職率が長期的低下傾向を示したのは、長期不況のもとで多くの都市部の企業が新規採用を抑制しているため、地方の若者が地元から離れても、労働条件の良い、あるいは自分の適性に合った仕事を見つけにくくなっているからであると述べている。そして、新卒求人倍率が改善するにしたがって県外就職率が高まっていった事実も明らかにしている。

4－5図　県外就職率と新卒求人倍率の推移

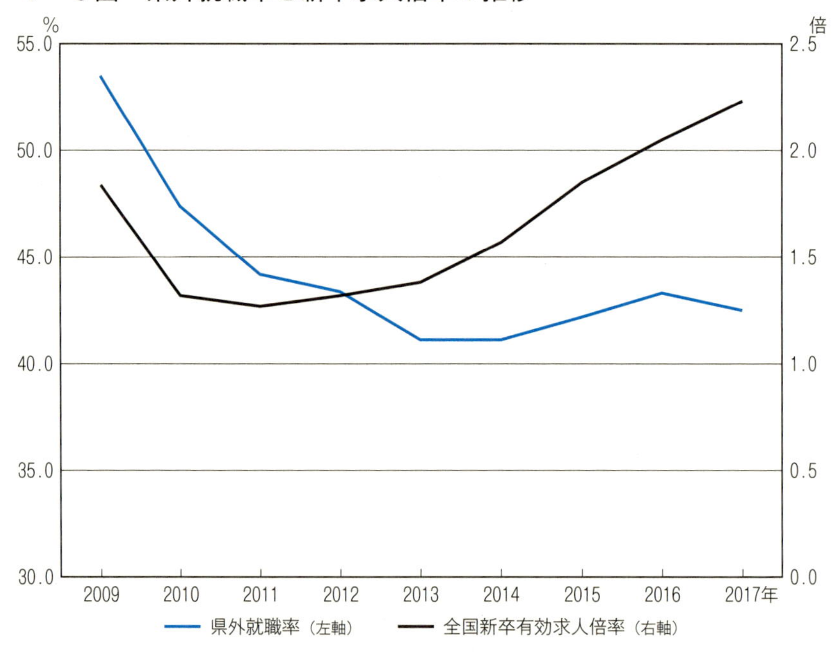

資料：県外就職率は「学校基本調査」（文部科学省）、全国新卒求人倍率は「新規学卒者の労働市場」（厚生労働省）を用いて筆者作成

４－５図は、青森県の高校新卒者の県外就職率と全国の高校新卒者に対する新卒有効求人倍率の推移を図示したものである。図から、まず2009年から2013年までの間は、全国の有効求人倍率の低下に伴い県外就職率が継続して低下したことが読み取れる。しかし､2013年以降、全国の有効求人倍率が改善されるのに伴って県外就職率も増加している。この傾向から、新卒有効求人倍率が改善されることによって、都市部における就業機会が増加し、より良い労働条件、あるいは自分の適性に合う就業機会を求めて若者たちが流出している様子がうかがえる。2009年と比較すると全体の割合は減少したものの、全国有効求人倍率にリンクして増加傾向を示している。ここに、本県の有効求人倍率の上昇を素直に喜べない理由がある。

５．労働市場のミスマッチ

ここでは、雇用状況が改善され、人手不足感が高まっているにも関わらず、本県の若者たちがこの地域から流出する理由を、労働市場のミスマッチの観点から検討してみたい。まず、雇用形態別の有効求人倍率について見てみよう。４－６図は雇用形態別の有効求人倍率の推移を図示したものである。

図の青線はパートタイムを除く常用雇用者の有効求人倍率を、そして黒線はパートタイムの有効求人倍率を示している。いずれも年度合計の有効求人数を有効求職者数で割ったものである。まず、指摘したいのは、2009年を谷に、両方とも継続して上昇傾向にあるという点である。上昇理由はともかく、継続して有効求人倍率が上がっていることが分かる。ただ、雇用形態別にみるとパートタイムの有効求人倍率は2013年度には１倍を超えているのに対し、常用雇用者の有効求人倍率は2017年度にようやく１倍を超えていることが分かる。常用雇用者とパートタイムの有効求人倍率の格差は徐々に縮まってはいるが、2017年度においても、パートタイム有効求人倍率が常用雇用者の1.5

倍の水準になっている。若者たちには安定的な常用雇用者を選好する傾向が強く、県内の常用雇用者の有効求人倍率が十分に高まらないと若者の流出を食い止めるには至らない。

4－6図　雇用形態別有効求人倍率の推移

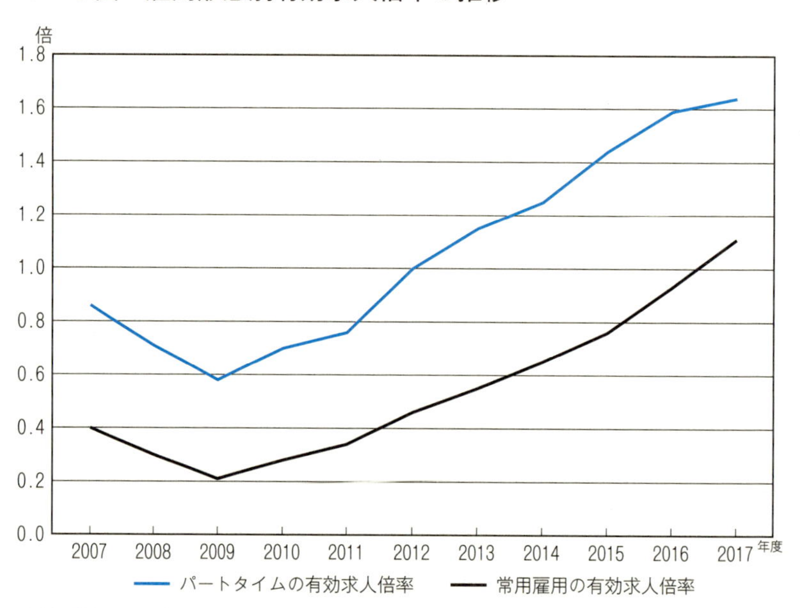

資料：「職業安定業務取扱月報」（青森県労働局）

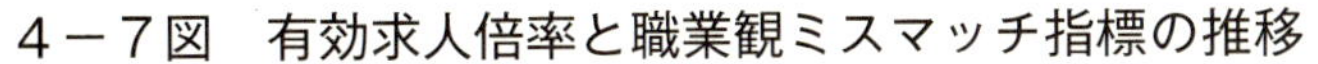

4－7図　有効求人倍率と職業観ミスマッチ指標の推移

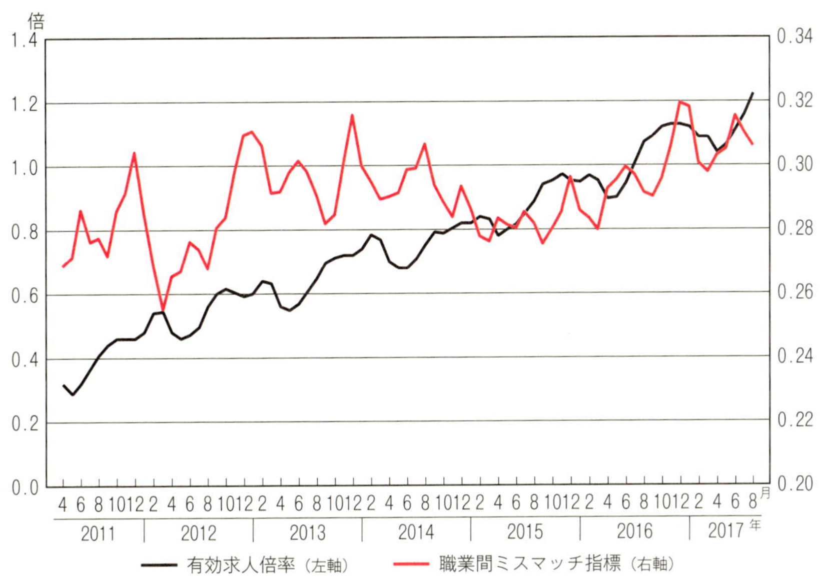

資料：「職業安定業務取扱月報」（青森県労働局）を用いて筆者作成

次に重要なミスマッチは、職業間のミスマッチである。４－７図は2011年４月から2017年８月までの全職業の有効求人倍率と職業間ミスマッチ指標を月次で示したものである。職業間ミスマッチ指標は、求人全体に占める各職業の求人シェアと求職者全体に占める各職業の求職者シェアを計算し、その差の絶対値を職業全体で集計し、２で除したものである。この数値が大きいほど、職業間で求人と求職が偏在していることを示す。

４－７図の黒線は有効求人倍率（左目盛）を示している。2011年４月の0.32倍から2017年８月1.22倍までほぼ一貫して上昇していることが分かる。６年４ヶ月の間、実に3.8倍以上も上昇している。次に赤線は職業間ミスマッチ指標である。その数値が大きければ求人と求職間のミスマッチが大きいことを示している。2011年４月は0.27だったのが2017年８月には0.31で、二つの時点を比較すると、ミスマッチの度合いがより深刻になっていることが分かる。

4－5表　職業別常用有効求人倍率

上　位　職　業	（倍）	下　位　職　業	（倍）
保安の職業	9.76	一般事務の職業	0.49
建築・土木・測量技術者	8.97	事務的職業	0.68
管理的職業	5.60	機械組立の職業	0.78
金属材料製造、金属加工、金属溶接・溶断の職業	5.25	運搬・清掃・包装等の職業	1.11
建設の職業（建設解体工事の職業を除く）	4.35	情報処理・通信技術者	1.40
社会福祉の専門的職業	3.82	製品製造・加工処理の職業	2.13
建設・採掘の職業	3.70	生産工程の職業	2.16
接客・給仕の職業	3.24	農林漁業の職業	2.18
サービスの職業	2.98	販売の職業	2.32
輸送・機械運転の職業	2.85	飲食物調理の職業	2.59
専門的・技術的職業	2.81	会計事務の職業	2.60
土木の職業	2.80	保健師、助産師、看護師	2.74

資料：「職業安定業務取扱月報」（青森県労働局）

両方の推移を総合すると、有効求人倍率が改善されるにつれて、求人・求職の職業間のミスマッチが高まっていることが分かる。具体的に2017年８月の職業別有効求人倍率をみてみたい。４－５表は職業別常用有効求人倍率（新規学卒を除く）を有効求人倍率が上位の職業と、下位の職業にまとめたものである。表から、求人が多く、有効求人倍率が最も高いのは、保安の職業で9.76倍となっており、人手不足が深刻な状況であることが分かる。その次は建設・土木・測量技術者で8.97倍、管理的職業5.60倍、金属材料製造、金属加工、金属溶接・溶断の職業5.25倍となっている。いずれも５倍を超えており、大幅に人手が不足していることが分かる。また、近年、急速な高齢化の進行に伴い労働需要が高まっている社会福祉の専門的職業や保健師、助産師、看護師などの職業もそれぞれ3.82倍、2.74倍で、担い手が不足していることがうかがえる。

他方、求職者が多く、求人が不足している職業は、一般事務の職業0.49倍、事務的職業0.68倍、機械組立の職業0.78倍となっており、このような職業を希望している人は県内での就業が難しい状況であることが分かる。４－５表から職業間の有効求人倍率に大きな差があることが分かる。

また、４－７図から長期的な傾向として、職業間のミスマッチが徐々に大きくなっていることが分かる。地域内の職業間にミスマッチが大きくなると、地域内で自分の適性に合う職業を見つけることが出来ず、それが地域間移動を促進する可能性を高めていると思われる。

そして、若者の流出のもう一つの背景として考えられるのは、都市部、特に首都圏との賃金格差である。４－８図は、2001年から2014年における地域間所得格差の推移を図示したものである。「一人当たり県民雇用者報酬」と「一人当たり県民所得」は2001年を基準年とし、各年との差を図示している。そして、一人当たり県民雇用者報酬の地域間格差は東京都との格差を黒線で示している。

４－８図　地域間所得格差の推移

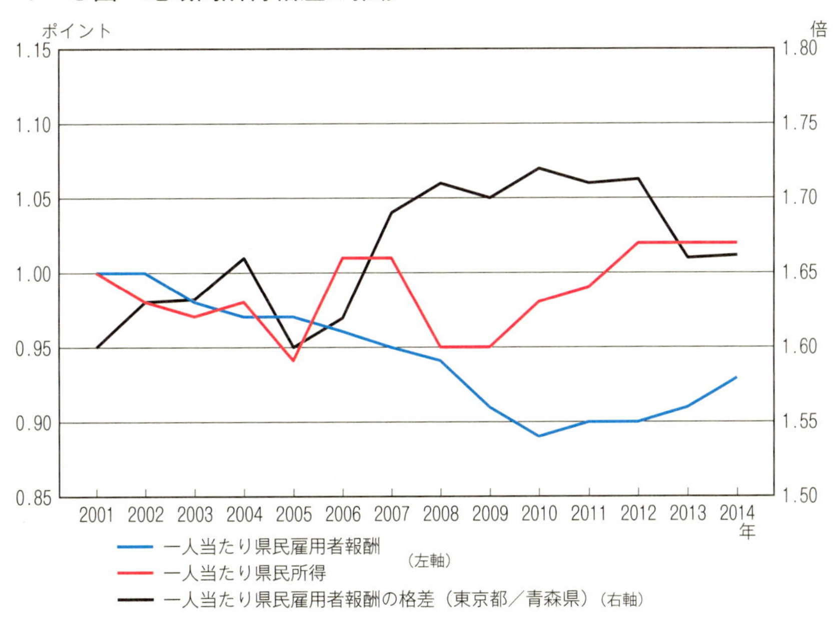

資料：「県民経済計算」（内閣府）を用いて筆者作成

「一人当たり県民雇用者報酬」の推移を見ると、2001年を１とした場合、2014年は0.93で0.07ポイント減少していることが分かる。特に注目されるのは2001年から2010年まで継続して減少していた事実である。その間、地域間格差は大幅に拡大し、2001年は東京都の一人当たりの雇用者報酬は青森県の1.60倍だったのに対し、2010年には1.72倍で格差がさらに拡大したことが分かる。

ただ、その格差は2010年をピークに徐々に縮小はしているが依然として存在していることが分かる。2014年の東京都の一人当たりの雇用者報酬が6,328.0千円であるのに対し、青森県は3,804.0千円で、1.66倍の格差があり、金額では2,524.0千円の差となる。両地域の物価水準などを考慮しても大きな差であると言わざるを得ない。

このような所得格差の要因として、いくつかの理由が考えられる。第一の理由は、地域間の産業構造の違いである。労働生産性の高い金融・保険業、情報通信業、製造業の割合が高い地域では賃金水準が高く、労働生産性が低いサービス業や第一次産業従事者が多い地域では賃金水準が低い。地域間の産業構造の違いが地域間所得格差を拡大させるのである。

第二の理由としては、人口の偏在が挙げられる。人口が密集している都市部では、消費が活発で、消費に伴う生産活動も盛んである。生産活動が高まると生産に必要な労働需要も高くなり、労働需要の高まりが賃金水準を引き上げるのである。一方、人口密度が低い地方では消費者としての「ヒト」が不足する。消費が滞ると生産活動も停滞し、労働需要が低下する。労働需要の低下は賃金水準を下げる。そのため、都市部と地方では所得格差が発生するのである。

第三の理由としては、地域間の人口構成の違いが挙げられる。強調したいのが、学力の面から見た人口構造の違いである。一般的に賃金水準は学歴に比例する。つまり、学歴が高くなれば、賃金水準も上昇する。人的資本の理論では、教育を通したスキルの蓄積が生産性に比例するために、学歴が高いほど、賃金水準が高くなると指摘している。このような傾向は日本のみならず多くの国で実証的にも明らかになっている。そのため、高学歴者の割合が高い地域ほど、高賃金取得者が多く、地域の所得水準は高くなる。

４－９図　所得水準と就業者に占める大卒者の割合

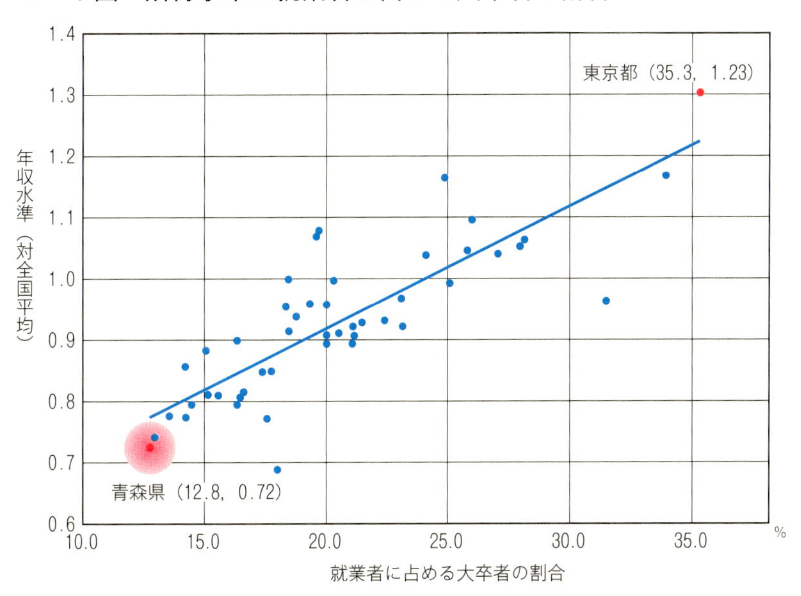

資料：年収は「賃金構造基本統計調査」（厚生労働省）、就業者に占める大卒者の割合は「国勢調査」（総務省）より筆者作成

４－９図は、横軸には就業者全体に占める大卒者の割合、縦軸には年収の全国平均に対する各都道府県の割合を取り、各都道府県を散布図で表したものである。図から年収の差と大卒者の割合が比例していることが分かる。多くの実証結果と同様、高学歴者の割合が地域の所得水準と大きく比例していることが分かる。次に、青森県の数値をみてみたい。青森県においては、大卒者の割合が12.8％で全国最下位である。年収は全国を１とした場合0.72でこちらも全国で下から２番目の水準となっている。ここに本県の労働市場の弱みがある。

6．おわりに

本章では、本県の労働市場の現状を概観した。分析を通して、昨今の本県の有効求人倍率が上昇したのは、求人の増加による面もあるが、求職者の減少がより大きな要因となっていたことが明らかになった。また、労働力人口の流出によって、有効求人倍率と完全失業率が同時に高くなっていることも分かった。そして、有効求人倍率が上昇したにも関わらず、若者が流出する背景には、本県の労働市場における雇用形態間や職業間のミスマッチが深まったことが一因であることが明らかになった。また、都市部との所得格差が流出を食い止められない要因であるとも指摘した。

このような状況を打開するための対策としては次のようなことが考えられる。まず、根本的な対策として労働需要をより高めることが重要である。労働需要が高まれば、労働条件や賃金水準の改善なども期待できる。その結果、都市部との格差が縮まり、若者の流出も食い止めることにつながるだろう。

また、新たな雇用創出においては産業の多様化や職業、雇用形態の多様化などを通した労働需要の喚起が求められる。そして、高学歴者、高スキル者に対する新たな雇用創出も、本県の労働生産性や県民所得水準を高めるために大変重要なものだと言える。

「ヒト」は「消費の主体」であり、「生産の主体」である。また、「ヒト」の再生産は「ヒト」にしかできないものである。経済活動の根幹は生産と消費、分配にある。「ヒト」が流出すれば地域内の経済活動の縮小は必至である。「ヒト」を重視することが経済活動の根幹であることを再確認することがいま求められる。

（担当：李　永俊）

【参考文献】

太田聰一（2005）「地域の中の若年雇用問題」『日本労働研究雑誌』539号、217－233頁.

太田聰一（2010）『若年者就業の経済学』日本経済新聞社出版.

新たなステージを迎えた青森県の雇用

前 青森労働局 局長　瀧原　章夫

近年、我が国は、2012年11月を底に緩やかな景気回復が続く中、少子高齢化の進展に伴い、様々な業種で人手不足感が高まっています。このことは、公共職業紹介機関であるハローワークの業務統計にも明確に表れています。

ハローワークで仕事を探す求職者一人に対していくつの求人があるかを示す指標である有効求人倍率は、2017年度で1.54倍となっており、バブル経済のピーク時である1990年度の1.43倍を上回る数値となっています。

青森県においても、2017年度は1.27倍と過去最高の年度数値となっています。

本県はバブル経済の時においても、1990年度は0.69倍となっており、統計的に比較可能な1963年以降、ずっと１倍未満の数値が続いていました。

これは、本県が我が国において労働力の供給県であった一面を示すもので、高度経済成長期の1973年度には全国が過去最高の1.74倍となった時も、本県は0.23倍と非常に低い数値でした。

しかし、月次（季節調整値）で2016年２月に初めて1.00倍となりました。その後32か月連続して１倍以上が続いており、2018年３月には1.33倍と過去最高を記録するなど（以上、2018年９月現在）、青森県はこれまで経験したことのない労働力が不足する状況となっています。

一方で、本県の人口減少率は2017年で－1.17％と全国ワースト２位であり、かつ、人手不足の状況であるにも拘わらず、社会減少率も－0.44％（こちらも全国ワースト２位）と人口流出県となっています。

従来から、勤勉で優秀な青森県民が他地域で活躍してきたことが、現在においても新規高等学校卒業者の県外就職の割合が４割を超えているなど、引き続き労働力の供給県となっていることにつながっているものと思われます。

人口が減少する社会において、本県が今後も発展を続けていくためには、県民が地元で活躍することが不可欠であり、そのためには、県内に人々が働きやすい環境を構築し、働く人の能力を最大限に発揮できるように、「働き方改革」に取り組むことは、この青森県にこそ求められているものと強く感じます。

青森県の雇用を取り巻く環境は、未知なる新たなステージを迎えています。

第5章　事 業 所

1．青森県の事業所数と従業者数の推移

総務省の経済センサスにより、2009年を100％として2016年と比較すると、県内の企業数は85.8％に減少しているが、従業者数は86.9％への減少にとどまっている。ただし、事業所数は2012年を100％として2014年は一時的に103.2％と微増しているが、2016年には2012年に比べ97.8％に減少している（5－1図）。

2016年の経済センサスによれば、産業別の事業所数では、第1位が卸売・小売業の27％、第2位がサービス業の21％、そして第3位が宿泊業・飲食の14％である。調査手法の変更などがあり、直接比較するのは困難であるが2006年の総務省「事業所・企業統計調査」と同じ順番である（5－2図）。同じく2016年の経済センサスによれば、産業別の従業者数は、第1位が卸売・小売業の23％、第2位がサービス業の16％、そして第3位が医療・福祉の15％である。上述のように、こちらの数字も以前と直接比較するのは困難であるが、2006年調査と同じ順番となっている（5－3図）。なお以上の数字から、宿泊業・飲食は、事業所数の多さと比較して従業者数が多くないという小規模性が示唆されている。

他方、2016年の製造業は事業所数こそ5％にすぎないが、従業者数は12％を占めており、雇用規模が大きいといえよう。あわせて医療・福祉も事業所数は9％にすぎないが、従業者数は15％を占めており、雇用規模が比較的大きいことを理解できよう。

5－1図　青森県の事業所数、従業者数　＊民営・非一次産業

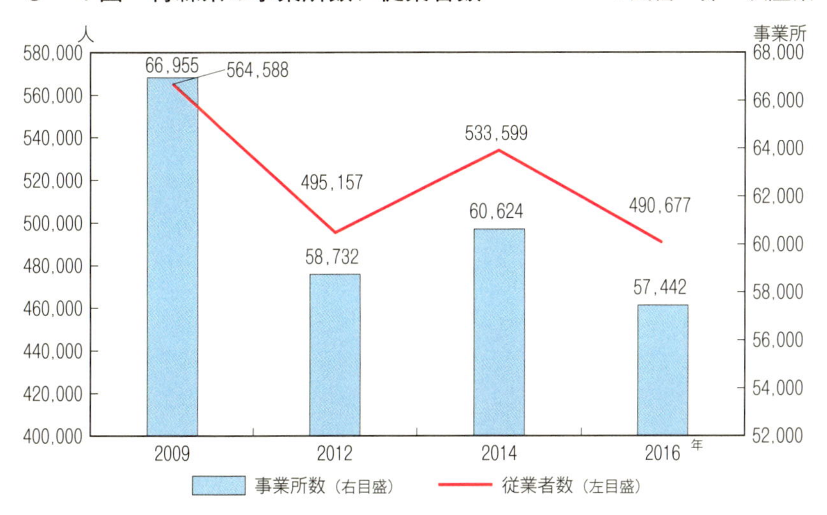

資料：「経済センサス各年版」（総務省）

5－2図　青森県の産業別事業所数の割合（2016年）

＊民営・非一次産業

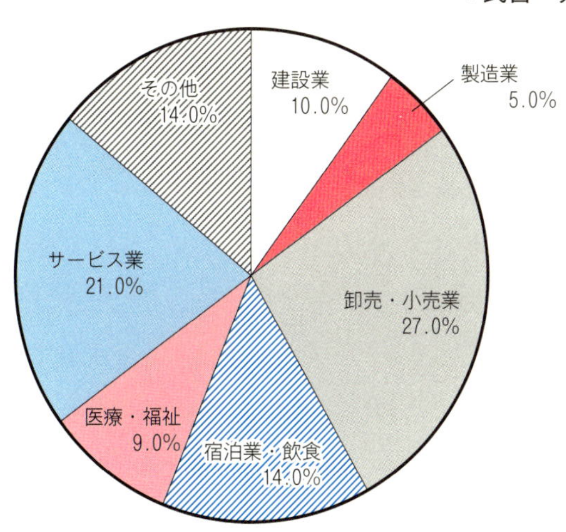

資料：「経済センサス2016年版」（総務省）

注）５－５図まで「サービス業」はL学術研究、専門技術サービス、N生活関連サービス、娯楽、Q複合サービス、Rサービス業（他に分類できない）を含む。「その他」はC鉱業等、F電気・ガス等、G情報通信、H運輸、郵便、J金融、保険、K不動産、物品賃貸、O教育、学習支援を含む

5－3図　青森県の産業別従業者数の割合（2016年）

＊民営・非一次産業

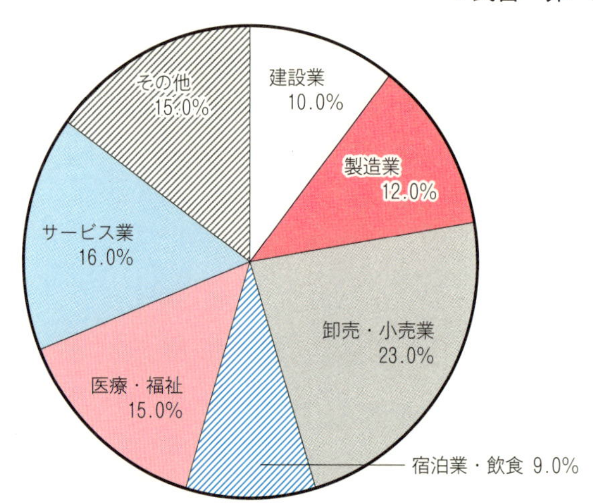

資料：「経済センサス2016年版」（総務省）

2. 開業率と廃業率の推移

1986年以降、廃業率が開業率を上回り、県内労働環境不芳の一因とされてきた。そこで同じく経済センサスから、青森県内事業所の開業率と廃業率を試算してみたい。開業率は2009．7．1－2012．2．1の期間では1.4%であったが、2012．2．1－2014．7．1の期間には5.6%に急増し、2014．7．1－2016．6．1の期間には4.3%と微減している。他方、廃業率は2009．7．1－2012．2．1の期間では6.3%であったが、2012．2．1－2014．7．1の期間には5.9%に微減し、2014．7．1－2016．6．1の期間には6.3%と微増している（5－4図）。

また2014．7．1－2016．6．1の期間における、青森県内事業所の開業率と廃業率を産業別にみたい。開業率では第1位が宿泊業・飲食の6.7%、第2位が医療・福祉の6.0%、そして第3位が卸売・小売業の4.1%となっている。廃業率では第1位が宿泊業・飲食の9.0%、第2位が卸売・小売業の6.4%、そして第3位がサービス業の5.6%となっている。特に注目されるのは医療・福祉であり、図の中で唯一、開業率が廃業率を上回っている。これは人口減少の中でも、高齢者人口の絶対数が伸びており、高齢者人口の需要に応える産業として医療・福祉が成長していることを示唆していると考えられる（5－5図)。前述の1．で確認したように、事業所数は2012年に比べ2014年は一時的に103.2％に微増した後、2016年には2012年に比べ97.8％まで減少している。また調査の全期間にわたり廃業率が開業率を上回る事態となり、5．で後述する廃業抑制のための政策が講じられることになった。

5－4図　青森県事業所の開業率と廃業率　　　　＊民営・非一次産業

資料：「経済センサス各年版」（総務省）
注）開業率と廃業率の試算方法は以下のとおり
※開業率：新設事業所／（存続事業所＋廃業事業所）×12／調査期間月数
※廃業率：廃業事業所／（存続事業所＋廃業事業所）×12／調査期間月数

5－5図　青森県事業所の開業率と廃業率（産業別）

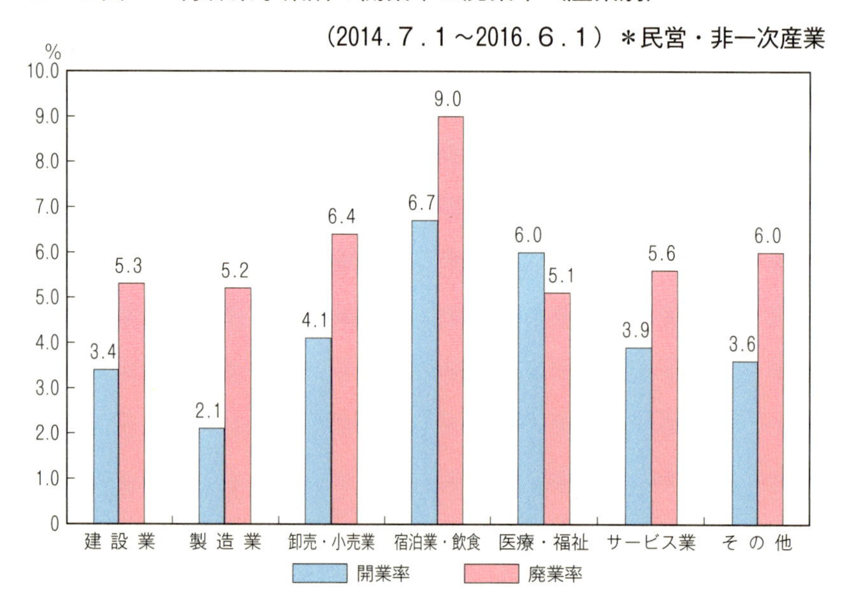

資料：「経済センサス各年版」（総務省）

3．企業誘致の動向

青森県内の企業誘致第１号は1962年度に八戸市に立地した三菱製紙㈱八戸工場まで遡ることができる。2018年３月末時点では、誘致企業数は延べ572件あり、その内下北を含む県南が302件、津軽が270件となっている。誘致企業件数のピークは1989－1991年度であり、その後年数件という低迷の時期を経て、近年では10件台である（５－６図）。

企業誘致件数を産業別で見た場合、1962－1988年度の前期（昭和時代）と、1989－2017年度の後期（平成時代）において、異なる特徴が確認できる。前期では労働集約産業の典型ともいえる縫製産業に代表される衣服等が突出している。前期の終わり頃から、同産業は1980年代後半の円高などを受け、日本国内において低い労働コストを活用していた青森県でも生産を維持することが困難となる。すなわち青森県に立地していた労働集約型の誘致企業等は、青森県から中国などに生産を移転し、青森県内への誘致も激減した。後期では電気機械や電子部品等が製造業では中心となり、同時に非製造業と考えられるコンタクトセンター関連やソフトウェア等の伸びが著しく、サービス産業へのシフトがうかがえよう（5－7図)。

また青森県の製造業における地場企業と誘致企業を比較すると、誘致企業は事業所数で13.9％にすぎないが、従業員数では40.0％、製造品出荷額等では47.7％を占めている。このように近年の誘致件数こそ多くはないが、現在でも製造業においては雇用や製造品出荷額等で大きなウェイトを占めているのが誘致企業である（5－8図)。

5－6図　青森県の企業誘致件数の推移（津軽と県南）

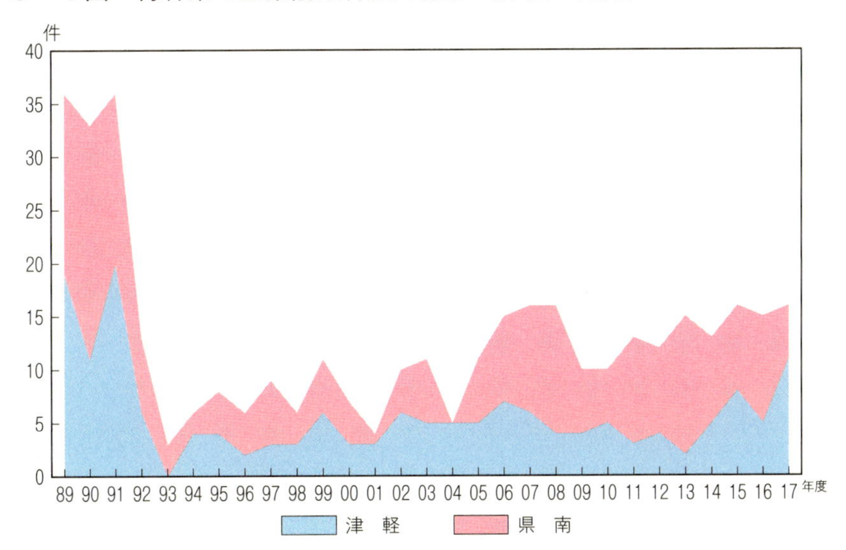

資料：「企業誘致の推移及び工場立地動向について2018年３月末現在」（青森県産業立地推進課）
注）県南には下北を含む

5－7図　青森県の企業誘致件数（産業別）

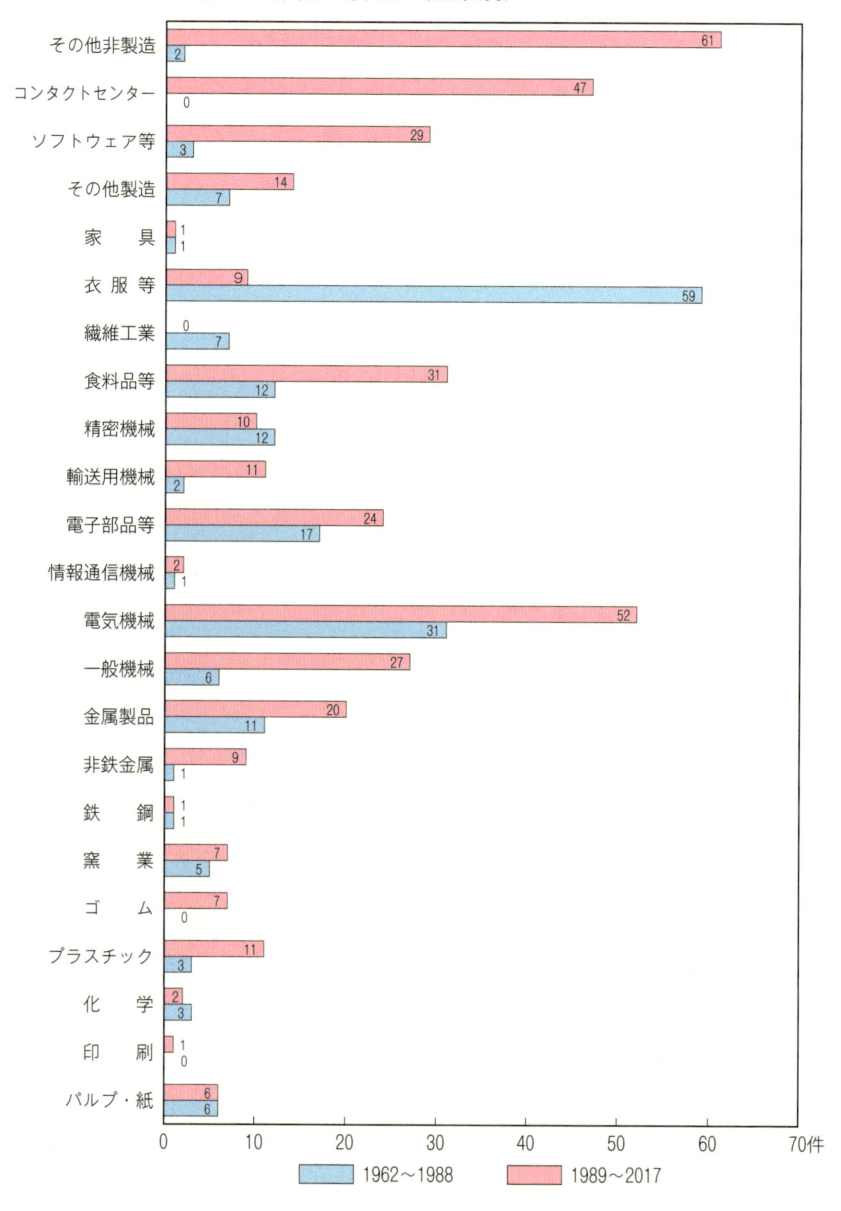

資料：「業種別企業誘致実績2018年３月末現在」（青森県産業立地推進課）

5－8図　青森県の製造業における地場企業と誘致企業の割合

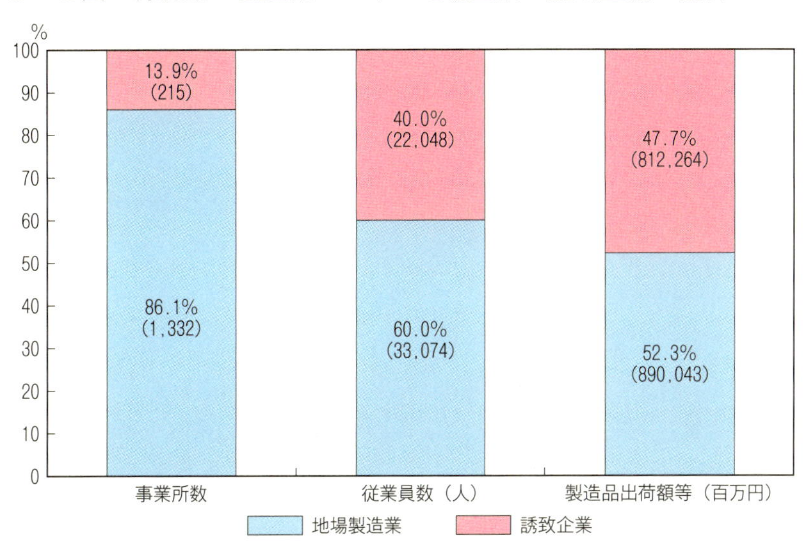

資料：前掲（5－6図）に同じ

4．青森県の企業倒産状況

青森県の企業倒産状況は2010年以降、100件を下回っている。産業別では2010年までは第１位が建設業、第２位と第３位を小売業とサービス業が交互に分け合っていた。2011年以降は第１位がサービス業となり、第２位が小売業そして第３位が建設業となっている。この背景には、公共事業の減退、そして2011年の東日本大震災以降は建設資材の高騰などの環境悪化による建設業自体の縮小があり、産業構造のサービス業シフトを示唆している。前述の３．企業誘致の動向でも確認したように、誘致企業においてもサービス産業の台頭が著しく、今後はサービス産業の動向が注目される。

なお倒産原因別にみると、販売不振・業績低迷による倒産件数が多く、赤字累積や売掛金等回収難を合わせた「不況型倒産」の割合は、2007－2017年の期間では、2012，13年を除き、70－80％台で推移している（５－９図）。

5－9図　青森県の倒産件数（産業別）

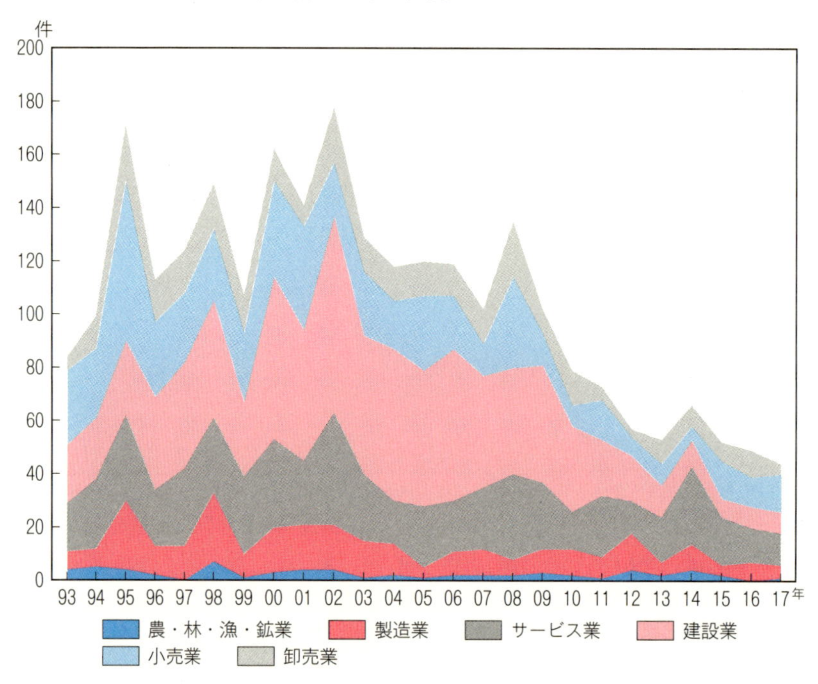

資料：「青森県企業倒産状況」（株式会社東京商工リサーチ）
　注）『青森県社会経済白書』各年版より集計

5．休廃業・解散と事業承継

4．では企業倒産をみてきたが、全国的には2010－2017年の８年連続で「休廃業・解散」が倒産件数の２倍を超え、2017年は2.9倍である。青森県の2017年の休廃業・解散は280件であり、倒産の44件の６倍以上となっている（帝国データバンク）。全国では企業経営者の高齢にともなう引退が、後継者不足とあいまって、休廃業の主要因になっている。そこで政府は2008年に「経営承継円滑化法」（中小企業における経営の承継の円滑化に関する法律）を施行し、2011年に「事業引き継ぎ相談窓口」を全国に設置した。そして2017年から５－10年間を、政府は「事業承継集中期間」と位置付け、対応を強化している。青森県は2017年度に『後継者不在企業等の調査』を実施した。同調査は後継者不在と思われる県内企業590社を対象としているが、その結果、約４割が後継者不在であり、小規模事業所ほど不在割合が高い。産業別では、サービス産業、卸売・小売業そして宿泊業・飲食において、後継者不在と思われる企業の割合が高い。対照的に医療・福祉では調査対象のすべてが後継者・後継者候補ありとなり、同産業の成長可能性がうかがえる（５－10図）。年間の売上高別でみれば500万円未満では約８割、500万円から1,000万円未満では約６割の企業が「後継者なし」である。対照的に年間売上高１億円以上では、約９割の企業が「後継者・後継者候補あり」となっている（５－11図）。以上のように産業や売上高別により後継者不在企業は多様である。

なお小規模事業者には地域のコミュニティを支えるなどの多様な役割が期待されている（中小企業庁）。地域社会の維持のためにも一律ではない施策が求められよう。

５－10図　青森県の後継者不在と思われる企業の割合（産業別）

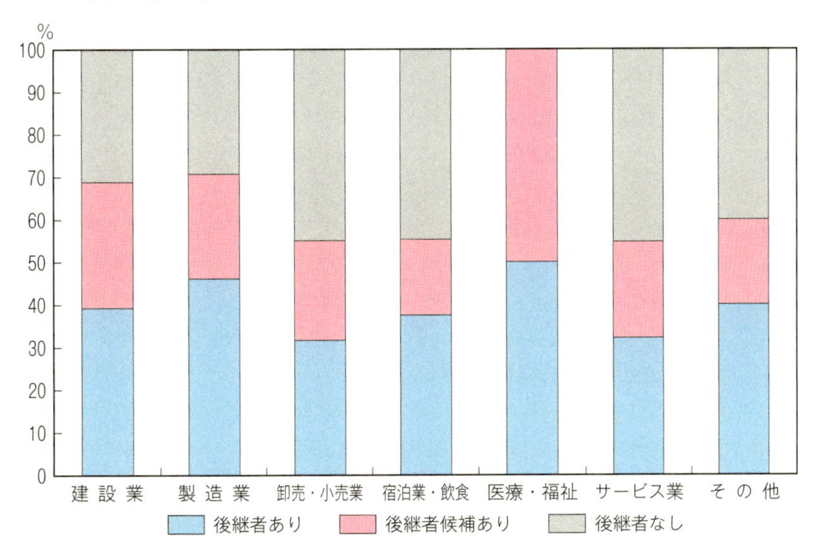

資料：「平成29年度後継者不在企業等の調査に係る集計結果について」（青森県）

5－11図　青森県の後継者不在と思われる企業の割合（売上高別）

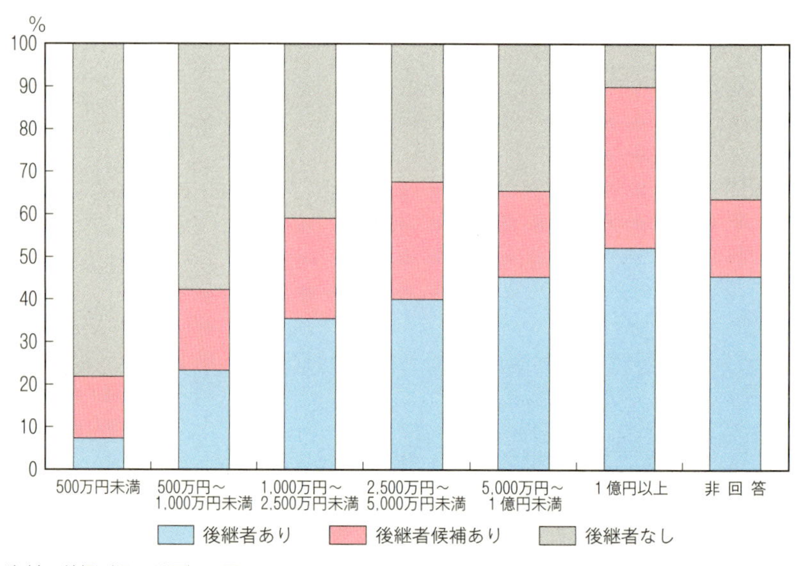

資料：前掲（5－10図）に同じ

（担当：佐々木　純一郎）

【参考文献】

あおもり経済研究会（2008）『よくわかる青森県の経済と産業』㈶青森地域社会研究所.

原田信行（2015）「開業と廃業」、『商工金融』2015－6、商工総合研究所.

㈱帝国データバンク（2018－1－31）『第10回：全国「休廃業・解散」動向調査』.

中小企業庁（2018）『小規模企業白書』.

Ⅱ. 産　業　編

第6章　農林水産業

1. 農　　業

⑴　青森県農業の位置づけ

2016年の青森県農業産出額は3,221億円で、前年比153億円、5.0%の増加となっている。本県の農業産出額は2013年以来、4年連続増加しており、直近のボトムとなった2012年の2,759億円と比較すると462億円、16.7%の大幅な増加となっている[1]。

この結果、2016年の本県農業産出額の全国シェアは3.5%（2012年3.2%）となり、全国順位は7位（同10位）となった。

2015年度県民経済計算による本県の名目県内総生産全国シェアは0.8%、順位は31位であり、農業が本県にとって比較優位性を持った重要な産業として位置づけられることを確認することができる。

これは、本県が雇用創出と県民所得の向上を目的として2004年度から継続している一連の「攻めの農林水産業」推進施策展開が具体的な成果として現れたものと考えられる。更に2018年8月に公表された「次期青森県基本計画」素案においても「攻めの農林水産業」の実績は極めて高く評価されており、2030年を目標年度とする次期産業・雇用分野政策のトップに「アグリ分野の持続的成長」が位置付けられている。

2016年の本県農業産出額を品目別にみると、「りんご」が811億円（構成比25.2%）、「米」が466億円（同14.5%）、「豚」242億円（7.5%）、「ブロイラー」210億円（6.5%）、「鶏卵」198億円（6.1%）などとなっている。大分類では「畜産」28.5%、「野菜」26.8%、「果実」26.5%、「米」14.5%、「その他」3.7%となる。特定の品目に偏ることがないため、

1　農林水産省「生産農業所得統計」（2018年9月26日閲覧）
http://www.maff.go.jp/j/tokei/kouhyou/nougyou_sansyutu/index.html

自然環境の変化や価格変動など農林水産業が持つ宿命的なリスクに対しては比較的頑健な生産構造となっているものと考えられる。

また、2025年度目標45％のカロリーベースの食料自給率が国全体では2016年度概算で38％に過ぎないのに対し、秋田県192％、北海道185％、山形県139％に次いで本県は全国4位の120％となっていることも本県の高い食料供給力を示している[2]。

更に、本県農業の象徴ともいえる「りんご」の2017年産収穫量は42万トンで全国の総収穫量の56.6％を占め、2位の長野県20.3％とは圧倒的な差が生じている[3]。

このように、農業は本県にとって重要かつ優位性を持った産業として位置づけられ、将来の雇用創出や所得向上をけん引する役割を期待されていることになる。

しかし、日本農業全体が直面している大きな構造変化と困難は当然本県農業にも影響を与えることになる。

生産構造面では農家数、農業就業人口、経営耕地面積などの長期的減少傾向や担い手の高齢化、耕作放棄地の増大、生産・流通面では不安定な価格、安価な輸入品との競合等課題は山積している。

偶然ではあるが、本稿執筆時点の2018年9月26日の地元紙「東奥日報」では、日本一の産地として地理的表示保護制度にも登録されている「あおもりカシス」の販売が外国産との価格差により苦戦していること、同日の「日本経済新聞」では日米閣僚級貿易協議においてアメリカが日本に対し農産物の市場解放とTPP水準以下の関税引下げを求めてくる可能性について、何れも一面で報じている。現代の農林水産業は国内だけではなく、グローバルな環境変化への対応も求められているのである。

2　農林水産省「都道府県別食料自給率について」（2018年9月26日閲覧）
http://www.maff.go.jp/j/zyukyu/zikyu_ritu/zikyu_10.html

3　農林水産省「作況調査（果樹）」（2018年9月26日閲覧）
http://www.maff.go.jp/j/tokei/kouhyou/sakumotu/sakkyou_kazyu/index.html

一方で、政府は「未来投資戦略2018」（2018年６月15日）のなかで具体的施策目標として「農林水産業全体にわたる改革とスマート農林水産業の実現」を提示し、農地集約とコスト削減による生産性向上により、2019年に農林水産物・食品の輸出額１兆円を達成することをＫＰＩの一つとして挙げている。

先進国が先端分野と同時に農林水産業部門にも優位性を持つ可能性については現実にアメリカやオランダ、ドイツがその輸出金額ランキングの上位を占めていることで証明されている。

農業の成長産業化については、2013年の「農業成長産業化支援機構」開設、2017年の「農業競争力強化支援法」施行など支援体制も確実に充実しつつある。

農業が輸出産業となっている先進国と、これからその方向へ向かおうとする日本の生産、流通、マーケティング、マネジメント、支援制度の在り方等についての差異についてはこれまで多々論じられ、現在展開されている多くの政策は、日本的特殊性を踏まえてその差異をいかに縮小していくかという方向に収斂している。

であるとすれば、現状、データ的には厳しいものが多いが「アグリ分野の持続的成長」を雇用創出と所得向上のけん引車とする本県の「次期青森県基本計画」（素案）の想定する方向性は妥当性があり、大きな可能性もあるということが出来るだろう。

⑵　全国と比較した青森県農業の特性と相対的優位性

一般的に地域産業の特性を測る基準として特化係数が用いられることが多い。特化係数とは部分地域（青森県）の特定産業の構成比と全域（日本）の同産業構成比の比として算出される。係数が１を上回れば部分地域の特性を表す産業と見なすことができる。

ここでは、県民経済計算と国民経済計算の経済活動別国内総生産のデータを用いて特性の抽出を行う。

2015年度の青森県の農林水産業産出額[4]（生産者価格表示）は3,870億円で総産出額に対する比率は5.0％となる。国全体の農林水産業産出額は12兆7,560億円で構成比は1.3％となり、本県の特化係数は4.0となる。なお、農林水産業の産出額構成比が小さいため、特化係数は農林水産業の産出額の変動以上に他産業全体の動向に左右されことになる。国の2015年産出額対前年比増加率1.06％に対し、農林水産業の寄与度は0.02％に過ぎないのである。

いずれにしても６－１表にあるように、本県の農林水産業の構成比が全国の４倍に達しているということは本県経済の大きな特性を表していることになる。さらに、産出額の割合が大きいということはその産業の相対的優位性を表しているとみることも出来るだろう。

６－１表　青森県農林水産業特化係数

	2006	2007	2008	2009	2010	2011	2012	2013	2014	2015
青森県農林水産業構成比（％）ⓐ	4.7	4.7	4.8	4.7	4.8	4.8	4.6	4.8	4.8	5.0
国農林水産業構成比　（％）ⓑ	1.2	1.2	1.2	1.3	1.3	1.2	1.3	1.3	1.3	1.3
青森県特化係数　　（ⓐ／ⓑ）	3.9	3.9	4.0	3.7	3.7	3.8	3.6	3.7	3.8	4.0

資料：「青森県県民経済計算」（青森県企画政策課）、「国民経済計算」（内閣府）
注）県は年度、国は暦年データ

次に、本県の経済基盤を支える産業を抽出するために地域経済基盤分析（Basic－Nonbasic分析）を行う。

地域の経済活動は①地域の自己消費分を除いた余剰分を地域外に移出している活動、②地域の自己消費分として内部需要に対応する活動、③地域の自己消費分に不足するため移入が必要な活動に区分することができる。①は外部から所得を取り入れ地域の存立、発展に貢献する基盤産業（basic activity）、②と③は非基盤産業（nonbasic activity）と呼ばれる。前述の特化係数を用い、就業者数の特化係数が１より大

4　国ベースでは農林水産業以下の分類が表記されていないためここでは便宜農林水産業ベースで比較する

きければ基盤産業、１以下であれば非基盤産業とする。

2015年国勢調査の結果を基に分析した結果は、６－２表にあるように、農業、林業が地域内の消費を満たしたうえで４万５千人以上が移出に携わり地域外から所得を取り入れている本県最大の基盤産業という位置づけになる。ただし、この分析は全国と本県の１人当たり生産性や消費額が等しいという仮定を基にしているため、結果は幅を持ってみる必要がある。

６－２表　特化係数法による基盤産業就業者の推計

	産業別特化係数 A	余剰分 B（A－1）	青森県実際就業者数 C	基盤活動就業者 D（B＊C）／A
総　　数（産業大分類）	1.0		625,970	91,436
農業，林業	3.1	2.1	67,513	45,543
漁　　業	4.8	3.8	7,787	6,154
鉱業，採石業，砂利採取業	2.0	1.0	484	247
建 設 業	1.3	0.3	59,390	13,267
製 造 業	0.6		64,158	
電気・ガス・熱供給・水道業	1.0	0.0	3,133	124
情報通信業	0.3		5,900	
運輸業，郵便業	0.9		28,987	
卸売業，小売業	1.0	0.0	97,079	1,446
金融業，保険業	0.9		12,909	
不動産業，物品賃貸業	0.5		6,859	
学術研究，専門・技術サービス業	0.6		12,214	
宿泊業，飲食サービス業	0.9		30,452	
生活関連サービス業，娯楽業	1.0	0.0	22,503	487
教育，学習支援業	0.9		26,073	
医療，福祉	1.1	0.1	83,632	9,008
複合サービス事業	1.3	0.3	6,826	1,694
サービス業（他に分類されないもの）	1.0		36,027	
公務（他に分類されるものを除く）	1.6	0.6	34,991	13,466
分類不能の産業	0.6		19,053	

資料：「国勢調査」2015年（総務省）

最後に、実際に本県に外部から所得をもたらし、地域経済の発展に貢献している産業を2011年青森県産業連関表で確認すると、6－3表にあるように農業は非鉄金属に次いで1千億円以上の移出超過産業となり、移輸出特化係数[5]では本県最大の産業となっており、これまでの分析を裏付ける結果となっている。

6－3表　移輸出超過額と移輸出特化係数

	移　輸　出	移　輸　入	移輸出特化係数	移輸出超過
非鉄金属	433,434	164,385	0.45	269,049
農　　業	162,887	58,958	0.47	103,929
鉄　　鋼	101,539	59,811	0.26	41,728
業務用機械	107,125	71,980	0.20	35,145
電子部品	63,431	35,195	0.29	28,236
畜　　産	31,974	23,399	0.15	8,575
運輸・郵便	160,688	154,654	0.02	6,034
パルプ・紙・木製品	72,819	67,721	0.04	5,098
林　　業	5,076	2,268	0.38	2,808
電気機械	36,689	95,814	−0.45	−59,125
その他の製造工業製品	6,892	67,331	−0.81	−60,439
商　　業	438,896	500,907	−0.07	−62,011
情報・通信機器	6,279	77,834	−0.85	−71,555
輸送機械	33,041	119,067	−0.57	−86,026
情報通信	51,966	164,178	−0.52	−112,212
対事業所サービス	10,239	140,251	−0.86	−130,012
化学製品	21,921	166,299	−0.77	−144,378
石油・石炭製品	225	225,999	−1.00	−225,774

資料：「青森県産業連関表」（青森県）
注）2011年40部門表による上位9産業、下位9産業

なお、農林水産業は自然環境保全や社会文化保全など公益的役割も果たしている。本県はこれを金額評価した場合、年間1,931億円に相当するものと推計している[6]。また、県は2011年産業連関表をもとに、農林漁業食料関連産業の生産規模を生産額では県全体の12.7％、就業

5　移輸出／（移輸出＋移輸入）1と－1の間をとり、1に近いほど移輸出に特化していることになる
6　「本県農業農村の公益機能の評価」（青森県農業研究推進センター）2000年3月

者数では20.9％と推計している[7]。

(3) 青森県農業の構造変化

ここではまず、日本農業全体の基本的生産構造変化を確認していく。1985年に423万戸だった総農家数は2015年には216万戸へ△49.0％となっている[8]。うち販売農家[9]は331万戸から133万戸へ△59.9％の大幅な減少、自給的農家[10]だけは91万戸から83万戸へ△8.8％の小幅減となった。

この間、販売農家の経営耕地面積は440万haから291万haへ△33.7％、農業就業人口[11]は543万人から210万人へ△61.3％となっている。

これらの数字から見ればまさに壊滅的な減少となるが、背景には兼業機会の増加と農業生産性の飛躍的向上があり、産業としての農業が現状で崩壊の危機に直面している訳ではない。

実際、総産出額はピーク1984年の11.7兆円から2016年の9.2兆円まで△21.5％にとどまっている。この間、総額2.5兆円の減少に対し米の産出額が△2.3兆円とほとんどを占めている。米の生産調整と価格自由化の影響を除けば比較的堅調と見ることも出来るだろう。しかも、2016年総産出額を直近のボトム2010年の8.1兆円と比較すると13.3％の増加となっている。

ただし2015年の農業就業人口の平均年齢が66.4歳に達していることから、後継者問題が喫緊の課題となっていることは間違いない。

以下、これらの全体状況の変化を踏まえて、青森県農業の構造変化について確認していくこととする。

① 農 家 数

6－4表にあるように、1985年の総農家数は9.7万戸、うち販売農

7 平成30年『図説農林水産業の動向』２頁参照
8 農林業センサス
9 経営耕地面積が30a以上または、農産物販売金額が50万円以上の農家
10 経営耕地面積が30a未満かつ農産物販売金額が50万円未満の農家
11 自営農業に主として従事した世帯員数

家8.4万戸、自給的農家1.3万戸であった。2015年では総農家数4.5万戸（85年比△53.9%）、うち販売農家3.5万戸（同△58.6%）、自給的農家数1.1万戸（同△23.0%）となる。農業生産の中核を担う販売農家に関してはほぼ全国と同程度の減少率となっている。専兼業別では、販売農家△58.6%に対する寄与度は専業農家1.0%、兼業農家△59.6%となり、専業農家が比較的底堅い動きを示していることになる。しかし、専業農家のうち47.7%は男子生産年齢人口がいない高齢専業農家であり、この分を差し引くと男子生産年齢人口のいる専業農家の増減率は△33.5%、販売農家数減少に対する寄与度は△4.0%となる。

一方、政策的には2009年の農地法抜本改正により、「農地耕作者主義」と決別し「効果的および効率的な農地の利用」に軸足を移すこととなった。本県の農地所有適格法人数は2002年の153法人から2016年316法人まで着実に増加している。内訳は農事組合法人90、有限会社101、株式会社106、合同会社等19となっている。

6－4表　青森県農家数推移

年	総農家数	販売農家数	専業農家数	うち高齢専業農家	兼業農家数	うち第1種兼業農家	うち第2種兼業農家	自給的農家数
1985	97,046	84,171	12,439	2,385	71,732	29,666	42,066	12,875
90	87,996	75,906	11,155	2,883	64,751	20,905	43,846	12,090
95	78,592	67,885	10,444	3,565	57,441	22,362	35,079	10,707
2000	70,301	59,996	10,451	4,814	49,545	16,913	32,632	10,305
05	61,587	50,790	11,787	5,813	39,003	14,431	24,572	10,797
10	54,210	43,314	13,188	6,242	30,126	10,278	19,848	10,896
15	44,781	34,866	13,309	6,621	21,557	7,341	14,216	9,915
増減率(%)	−53.9	−58.6	7.0	177.6	−69.9	−75.3	−66.2	−23.0
寄与度(%)			1.0	5.0	−59.6	−26.5	−33.1	

資料：「農林業センサス」（農林水産省）

② 農業就業人口

６－５表にあるように、本県農業就業人口は1990年13.0万人から2015年６万５千人までほぼ半減している。年齢別でも1990年に24.1％を占めていた65歳以上の農業就業者の割合が2015年には54.5％と過半を占めるに至っている。ただし都府県平均では65歳以上の割合が70.4％に達し、本県よりは高齢化が進んでいる。

６－５表　農業就業人口推移

	年	総　計	16～29歳	30～59歳	60歳以上	65歳以上
実　数（人）	1990	129,725	9,629	69,137	50,959	31,294
	2000	109,550	7,271	40,815	61,464	46,536
	10	80,483	3,700	24,931	51,852	41,328
	15	64,746	2,221	17,633	44,892	35,258
構成比（%）	1990	100.0	7.4	53.3	39.3	24.1
	2000	100.0	6.6	37.3	56.1	42.5
	10	100.0	4.6	31.0	64.4	51.3
	15	100.0	3.4	27.2	69.3	54.5
	都府県	100.0	3.0	20.1	76.8	70.4

資料：「農林業センサス」（農林水産省）

本県の農業就業人口の平均年齢は63.8歳で全国と比較すると約３歳若く、北海道に続いて全国２位の若さとなる。

一方、後継者のいる販売農家は1995年には74.6％だったが、2015年では39.9％まで減少している。相対的な年齢構造は都府県平均と比較すれば若いともいえるが、５年、10年後には大きな変革の時期を迎えることは間違いないだろう。このため、雇用意欲の高い農地所有適格法人数の増加等による集約化と新規就農者の増大が喫緊の課題となっている。

新規就農者は2012年度から開始された青年就農給付金事業（現・農業次世代人材投資事業）の政策効果により、それまで多くとも150人前後だったものが、2012年度以降は250人程度まで底上げされている。

③　経営耕地面積

６－６表にあるように、1970年に17万１千haだった本県の経営耕地面積は2017年には15万２千ha、△11.4％となっている。

1970年度産から2017年度産まで実施されていたいわゆる減反政策の影響もあり、減少率が最も大きいのは田で、この間、△19.7％の大幅な減少となっている。全体の減少△11.4％に対する田の寄与度は△11.5％で、田の減少が全体を規定していることになる。

６－６表　経営耕地面積推移

（単位：千ha）

年	田	普通畑	樹園地	牧草地	計
1970	99.6	34.4	25.7	11.3	171.0
80	94.8	26.2	27.4	17.9	166.3
90	91.5	31.8	27.4	18.0	168.7
2000	87.6	33.1	25.5	16.6	162.8
10	83.6	34.4	23.5	15.4	156.9
15	81.2	34.5	22.7	14.9	153.3
17	80.0	34.7	22.6	14.2	151.5
増　減　（％）	－19.7	0.9	－12.1	25.7	－11.4
寄与度　（％）	－11.5	0.2	－1.8	1.7	－11.4

資料：「耕地及び作付面積統計」（農林水産省）

一方で、販売農家に占める経営耕地５ha以上の農家の割合は1990年の3.4％から2015年12.3％と着実に増加している。

また、1990年に2,769haだった農地の権利移動は2016年には5,161haまで増加している。2016年ではこのうち賃貸借権設定が81.4％と有償所有権移動の8.6％を大幅に上回っている。

2014年度から開始された、担い手に農地を集約する農地中間管理事業について、2017年度の本県実績は53.6％[12]で、ほぼ全国平均55.2％並みの集積率となっている。ただし、目標である2023年度80％までは依然として大きなかい離がある。

12　農地中間管理機構転貸以外の実績も含む

④　農業生産

第１項で概要を述べたとおり、本県の農業産出額は2015年前年比７％増、2017年同５％増と好調を維持している。

直近のボトムとなる2012年と比較すると、農業産出額計17％増に対する寄与度をみると、「野菜」10％、「果実」６％、「畜産」６％がプラスとなり、「米」が△５％となる。以下、主なポイントを確認しておく。

（米）　米の2017年の農業物価指数は農産物総合の108.5を大きく上回る122.5となっている。もちろん、1984年の190.3と比較すると水準は低いものの、方向としては一方的な低下という状況からは脱していることになる。

農水省によると、2016年の本県米の相対取引価格は60kg当たり「つがるロマン」13,434円、「まっしぐら」13,216円で全銘柄平均14,307円を７％程度下回っている。本県米は食味ランキングでは高い評価を受けており、2015年に本格デビューした特A米の「青天の霹靂」が本県米全体の評価を底上げしていくことが期待されることになる。

（野菜）　2016年の野菜産出額は887億円で前年比15％増となった。東北では２位の福島県に386億円の差をつけ、第１位の座を堅持している。「にんにく」、「ごぼう」、「ながいも」が全国１位の出荷量で、これを含め、「だいこん」や「かぶ」など10品目が全国10位以内の出荷量となっている。

「にんにく」はブランド化に成功しており、直近、2018年９月の大田市場産地別取り扱い実績をみると取引量全体の46％を占め、価格も市場平均価格1,062円／kgを大きく上回る1,947円／kgとなっている。

（りんご）2017年産の「りんご」は天候不順の影響から前年を７％程度下回る41万６千トンの収穫となった。販売額は前年比△３％となったが、４年連続で１千億円の大台を確保している。

りんごに関しては、2002年１月の台湾WTO加盟発効による関税引き下げを契機として輸出が急増している。2001年に6千トンに過ぎなかった輸出は2015年には3万6千トンと6倍となった。2017年も3万3千トンとピーク2015年比では若干減少しているものの既往2番目の高水準となっている。

（畜産） 畜産の2016年産出額は918億円で前年比0.9％と微増ではあるが3年連続で過去最高水準を更新している。

本県畜産の特徴は大規模化と零細規模の格差が大きいことにあり、前者では1戸当たり採卵鶏が全国の3.3倍、豚2.1倍、ブロイラー羽数1.8倍など、逆に規模が零細なのは乳用牛0.7倍などとなる。大規模化の背景には大口需要者としての食肉・食品加工メーカーの本県立地がある。

(4)　今後の青森県農業

ここまで、本県農業の現状について検討してきた。本県は農業県であり、農業は比較優位性を持つ移出産業として位置づけられている。既述の通り、「攻めの農林水産業」において展開された施策の成果は次期青森県基本計画で「アグリ分野の持続的成長」として引き継がれることになる。

しかし、農業生産構造そのものが盤石となっている訳ではなく、農業就業者の高齢化などの構造問題のほかにも価格変動リスクや天候リスクにさらされていることも事実である。政策的には生産構造をより頑健なものとするための農地集約化が進められているが、目標水準とは依然として大きなかい離がある。

現在、農業の現状を踏まえ、政策的に重点化され、全国的にも注目されているのが農業の6次産業化である。以下、本県の6次産業化について整理していく。

6次産業化とは今村奈良臣氏が提唱した概念とされ[13]、

13　月刊『地域づくり』1996年11月号（第89号）「新しい農業への模索」

「農産物原料の生産にとどまっている農業が、農産物加工、食品製造の２次産業、流通、販売、情報サービスなどの３次産業に吸い取られていた付加価値を取り込むことによって『総合産業化』に成功すれば、若者の新規就農の可能性も含め、農業・農村の活性化が実現するという展望を示した」ものである。

地域資源を活用して、内発的に地域を再生していくという政策は近年特に重視されており、具体的には、「新連携事業」(2005年)、「地域資源活用事業」(2007年)、「農商工連携事業」(2008年) などが展開されてきた。2010年に６次産業化・地産地消法（地域資源を活用した農林漁業者等による新事業の創出等及び地域の農林水産物の利用促進に関する法律）が公布・施行（一部2011年施行）された背景には、農商工連携事業が、製品開発中心で、農林漁業者が単なる原料提供者の地位から脱却できないのではないかという危惧があったとされている。

2018年６月現在の本県の６次産業化・地産地消法による総合化事業認定件数は66件で全国計2,357件の2.8％となっている。ただし、2015年以降の認定件数は３年連続で１件とやや低調に推移している。

農林水産省「６次産業化総合調査」によれば、2016年の本県の農業生産関連事業の事業体数は1,080事業体（全国24位、シェア1.8％）で、年間商品販売額は277億円(同31位、1.4％)、従業者数は７万５千人(同29位、1.6％）である。特徴としては農家民宿数が全国４位（シェア5.4％）となっているが、その販売金額は28位（同0.8％）と極めて零細な規模となっている。

漁業生産関連事業では事業体数80事業体（同15位、2.2％)、年間販売金額174億円（同３位、7.6％)、従事者数は１万人（同６位、3.4％）となる。

内容的には水産物の加工が７割を占めている。

６－７表により、時系列の変化をみると、全国と比較して農業生産関連事業の伸び率が見劣りしていることが判明する。この背景には高齢化等による退出が影響しているものと考えられる。実際、農業生産関連事業所数は2011年の1,550事業体と比較すると△30.3％と大きく減少しているからである。

６−７表　６次産業化総合調査結果

（単位：百万円）

年度	全国				青森県			
	農業生産関連事業	増加率（%）	漁業生産関連事業	増加率（%）	農業生産関連事業	増加率（%）	漁業生産関連事業	増加率（%）
2010	1,654,372				26,200			
2011	1,635,989	−1.1	161,521		24,793	−5.4	6,012	
2012	1,739,418	6.3	185,361	14.8	25,341	2.2	6,039	0.4
2013	1,817,468	4.5	203,191	9.6	25,070	−1.1	8,603	42.5
2014	1,867,233	2.7	205,593	1.2	24,585	−1.9	8,518	−1.0
2015	1,968,047	5.4	233,639	13.6	27,309	11.1	14,216	66.9
2016	2,027,512	3.0	230,012	−1.6	27,745	1.6	17,437	22.7
		22.6		42.4		5.9		190.0

資料：「６次産業化総合調査」（農林水産省）
注）最下段の増加率は2016年と2010年ないし11年の対比である

６次産業化は農業の成長産業化の切り札として大きな期待を集めているが、現状、本県ではやや勢いに欠けていることになる。

本稿でその要因について詳細に分析することはできないが、農産物加工において県外からの仕入れ割合が2011年の4.3％から2016年4.7％まで0.4ポイント上昇していること、農産物直売所が同じく8.9％から9.1％まで0.2ポイント上昇していることは県内での資金循環と経済波及効果を高めるうえでマイナスの効果をもたらすことを指摘しておきたい。

２．林　　業

⑴　概　　況

全国の林業産出額は1980年の1.2兆円をピークに減少傾向にあり、

2016年では4,662億円とピーク比△59％となっている。木材生産に限定すれば1980年9,680億円に対し、2016年2,370億円と△76％の大幅な減少を記録している。ただし、2016年の対前年比では林業産出額３％、木材産出額１％といずれも増加している。

国産材素材生産量も1971年45百万㎥から2016年21百万㎥まで減少しているが、2002年の15百万㎥をボトムとして近年は増加傾向にある。これは、戦後の拡大造林政策によるスギの植林が伐期を迎えつつあるためで、樹種別ではスギの構成比が1971年の21％から2016年には57％と大幅に増加している。

スギの素材価格は1980年に１㎥当たり３万９千円だったものが2017年には１万３千円と３分の１以下となっている。

林業従事者は1980年14万６千人から2015年４万８千人まで減少しているが、若年者率は1990年６％から2015年17％と劇的に増加している。これは、2003年度から開始された「緑の新規就業」総合支援事業が、事業開始初年度に２千人以上の雇用を実現したことなどの政策効果によるものであり「緑の雇用」以外での新規就業者はさほど変化していない。

1960年には89％だった木材自給率は2002年には19％まで低下した。木材は1964年の輸入自由化により、規格、品質、価格面での競争が激化し、一部の「役物」を除いて国産材は輸入品に圧倒される状況が続いた。しかし、その後は2012年の再生可能エネルギー固定価格買い取り制度導入等の効果もあって自給率は回復傾向にあり、2016年では35％まで回復している。ただし、自給率の上昇は分母となる供給計そのものが減少していることの影響も強く受けている。

明るい材料としては、円安や海外需要増加を背景として、2012年までは100億円程度で推移していた輸出が中国、韓国向けを中心に2013年以降急増し、2017年は過去最高の326億円に達したことがある。

なお、2016年に改訂された森林・林業基本計画では、林業の成長産業化を目指し、面的なまとまりをもった森林経営の確立と路網整備等による効率的な作業システム確立による生産性の向上を目指すとしている。これが実現すれば現実に成長産業として一国経済をけん引している北欧諸国並みの生産性に近づくことができる可能性もある。

一方で、森林・林業には地球温暖化防止や生物多様性保全という外部経済効果があることも重要なポイントとなる。

(2) 青森県の林業

本県の林業を巡る基本的外部環境は全国と同一である。しいて特徴をあげれば国有林の存在感が大きいことで、2017年で面積が62％（全国31％）、森林蓄積59％（全国23％）と突出している。

樹種別蓄積量ではスギが49百万㎥で、1980年比で4.1倍、全蓄積の40％に達している。日本３大美林とされているヒバの蓄積は13百万㎥となっている。

林家数は1960年１万７千人から2015年１万６千人とさほど大きな変化はないが、非農家林家の割合が同期間で５％から42％まで上昇している。これは山林の管理や集約化等にマイナスの影響を与える可能性がある変化として認識しておく必要がある。

林業就業者は1960年１万１千人から2015年２千人まで激減している。林業産出額も1990年306億円から2015年98億円と68％減少しているが、ボトムの2009年60億円比では63％増加している。この背景は全国と共通するものである。６－１図にあるように、木材供給面では県内素材構成比が1995年の65％をボトムとして上昇傾向にあり、2015年では93％となっている。特に、2000年から2010年にかけて県内素材生産が増加していないのに構成比が急激に上昇しているのは外材入荷の減少により、分母となる総供給量がしたことによるものである。原因はロシアが丸太輸出に懲罰的な関税を課したことにより、北洋材の輸入が激減したことにある。このため、主に北洋材を原料としていた県内の製材工場数は1980年の496工場から2015年には101工場まで減少することとなった。

6－1図　木材供給の推移

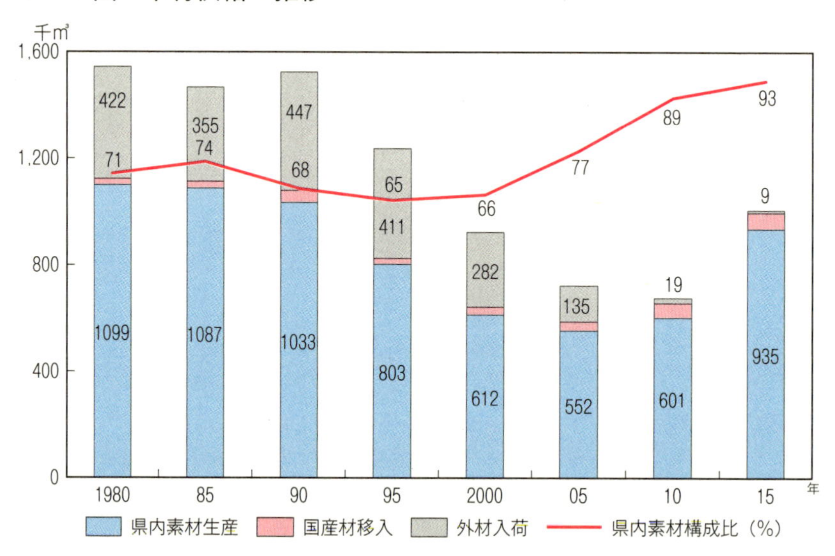

資料：「木材需給」（青森県林政課）

林業全体としては厳しい数値が並んでいるが、個別の事例としては分譲戸建て住宅最大手のＩグループホールディングスが本県産の原木を利用して、需要拡大が特に期待される単板積層材（ＬＶＬ）工場を建設し、2015年稼働時に100人程度の雇用を確保することや、平川市の燃料供給事業会社が県内初の木質バイオマス発電に向けて、木質チップ生産を本格化するなど時代の潮流変化を活用した前向きな事業展開も見られる。

繰り返しになるが、森林には多大な外部経済効果があり、今後は企業の社会貢献活動の一環としての森林整備（「企業の森」づくり）など、ボランティアを含めて社会全体で森づくりを支えていく体制を強化していくことが望まれることになる。

3．水 産 業

(1) 概　　況

かつて、世界最大の生産量を誇った日本漁業の漁業部門生産量は1984年の12百万トンをピークに80年代後半から急激に減少し、2016年にはピークの4分の1の3百万トンとなっている。1984年に15%を記録した世界シェアは4%まで低下し、世界最高の座は1992年以降中国が占めることとなった。2016年の中国の生産量は18百万トン、シェアは19%で、日本とは圧倒的な差が生じている[14]。

日本の海面

漁業・養殖業の低迷は1976年の米ソ両国による200海里漁業水域設定、1982年の国連海洋法条約採択から1994年の同条約発効までの一連の世界的な漁業規制強化により、遠洋漁場を喪失したことが大きく影響しているものとされている。しかし、6－2図にあるように、実際は海面養殖業を含めて1984年比△66%に対する寄与度は、沖合漁業△38%、遠洋漁業△15%、沿岸漁業△11%、海面養殖業△1%となり、遠洋漁場喪失よりは、世界3大漁場に数えられる日本近海での漁業生産量が大きく減少したことがより大きな要因となっている。

漁業産出額は1982年に2.98兆円だったものが2016年では1.59兆円で△47%となった。このうち海面漁業の寄与度は△46%であり、ほぼ全てを規定していることになる。

2004年の漁業就業者は23.1万人だったが、2015年は16.7万人となっている。このうち、65歳以上男性の構成比は35.9%で、約10年間で7ポイント弱増加している。

以上、基本的なデータを概観しただけで、日本漁業全体が衰退傾向にあることが判明することになる。このため、かつては100%を超えていた日本の食用魚介類自給率も2016年には56%まで低下している。

14　FAO（国連食糧農業機関）Fishstat

6－2図　海面漁業・養殖業生産量推移

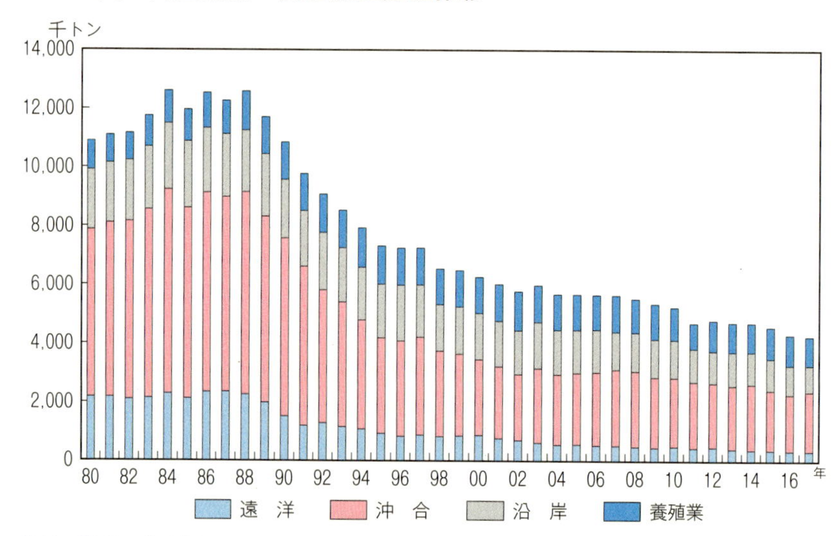

資料：「漁業・養殖業生産統計」（農林水産省）

2000年代初頭に一時的に自給率が向上したのは、国内生産量減少以上に国内消費仕向け量が減少したためであり、国内消費の減少が自給率向上に貢献するという皮肉な結果となっている。

⑵　資源管理問題

漁業生産量が低迷している要因としてはレジームシフト[15]によるマイワシ生産量の激減が影響していることは確かだが、日本の漁業資源管理にも問題があるとする指摘も多い。

1995年の国連公海漁業協定では排他的経済水域での資源管理の目標として「保存の限界となる基準値および管理の目標となる基準値の２種類の基準値を用い、目標となる基準値に漁獲可能量を設定し、限界基準値を超えてはならない」とされている。日本も総漁獲量（ＴＡＣ[16]）

15　気温や風などの気候要素が数十年間隔で急激に変化することにより、水産資源の分布・生息数の変化が周期的に起きることを指す
16　ＴＡＣ　Total Allowable Catch

の設定を義務付けられることとなったが、1996年の「海洋生物資源の保存及び管理に関する法律」ではＴＡＣ設定条件の一つとして「漁業の経営その他の事情を勘案して定める」とされ、生物学的許容漁獲量（ＡＢＣ[17]）をＴＡＣが超過するという奇妙な現象も起きた。また、ＴＡＣ対象となるのはマイワシなど７魚種に限定され、漁獲は早い者勝ちのオリンピック方式を採用している。

こうした状況が大きく変わったのは2018年11月に閣議決定された漁業法の改正で、①資源管理は、資源評価に基づき、漁獲可能量（ＴＡＣ）による管理を行い、持続可能な資源水準に維持・回復させることが基本、②ＴＡＣ管理は、個別の漁獲割当て（ＩＱ[18]）による管理が基本、③割当量の移転は、船舶の譲渡等、一定の場合に限定するなど科学的根拠に基づいた資源管理を徹底する方針に転換することとなった。これは、おおむね2007年の「魚食を守る水産業の戦略的な抜本改革」提言内容に沿った改革案だが、譲渡可能個別割当（ＩＴＱ[19]）制度導入に関してはより慎重な対応となっている。

⑶　青森県水産業の位置づけと生産構造の変化

2013年の漁業センサスによれば、漁業経営体数と漁業就業者数は共に全国３位で、シェアはそれぞれ4.8％、5.4％となっている。2016年の漁業生産量は全国５位（シェア5.3％）、漁業生産額は６位（同4.6％）、水産加工品生産量は６位（同4.0％）、生産額は９位（同3.2％）となっている。魚種別では「ひらめ」、「いか類」、「わかさぎ」、「しらうお」の漁獲量が全国１位、「しじみ」、「ほたてがい」が同２位となっており、本県は全国有数の水産県という位置づけとなっている。

漁業センサスにより、生産構造の変化を確認すると、漁業経営体数は1983年の7,683経営体が2013年には4,501経営体となっており、

17　ＡＢＣ　Allowable（Acceptable）Biological Catch
18　ＩＱ　Individual Quota
19　ＩＴＱ　Individual Transferable Quota

6－3図　漁業就業者数推移

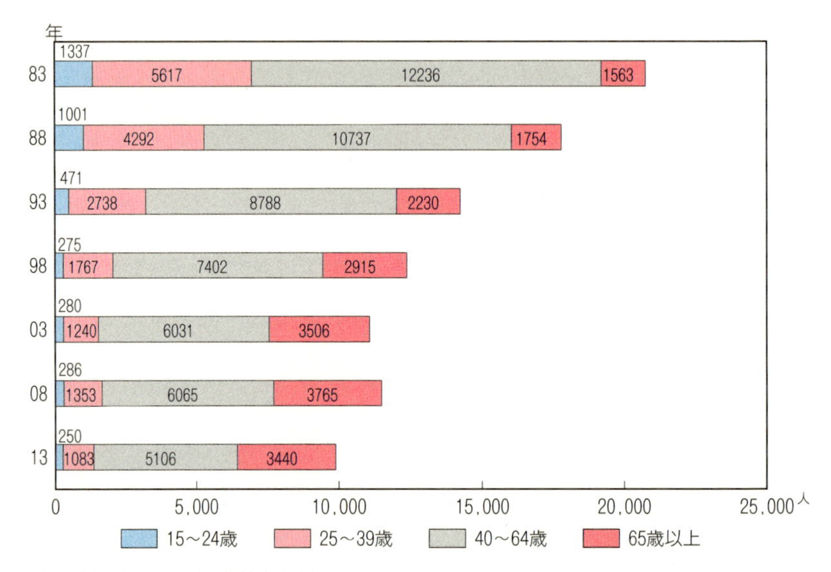

資料：「漁業センサス」（農林水産省）

△41％と大幅に減少している。このうち個人経営体の寄与度が△39％となる。それでも2013年の個人経営体の構成比は97％を占めている。また、2013年の漁業経営体のうち4,286経営体は沿岸漁業に従事している。

6－3図によれば、漁業就業者は1983年20,753人が2013年では9,879人と半減以下となっている。15～24歳の割合は1983年6.4％から2013年2.5％まで低下、65歳以上は同期間で7.5％から34.8％まで増加している。また、後継者のいる経営体は52％から20％まで減少しており、1次産業に共通する課題として高齢化と後継者不足が浮かび上がることになる。

⑷　漁業生産

６－４図にあるように、漁業産出額は４年連続増加しているが、2016年682億円はピーク1989年1,107億円と比較すると△38％となる。その背景は全国と共通するものである。魚種別では養殖ほたてがいが260億円で全体の38％を占めている。2016年のほたて養殖は既往ピーク1987年171億円を超える空前の産出額を記録したが、2010年から2014年にかけての大量へい死などのリスクが克服された訳ではない。

６－４図　漁業産出額推移

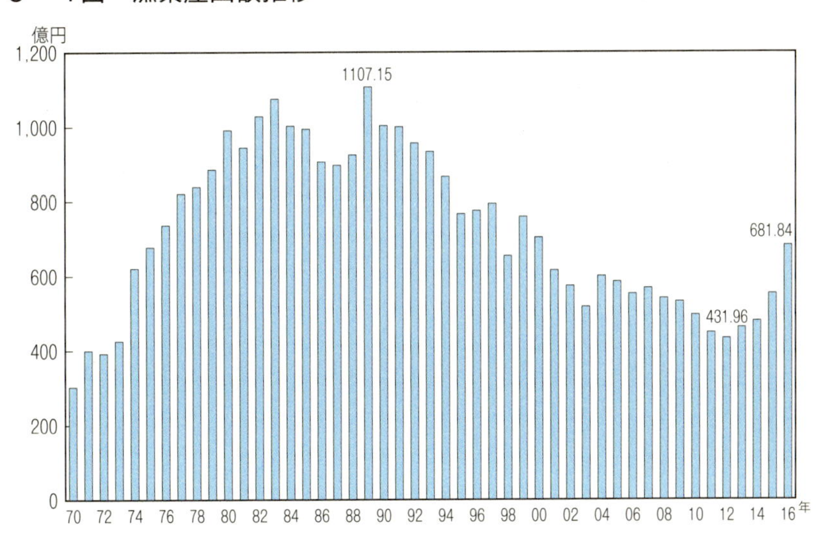

資料：「漁業・養殖業生産統計」（農林水産省）

６－５図は海面漁業魚種別漁獲量の推移を表したもので、いわし類（マイワシ）の極端な変動とさば、たら類の不振が全体の水準を引き下げていることを表している。

6－5図　海面漁業魚種別漁獲量推移

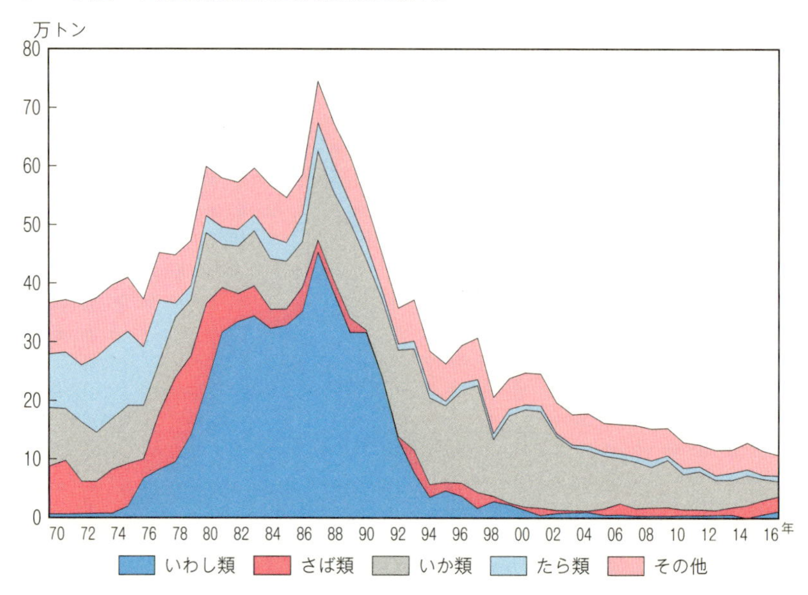

資料：「漁業・養殖業生産統計」（農林水産省）

(5)　今後の青森県水産業

水産物は天然有限資源であり、その生産量を完全にコントロールすることはできない。しかし、適切な資源管理によって再生産力を維持することは可能であり、現に北欧諸国では資源量の顕著な回復が実現している。このため、基本的には無主物とされる水産資源を国民共有の資源として維持管理していくことが必要となる。

2018年の漁業法改正はまさにその趣旨に沿ったものと考えられる。これは、漁獲努力量などのインプットコントロールから直接的なアウトプットコントロールへの転換を意味することになる。秋田県のハタハタ禁漁の事例が示すように、これまでも日本の漁業者は資源問題が深刻化すれば、自主的な対応をしてきたが、より科学的な方法で資源管理に取り込む方向性がはっきりと打ち出されたのである。本県水産業においても、持続可能な資源管理が最も重要な課題となるだろう。

ただし、ほとんどの漁業資源は回遊性であり、適正に管理するためには国内外の協調が必要条件となる。

また、回遊性という制約を受けないほたてがいやサーモン養殖に関しては、自然環境に過大な負荷をかけないという制約条件が課されることになる。

本県水産業の明るい話題としては、第1節で述べたように、6次産業化が驚異的な伸び率を実現していることがある。単なる原料提供から加工、販売部門への展開は付加価値の内部化という形で水産業振興に寄与していくものと考えられるからである。

（担当：岩船　彰）

【参考文献】

片野歩（2013）『魚はどこに消えた？』ウェッジ.
川勝俊雄（2012）『漁業という日本の問題』NTT出版.
小松正之（2011）『海は誰のものか』マガジンランド.
小松正之（2016）『世界と日本の漁業管理』成山堂書店.
佐藤力生（2013）『コモンズの悲劇から脱皮せよ』北斗書房.
八田達夫他（2010）『日本の農林水産業』日本経済新聞社.

【参考資料】

農林業センサス他出所は図表毎に添記した。

殆どの統計データは政府統計の総合窓口 e-Stathttps://www.e-stat.go.jp/から直接、またはリンクを通じてアクセス可能となっている。

第7章　建 設 業

1．青森県建設業の位置づけ

2015年度の建設業総生産は3,013億円で県内総生産４兆5,402億円の6.6％、就業者数は約６万２千人で県内就業者約65万２千人の9.5％、2016年の事業所数は5,750事業所で民営事業所の9.9％を占めている（7－1表）。

総生産は製造業7,699億円（構成比17.0％）、卸売・小売業5,370億円（同11.8％）、不動産業4,950億円（同10.9％）、保健衛生・社会事業4,038億円（同8.9％）に次いで県内５位（公務を除く）となっているが、帰属家賃（実際には支払っていない持ち家の家賃）を含む不動産業を除けば、実質的には第４位（公務を除く）となる。建設業が総生産に占める構成比を全国と比較すると、恒常的に本県の比率が高くなっている（7－1図）。

就業者数も卸売・小売業約10万５千人（同16.1％）保健衛生・社会事業約９万人（同13.9％）、農業約７万人（同10.7％）、製造業約６万８千人（同10.4％）に次いで、第５位となっており建設業は地域の「雇用の受け皿」としての役割を果たすなど、地域経済全体に大きな影響を与えてきた。

一方で、建設業は歳出削減による公共事業の長期的減少や、生産年齢人口の減少や高齢化などによる人手不足から、変革を求められている。本章では、本県の建設業の現状と、今後の方向性について考察する。

7－1表　青森県建設業の位置づけ

	年 次	青 森 県	全 国
総 生 産（名目）	2015年	3,013億円	29.3兆円
（対県・国内構成比）		6.6%	5.5%
（2006～2015増減率）		△3.8%	0.5%
就業者数	2015年	61,764人	499.0万人
（対県・国内構成比）		9.5%	7.5%
（2006～2015増減率）		△15.8%	△14.6%
事業所数（民営）	2016年	5,750	492,734
（対民営事業所構成比）		9.9%	9.2%
（2012～2016増減率）		△4.0%	△6.2%

資料：「青森県県民経済計算（年度）」（青森県企画政策部）、「国民経済計算（暦年）」（内閣府）、「経済センサス－活動調査」（総務省）

7－1図　　建設業の総生産額構成比推移

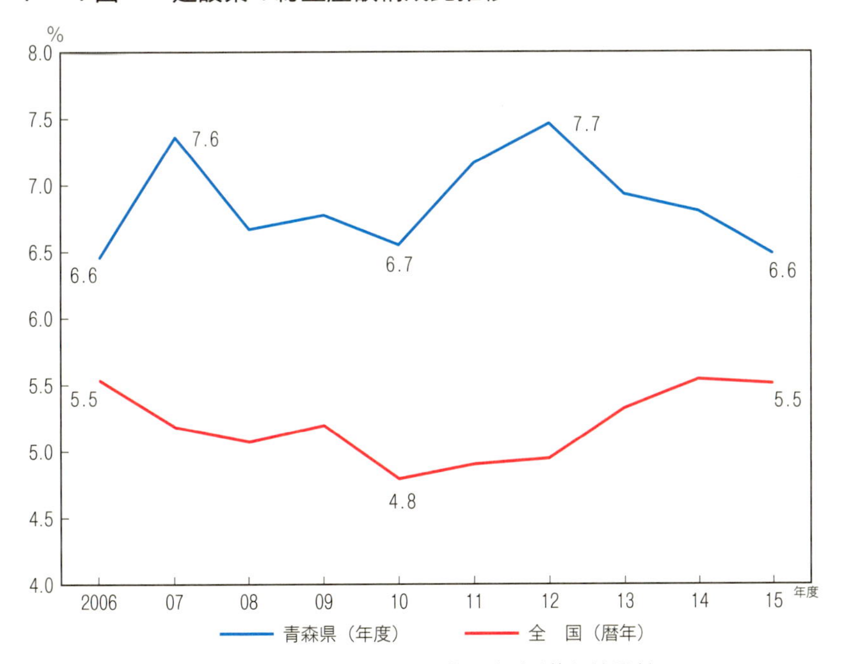

資料：「青森県県民経済計算」（青森県企画政策部）、「国民経済計算」（内閣府）

2．事業所・従業者数

⑴ 事 業 所

2016年の建設事業所数は5,750事業所で、2012年の5,991事業所と比較して、241事業所（4.0%）減少している。減少した主な業種をみると、「職別工事業」が129事業所（7.3%)、「土木工事業」が56事業所(5.2%)、「設備工事業」が52事業所（3.8%）などとなっている。増加した主な業種をみると、「建築リフォーム工事業」が38事業所(22.1%)、「木造建築工事業」が23事業所（2.9%）などとなっている（7－2表)。

事業所の開設時期別構成比を産業全体と比較すると、バブル期とその崩壊後に累次の経済対策が実施された「1985～1994年」が25.3%と全産業比で8.1ポイント高くなっている。一方、建設投資の減少が顕在化してきた2005年以降に開設された事業所は、全ての開設時期で全産業平均を下回っている（7－2図)。

従業者規模別では「1～4人」が45.9%、「5～9人」27.5%、「10～19人」16.2%となり、20人未満が89.6%を占めている。産業全体と比較すると、専門化・分業化が必要となる建設業の特性から、「1～4人」の零細な事業所の構成比が14.0ポイント低くなっている。一方、5～9人では8.8ポイント、「10～19人」では4.2ポイント高くなっている（7－3図)。

2016年の1事業所当たりの従業者数では、建設業全体で8.8人、「総合工事業」10.4人、「職別工事業」6.2人、「設備工事業」8.8人となる。2012年ではそれぞれ8.7人、10.5人、6.1人、8.4人であり、従業員規模に大きな変化はみられない。

7－2表　建設業事業所数・従業者数

（単位：所、人、%）

	事業所数				従業者数			
	2012年	2016年	増減数	増減率	2012年	2016年	増減数	増減率
建設業計	5,991	5,750	△241	△4.0	52,196	50,820	△1,376	△2.6
総合工事業	2,813	2,802	△11	△0.4	29,587	29,039	△548	△1.9
管理，補助的経済活動を行う事業所	3	4	1	33.3	11	6	△5	△45.5
一般土木建築工事業	164	120	△44	△26.8	3,675	3,048	△627	△17.1
土木工事業（舗装工事業を除く）	1,082	1,026	△56	△5.2	15,712	14,974	△738	△4.7
舗装工事業	77	80	3	3.9	944	999	55	5.8
建築工事業（木造建築工事業を除く）	510	530	20	3.9	4,469	5,190	721	16.1
木造建築工事業	805	828	23	2.9	4,198	4,030	△168	△4.0
建築リフォーム工事業	172	210	38	22.1	578	792	214	37.0
職別工事業（設備工事業を除く）	1,762	1,633	△129	△7.3	10,814	10,160	△654	△6.0
設備工事業	1,367	1,315	△52	△3.8	11,419	11,530	111	1.0

資料：「経済センサス－活動調査」（総務省）
注）建設業計には、格付不能先が含まれており、内訳と計は一致しない

7－2図　開設時期別事業所割合

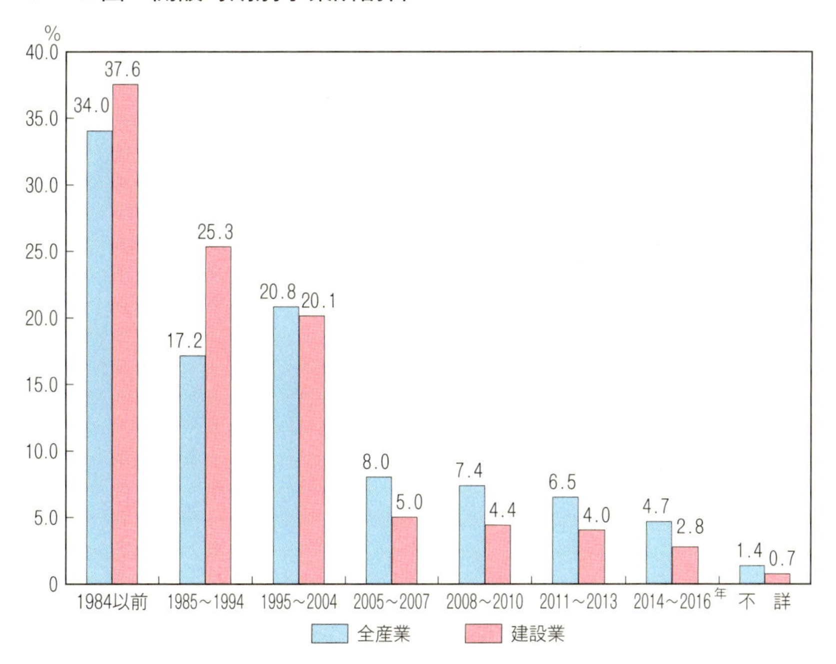

資料：「平成28年経済センサス－活動調査」（総務省）

資本階層では、旧会社法の有限会社、株式会社の資本要件である300万円及び2,000万円を反映して、「300～500万円」が31.0％「1000～3000万円」が30.3％となり、約６割がこの階層に集中している。産業全体と比較すると「300～500万円」では5.0ポイント下回り、「500～1000万円」では逆に6.5ポイント上回っている（７－４図）。

⑵ 従業者数

2016年の従業者数は５万820人で、2012年の５万2,196人と比較して、1,376人（2.6％）減少している。内訳をみると「総合工事業」が２万9,039人（構成比57.1％）、「設備工事業」が１万1,530人（同22.7％）、「職別工事業」が１万160人（同20.0％）となっている。2012年と比較すると「総合工事業」が548人減少、「職別工事業」が654人減少、一方「設備工事業」は111人増加している。

「総合工事業」の中で、減少した主な業種は「土木工事業（舗装工事業を除く）」と「一般土木建築工事業」であり、公共工事の減少が大きな影響を与えたものと考えられる。増加した主な業種は、「建築工事業（木造建築工事業を除く）」と「建築リフォーム工事業」であり、東日本大震災後の復興需要と首都圏等での旺盛な建設需要への対応や、根強いリフォーム需要が影響しているものと思われる（前出７－２表）。

さて、建設業は男性中心の職場であるといわれている。実際、総務省の労働力調査によると、2017年の全国の女性就業者構成比をみると全産業平均43.9％であるのに対し、建設業は15.6％と28.3ポイント低くなっている。また、基準が違うため単純比較はできないものの、青森労働局の雇用保険全保険者数推移によると、本県の2017年度平均の建設業の女性構成比は9.7％であり、本県においても女性就業者の比率は低くなっている。

7－3図　従業員規模別事業所構成比

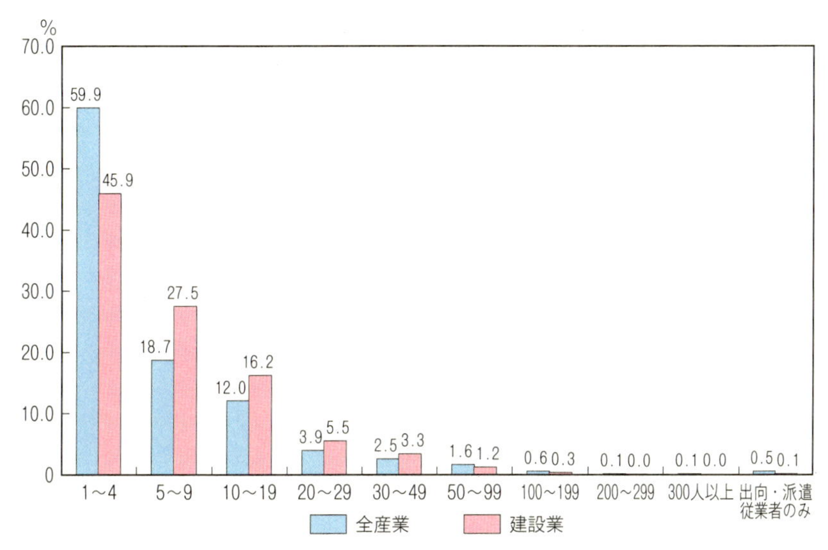

資料：「平成28年経済センサス－活動調査」（総務省）

7－4図　資本金階層別事業所構成比

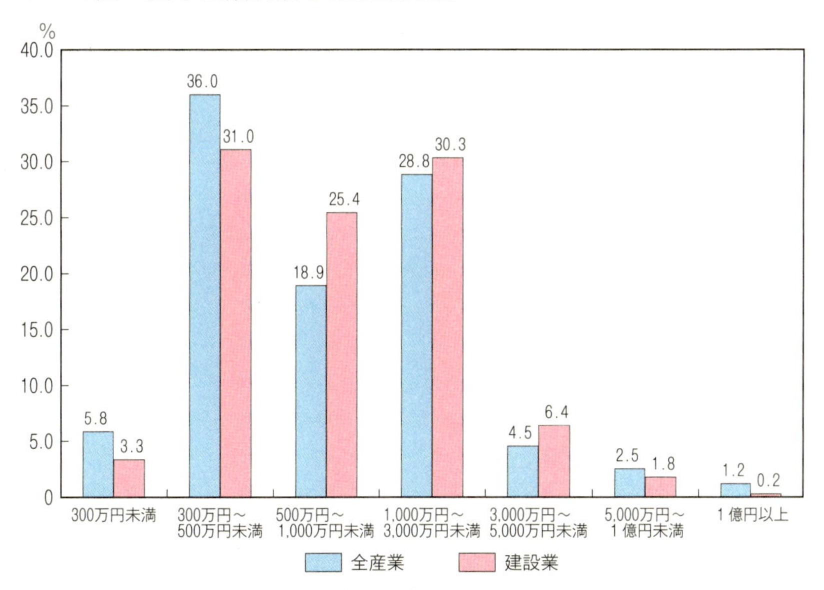

資料：「平成28年経済センサス－活動調査」（総務省）

3．本県建設業の構造

⑴ 建設工事

2017年度の建設工事費（出来高ベース）は5,525億円で、内訳は民間部門2,817億円（構成比51.0％）、公共部門2,708億円（同49.0％）となっている。2002年度の9,216億円との比較では40.0％減となっている（７－５図）。

1989年度からの建設工事費を指数化すると、バブル崩壊後の景気対策の柱として公共事業が積極的に実施されたことにより、本県の建設工事費は景気対策のたびに増加していたが、2001年度以降は減少傾向にある。全国でも長期的に減少していたが、2011年３月に発生した東日本大震災からの復興需要や東京2020オリンピック・パラリンピックに向けた建設投資などから回復傾向にある。一方、本県では2013年度以降も減少傾向が続いている（７－６図）。

ここで、建設業許可業者数と建設業倒産件数の推移をみると、2004年の7,241業者から2017年の5,640業者まで1,601業者減少している。一方、倒産件数（１千万円以上）は2004年の57件から減少傾向にあり2016年では８件となっている。こうしたことから、建設工事が減少するなか事業者の淘汰が急激に進んできたが、現在は落ち着いていることが推測できる（７－７図）。

次に、2017年度の建設工事費増減に対する工事主体別の寄与度は、民間部門が前年度比3.7ポイント減、公共部門が同2.7ポイント減となっている。公共部門の2013年度以降をみると、2015年度（0.3％増）を除き寄与度低下が続いている（７－８図）。

7－5図　建設工事費推移

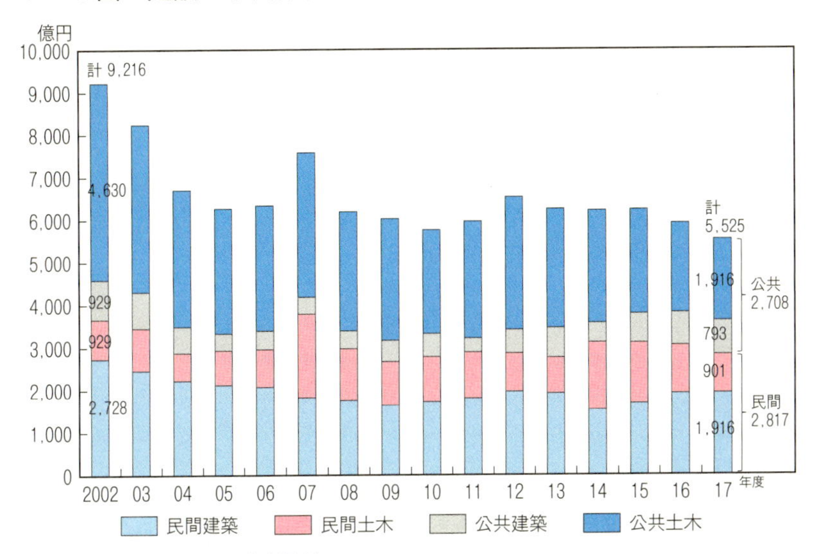

資料：「建築総合統計」（国土交通省）
注）四捨五入の関係で内訳と計は一致しない

7－6図　建設工事指数

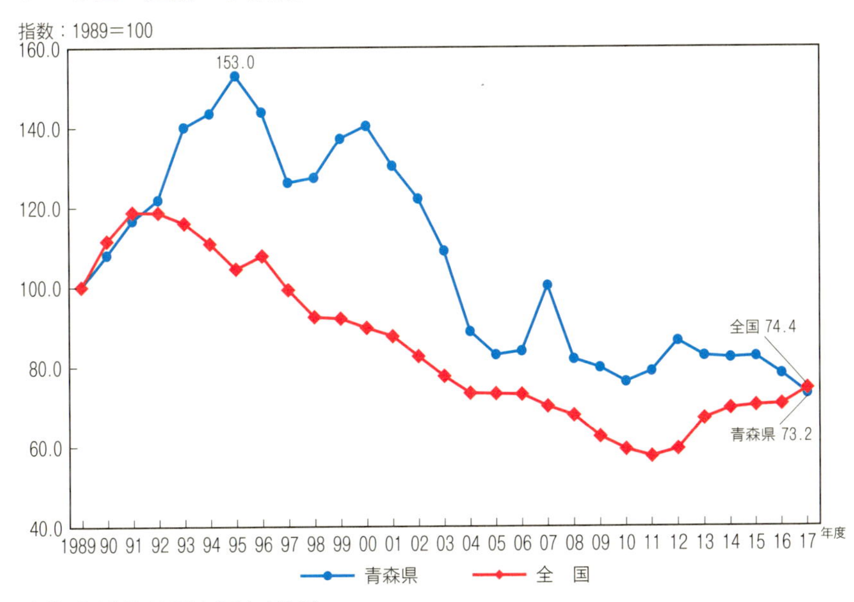

資料：「建築総合統計」（国土交通省）

７－７図　建設業許可業者数・倒産件数推移

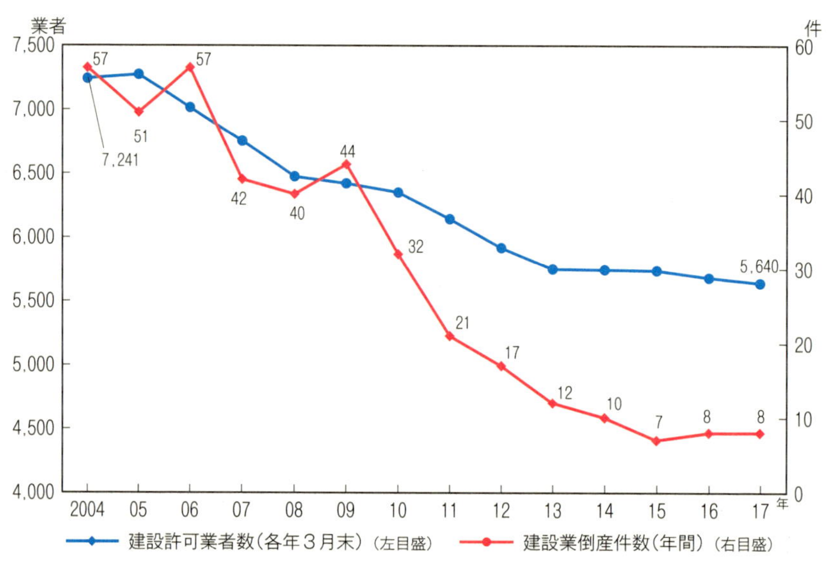

資料：「建築業許可業者の現況」（国土交通省）、「青森県企業倒産状況」（東京商工リサーチ）

７－８図　建設工事費の増減と工事主体別の寄与度

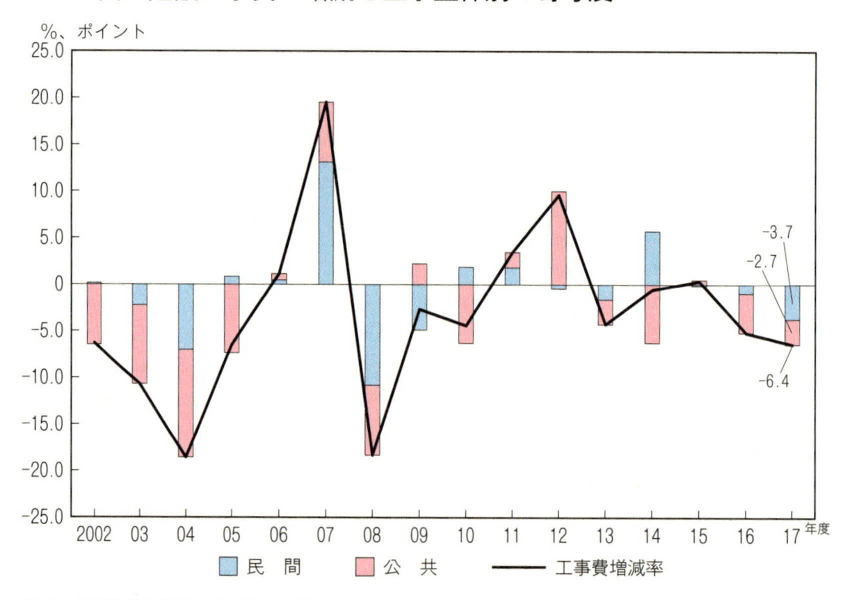

資料：「建築総合統計」（国土交通省）

7－9図　公共比率

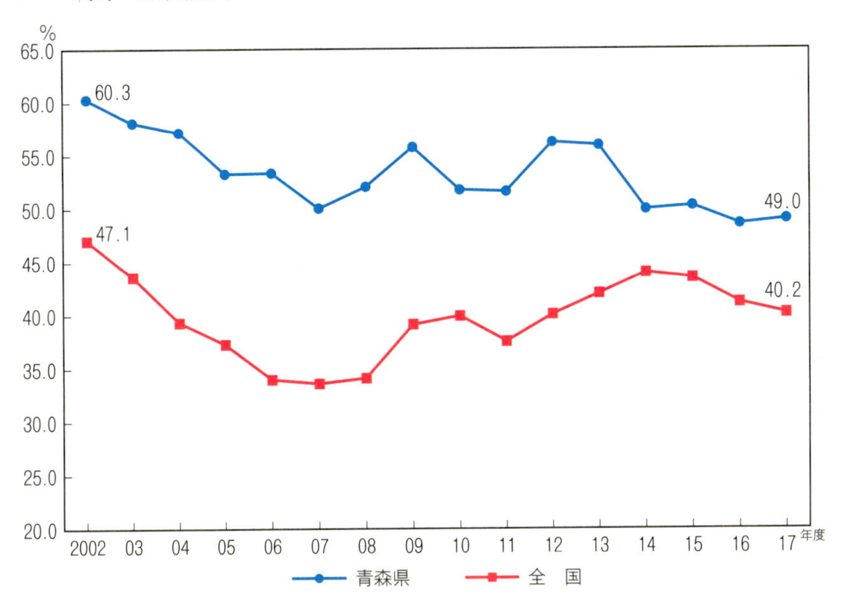

資料：「建築総合統計」（国土交通省）

2002年度の建設工事費の公共比率は60.3％と全国と比較して13.2ポイント高く、本県においては公共部門が主力であったことがわかる。その後、この比率は年々減少し、2017年度では49.0％と全国との差は8.8ポイントまで縮小している（7－9図）。

政府は、「経済財政運営と改革の基本方針2018」（2018年6月15日閣議決定）のなかで、「財政制約の下、予算の重点化に加え、公的資産や民間資金の有効活用など新たな投資財源を確保しつつ、中長期的な見通しの下、安定的・持続的な公共投資を推進しつつ戦略的・計画的な取組を進める。」としており、財政による公共事業費の大幅な増加は期待できない状況にある。民間部門では、原子力発電所関連工事再開等も予定されているが、どの程度寄与するのかは現状では未確定となっている。

⑵ 元請・下請関係

建設業においては、工事全体の総合的な管理監督機能を担う元請のもと、中間的な施工管理や労務の提供その他の直接施工機能を担う1次下請、2次下請、さらにそれ以下の複数の下請企業から形成される重層下請構造が存在している。重層下請構造は、個々の企業において、工事内容の高度化等による専門化・分業化、必要な機器や工法の多様化への対応等のため、ある程度は必然的・合理的な側面がある一方、過度の重層化により、施工管理や品質面への影響、下請けの対価の減少や労務費へのしわ寄せなど様々な影響や弊害が指摘されている。

2016年の本県の元請受注率は公共機関発注では45.4%と全国の28.0%を大幅に上回っているものの、民間等が54.6%で全国の72.0%を下回っているため、合計では55.2%と全国の64.2%を9ポイント下

7－3表 元請・下請比率推移

（単位：百万円、%）

	（年）	合計	完成工事高							
			元請受注高						下請受注高	
			小計	構成比	公共機関	構成比	民間等	構成比		構成比
全国	2007	85,666,569	52,176,289	60.9	13,764,547	26.4	38,411,742	73.6	33,490,279	39.1
	2008	84,898,348	51,812,975	61.0	13,437,397	25.9	38,375,578	74.1	33,085,373	39.0
	2009	73,737,855	45,476,655	61.7	14,023,384	30.8	31,453,271	69.2	28,261,200	38.3
	2010	72,483,709	46,996,634	64.8	13,644,304	29.0	33,352,330	71.0	25,487,075	35.2
	2011	72,824,936	46,524,166	63.9	13,131,942	28.2	33,392,224	71.8	26,300,770	36.1
	2012	74,485,037	47,086,029	63.2	13,324,892	28.3	33,761,137	71.7	27,399,007	36.8
	2013	82,186,086	52,274,182	63.6	14,659,093	28.0	37,615,089	72.0	29,911,904	36.4
	2014	85,426,601	54,925,604	64.3	16,179,333	29.5	38,746,271	70.5	30,500,997	35.7
	2015	88,247,664	56,413,741	63.9	16,033,169	28.4	40,380,572	71.6	31,833,923	36.1
	2016	86,575,499	55,548,590	64.2	15,532,621	28.0	40,015,970	72.0	31,026,909	35.8
青森県	2007	572,994	292,462	51.0	147,528	50.4	144,933	49.6	280,532	49.0
	2008	516,647	256,128	49.6	137,576	53.7	118,552	46.3	260,519	50.4
	2009	491,317	291,947	59.4	157,042	53.8	134,905	46.2	199,370	40.6
	2010	483,143	275,246	57.0	153,228	55.7	122,018	44.3	207,897	43.0
	2011	532,167	296,444	55.7	152,957	51.6	143,487	48.4	235,723	44.3
	2012	602,015	301,593	50.1	146,633	48.6	154,960	51.4	300,422	49.9
	2013	673,558	350,839	52.1	168,405	48.0	182,435	52.0	322,718	47.9
	2014	662,825	362,398	54.7	167,008	46.1	195,391	53.9	300,426	45.3
	2015	695,548	373,844	53.7	170,137	45.5	203,707	54.5	321,704	46.3
	2016	722,860	399,363	55.2	181,212	45.4	218,151	54.6	323,498	44.8

資料：「建設工事受注動態統計」（国土交通省）
注）四捨五入の関係で内訳と計は合致しないことがある

回っている（７－３表）。公共機関による県内業者への元請受注率が高い背景には、官公需法（中小企業者の官公需の受注機会を確保することをねらいとした法律）等により地元業者の受注確保に様々な配慮がなされていることがある。

⑶　受注動向

2017年の公共機関からの受注工事（500万円以上）は、2,085億円で、内訳は国の機関が19.6％、地方の機関が80.4％となっている。2007年との比較では国の機関の割合が低下し、全国より低い水準にある（７－４表）。

2017年の公共工事の工事種類別構成比をみると、「道路」がもっとも高く31.5％、次いで「建築」が24.0％、「農林水産」が10.2％などと

７－４表　公共機関発注者別請負金額の推移

（単位：百万円、％）

	（年）	合　計	国の機関		地方の機関							
				構成比		構成比	都道府県	構成比	市区町村	構成比	その他	構成比
全国	2007	9,226,517	3,482,076	37.7	5,744,441	62.3	2,531,146	44.1	2,449,923	42.6	763,372	13.3
	2008	9,581,501	3,925,028	41.0	5,656,473	59.0	2,497,314	44.1	2,452,905	43.4	706,254	12.5
	2009	9,896,606	4,031,384	40.7	5,865,222	59.3	2,463,977	42.0	2,688,500	45.8	712,745	12.2
	2010	8,731,598	2,988,414	34.2	5,743,184	65.8	2,342,412	40.8	2,685,426	46.8	715,346	12.5
	2011	8,665,718	2,802,197	32.3	5,863,521	67.7	2,629,268	44.8	2,404,534	41.0	829,719	14.2
	2012	10,077,147	3,680,569	36.5	6,396,577	63.5	2,556,493	40.0	2,855,046	44.6	985,038	15.4
	2013	15,053,581	5,423,104	36.0	9,630,477	64.0	3,634,756	37.7	4,720,510	49.0	1,275,211	13.2
	2014	16,525,705	6,006,481	36.3	10,519,224	63.7	4,402,606	41.9	4,705,142	44.7	1,411,476	13.4
	2015	14,925,719	5,144,332	34.5	9,781,387	65.5	3,585,138	36.7	4,680,219	47.8	1,516,030	15.5
	2016	15,420,004	5,518,134	35.8	9,901,870	64.2	3,832,421	38.7	4,430,259	44.7	1,639,190	16.6
	2017	15,720,851	5,300,905	33.7	10,419,946	66.3	4,150,005	39.8	4,696,794	45.1	1,573,147	15.1
青森県	2007	192,702	77,004	40.0	115,698	60.0	68,596	59.3	39,505	34.1	7,597	6.6
	2008	191,032	86,040	45.0	104,992	55.0	46,966	44.7	50,835	48.4	7,191	6.8
	2009	196,541	65,148	33.1	131,393	66.9	59,581	45.3	62,547	47.6	9,265	7.1
	2010	170,306	71,254	41.8	99,052	58.2	49,791	50.3	43,736	44.2	5,525	5.6
	2011	168,221	62,148	36.9	106,072	63.1	44,856	42.3	42,946	40.5	18,270	17.2
	2012	169,286	57,680	34.1	111,606	65.9	52,636	47.2	45,742	41.0	13,228	11.9
	2013	189,792	59,391	31.3	130,401	68.7	65,623	50.3	48,605	37.3	16,173	12.4
	2014	186,961	36,813	19.7	150,148	80.3	71,399	47.6	62,249	41.5	16,500	11.0
	2015	200,794	44,035	21.9	156,758	78.1	86,140	55.0	59,219	37.8	11,399	7.3
	2016	189,892	38,092	20.1	151,800	79.9	70,446	46.4	68,814	45.3	12,540	8.3
	2017	208,536	40,977	19.6	167,560	80.4	72,308	43.2	80,365	48.0	14,887	8.9

資料：「建設工事受注動態統計」（国土交通省）
　注）１件500万円以上。四捨五入の関係で内訳と計は合致しないことがある

なっている。2002年からの動きをみると、東北新幹線延伸や北海道新幹線工事により増加した「鉄道軌道」が急激に減少し2017年では０％となるなど、構成はかなり変化している。

こうしたなかで、2009年４月から道路特定財源が一般財源化されたあとでも、「道路」は安定した割合を保っており、常に全体の４分の１強を占めている（７－10図）。

７－10図　工事種類別公共工事構成比の推移

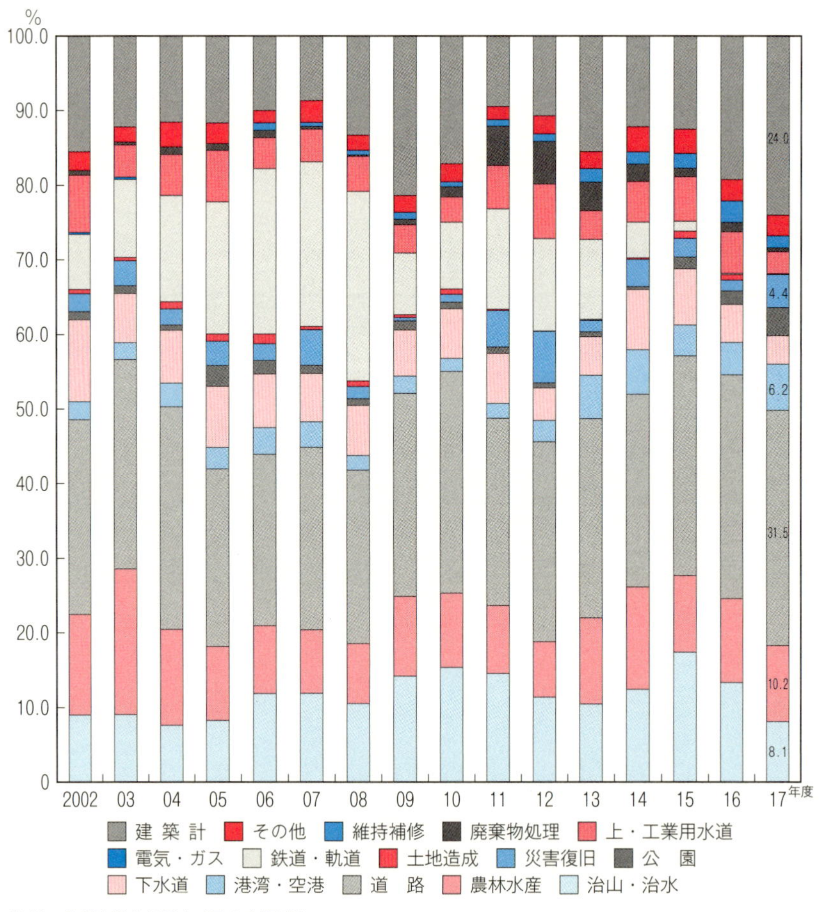

資料：「建築総合統計」（国土交通省）

2017年度の民間等からの受注工事（５億円以上）は307億円で、構成比は「サービス業」が46.0%、「製造業」が15.8%などとなっている。全国ではオフィスビルを中心とした需要に対応した「不動産業」が36.6%となっているが、本県では「不動産業」は5.7%とかなり低くなっている（７－５表）。

2017年度の、民間、公共を含めた用途別の建築工事費は2,708億円である。用途別に構成比をみると、「居住用」が46.6%、「鉱業・建設業・製造業用」が8.3%、「商業・サービス業用」が15.3%、「その他」29.8%となっている（７－11図）。

７－５表　民間発注者請負契約金額構成比の推移

（単位：百万円、%）

	(年度)	合　計	農 林 漁 業	鉱業・建設業	製造業	電気・ガス・熱供給・水道業	運輸業・郵便業	情 報 通信業	卸売業・小売業	金融業・保険業	不動産業	サービス業	その他
全国	2007	7,845,529	0.0	1.4	16.6	1.2	5.6	1.2	6.8	2.0	45.5	18.7	1.1
	2008	7,503,297	0.1	0.7	20.2	1.2	5.8	1.0	6.5	2.9	40.2	19.3	2.1
	2009	4,779,758	0.2	2.1	15.6	2.7	8.1	1.3	5.9	4.6	31.1	26.2	2.3
	2010	4,783,350	0.2	0.8	11.3	1.7	5.7	2.1	4.6	2.0	41.8	28.3	1.7
	2011	4,825,159	0.2	1.0	15.8	1.2	6.1	3.1	4.5	2.9	32.7	30.4	2.1
	2012	5,229,421	0.3	1.2	15.9	2.7	4.4	1.6	6.9	3.0	38.7	23.7	1.6
	2013	7,806,692	0.6	0.9	12.4	1.8	5.6	1.6	5.4	4.0	32.4	33.9	1.5
	2014	7,113,257	0.2	0.4	16.4	3.3	7.6	2.2	6.0	2.7	33.7	26.3	1.3
	2015	8,916,994	0.4	0.6	16.7	2.1	6.4	1.4	5.6	2.4	35.1	28.3	1.2
	2016	9,327,426	0.5	0.8	13.1	2.8	4.9	1.5	6.8	2.2	39.1	26.7	1.5
	2017	9,760,510	0.4	1.3	17.3	3.0	7.2	1.1	6.0	3.9	36.6	21.0	2.1
青森県	2007	42,373	—	—	24.0	21.1	—	—	9.9	—	20.9	20.3	3.8
	2008	24,200	—	8.4	26.2	3.9	—	—	—	—	16.5	42.4	2.5
	2009	68,992	—	2.5	—	72.1	—	—	0.9	—	—	8.9	15.6
	2010	15,412	—	—	5.9	47.1	—	—	5.9	—	14.1	27.1	△0.0
	2011	14,824	—	—	—	10.6	5.3	—	21.3	—	6.5	56.3	—
	2012	21,953	2.4	7.8	21.9	34.9	4.6	—	4.6	—	5.9	12.1	5.7
	2013	23,925	—	—	10.4	8.1	—	9.5	13.4	—	—	47.5	11.1
	2014	22,142	14.0	—	13.4	21.5	—	—	6.6	6.1	—	20.3	18.2
	2015	24,057	—	—	4.0	6.3	4.8	—	25.0	—	—	50.6	9.3
	2016	52,090	2.6	—	6.9	11.9	9.8	—	14.7	—	11.2	38.4	4.5
	2017	30,727	—	—	15.8	△2.6	1.7	—	13.7	—	5.7	46.0	19.8

資料：「建設工事受注動態統計」（国土交通省）
　注）１件５億円以上の工事

7－11図　青森県種類別建築工事構成比の推移

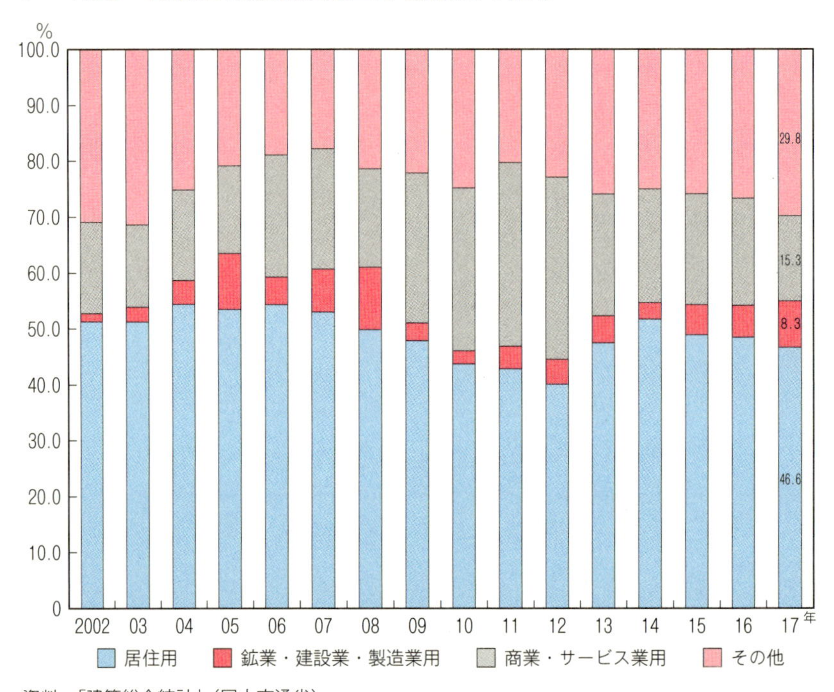

資料：「建築総合統計」（国土交通省）

⑷　財務指標

東日本建設保証㈱による「平成28年度建設業の財務統計指標」によれば、短期の支払能力を示す流動比率は263.98％と東日本（東日本23都県）平均を上回っており、資産の健全性を示す固定比率も109.16％と平均を上回っている。一方、収益性を示す総資本経常利益率は3.94％と平均を下回っており、資産の効率性を示す自己資本回転率も5.59回転と平均を下回っている。また、生産性を示す１人当たり売上高は2,475万円、１人当たり付加価値額は1,022万円と平均を下回っている（７－６表）。

7－6表　2016年建設業の財務統計資料

		東日本平均	青　森　県	対　　比
収益性	総資本経常利益率（%）	4.72	3.94	△0.78
	売上高経常利益率（%）	2.69	2.46	△0.23
活動性	総資本回転率（回）	1.64	1.63	△0.01
	自己資本回転率（回）	6.31	5.59	△0.72
流動性	当　座　比　率（%）	271.55	271.96	0.41
	流　動　比　率（%）	250.19	263.98	13.79
健全性	自己資本比率（%）	30.83	40.31	9.48
	固　定　比　率（%）	124.12	109.16	△14.96
生産性	1人当たり売上高(百万円)	28.27	24.75	△3.52
	1人当たり付加価値(百万円)	10.54	10.22	△0.32

資料：「平成28年度建設業の財務統計指標」（東日本建設保証㈱）
注）東日本は青森県、岩手県、宮城県、秋田県、山形県、福島県、茨城県、栃木県、群馬県、埼玉県、千葉県、東京都、神奈川県、山梨県、長野県、新潟県、富山県、石川県、福井県、静岡県、愛知県、岐阜県、三重県の23都県

⑸　住宅市場の動向

住宅・土地統計調査によると、2013年の本県住宅数は58万6千戸で、世帯数52万2千世帯（青森県の「平成25年青森県の人口」による）を大きく上回っており、量としての住宅は充足されていることとなる。

新設住宅着工戸数の推移をみると、2003年では9,341戸であった戸数が2017年では6,454戸と約3割減少している。今後を展望すると、2019年10月の消費税引き上げ（8%→10%）を前に、一部駆け込み需要が予想されるものの、人口減少の進展や少子化などの基本的な条件の変化は考えにくく、新設住宅市場が大きく回復する可能性は少ないものと想定される（7－12図）。

一方、本県の建設年別住宅の構成比は1981－1990年が19.2%、1991－2000年が22.5%と、両期間合計で41.7%となっており、今後リフォーム市場が拡大する余地は大きいものと思われる（7－13図）。このことは、業種別の事業所数及び従業者数全体が低迷するなかで、2012年－2016年対比で「建築リフォーム工事業」が事業所数で22.1%、従業者数で37.0%と大きく増えていることからもわかる（前出7－2表）。

7－12図　新築住宅着工戸数推移

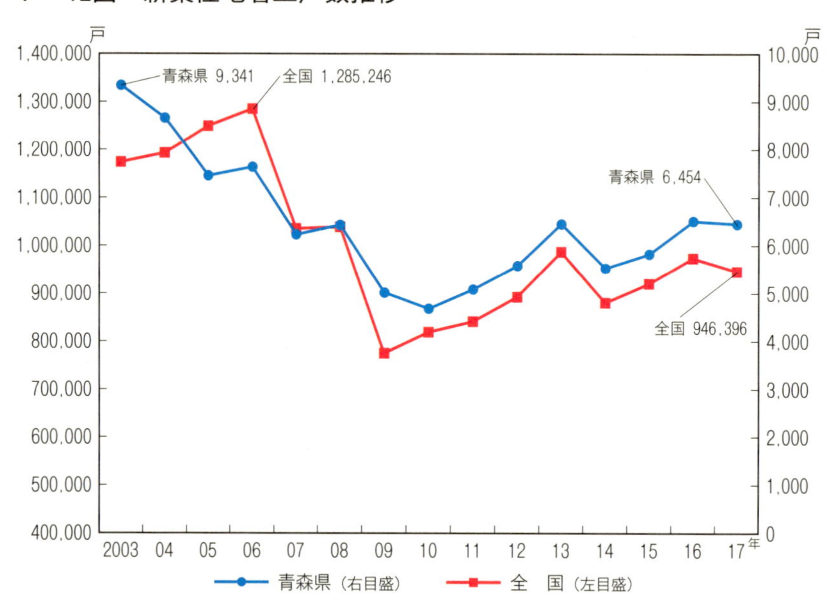

資料：「住宅着工統計」（国土交通省）

7－13図　建設年別住宅構成比

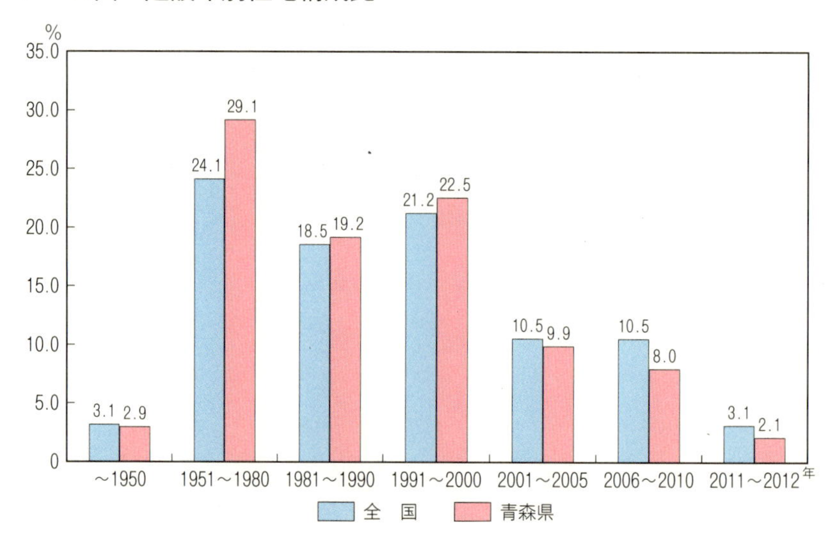

資料：「平成25年住宅・土地統計調査」（国土交通省）

⑹　労働事情

2016年の本県の従業者の就業上の地位をみると、個人事業主3.7%、有給役員が12.7%、常用雇用者が79.2%、臨時雇用者が3.3%などとなっている。産業全体と比較して有給役員が6.4ポイント、臨時雇用者が0.7ポイント高く、逆に常用雇用者の割合は5.1ポイント低くなっている。

ただし、常用雇用者のうち、正社員の割合は産業全体を15.7ポイント上回っている。このことは、建設業には特殊な技能・資格が必要であるため、業務上必要な技能労働者や資格保持者を確保するため、他産業に比べ安定した雇用構造となっているものと思われる。

4．今後の青森県建設業

本県の建設業は、道路や橋などのインフラ、住宅や公共施設等の建築を通じて県民生活の向上や地域経済の持続的な成長を支えていくという役割を担っている。また、整備されたインフラの日常的なメンテナンス、除雪、耐震化等の防災・減災対策や災害時における応急復旧やその後の復興工事などを通じて、生活の安全・安心と地域社会に貢献している。これら建設業の担う役割は今後も変わることはない。

今後も建設業がこうした役割を果たしていく上での最大の課題は、生産年齢人口の減少が進む中での担い手確保である。これまで建設業は働く場所の少なかった本県において「雇用の受け皿」として、充分な担い手を確保できていた時代もあったが、そのような時代は過去のものとなりつつある。

今後、建設業が担い手確保のためにまず取り組むべきことは「働き方改革」である。建設業の魅力を高め、若年層や女性の就業を促進していく観点から、賃金水準の向上や長時間労働の是正、週休２日の確保、女性が活躍できる環境整備などの「働き方改革」をすすめ、新たな担い手を招き入れることが重要である。

こうした「働き方改革」を進めるためにはその原資となる利益の向上が前提であり、建設需要の大幅な増加が期待できない状況においては、「生産性向上」が肝要である。ＩＣＴ等の活用はもちろん、現場の技能労働者の技能の向上や人材・資機材の効率的な活用など、あらゆる段階における「生産性向上」を進めていくことが求められる。

ここで留意すべきことは、「働き方改革」はコストアップ要因となり、積極的に取り組む企業ほど価格競争で不利になりやすい。このため本県のように建設需要が減少傾向にある厳しい経営環境においては、「働き方改革」に対する投資は消極的になりがちである。

このように「働き方改革」は個々の企業努力だけでは限界があり、国による政策と地方公共団体を中心とした発注者が適切な工期設定等に取り組む必要がある。こうしたことから、国は2018年３月に週休２

７－14図　全産業・建築業従業上地位構成比

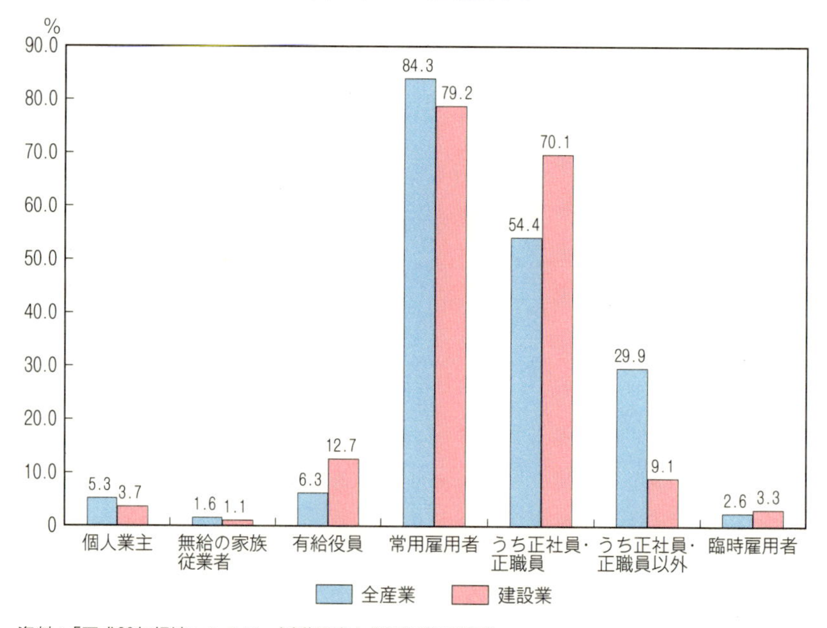

資料：「平成28年経済センサス－活動調査」（総務省統計局）

日制の後押し、適正な工期設定の推進、処遇（給与）の改善、生産性の向上に取り組む企業の後押しなどの政策を盛り込んだ「建設業働き方改革加速化プログラム」を策定している。

しかし、「働き方改革」と「生産性向上」に国や地方公共団体等が積極的に取り組むといっても、前提となるのは個々の企業の取組であることは言うまでもない。将来にわたり存続できる企業は、「働き方改革」と「生産性向上」に柔軟かつ継続的に対応できる企業に限定されることとなるであろう。

（担当：長尾　匡道）

青森をみつめ直す

日本銀行青森支店長　武田　吉孝

県内各地を案内すると、友人たちが決まって言うことがあります。
「海に、山に、街に・・・こんなに見どころがあると思わなかった」
「リンゴだけかと思っていたら、たくさんの美味しいものがあった」
故郷を褒められたように嬉しくなって、私はにんまりしながらこう返します。
「違う季節に来たら違った景色や食べ物が楽しめるから、また来いよ」

しかし、ふと考えます。本当にこれで良いのでしょうか。
京都や北海道だったら、予め見たいものや食べたいもの・・・目的がはっきり決まっているのではありませんか。特定のモノではなく、京都の風情を味わうこと、北海道の大地に立つこと、それ自体が狙いということもあるかもしれません。
訪れて初めて知るというのは、それまで知らなかったことの裏返しでもあります。知られざる資源が豊富にある。これは青森県の強みではなく、弱みなのではありませんか。県外の人に知られていない一番の原因は、多くの青森県民が、県外の人たちが何に惹かれ、何を喜ぶのかに気付いていないことにあるのではないかと考えています。

たとえば「海岸線」。
太平洋の波打ち際まで広がる草原。手を振れば向こうから見えるのではないかと思うほど近くに見える北海道。駅を降りれば海に掛けられた白い橋。日本海に浸るように沈む夕陽。
新宿育ちの私にとって歌舞伎町の雑踏が見慣れた風景であるのと同じように、青森県民にとっては新鮮味がない風景かも知れません。しかし、半日ドライブしただけでクルクルと表情を変える海岸線は、多くの来訪者には新鮮な衝撃であり、何時間でも潮風に吹かれていたいと思わせるだけの力があります。

「海を見においで」
「山を見においで」
「雪を見においで」

青森県の現状を客観的に分析し、外からのニーズを十分に意識したうえで、県民が誇りに思う「青森」を自信を持って発信する・・・そこから明日の「青森」が始まります。そろそろ「未完の大器」から卒業しませんか。

第8章　製造業

1．青森県製造業の位置づけ

青森県の製造業の弱さが、全国との所得格差の一因であるといわれる（８－１図）。県内総生産に占める製造業の構成比と、一人当たり県民所得の間には相関関係が指摘されているが、本県は、太平洋ベルトの工業地帯から遠隔地にあり元来製造業集積が小さい。他産業への経済波及効果が大きく、多数の雇用を創出する製造業の集積、振興は本県の経済発展にとって重要であり、長年の大きな目標である。

これまでの製造業振興の取組として、64年八戸地区の新産業都市建設、72年むつ小川原開発、85年青森地域テクノポリス開発、89年八戸地域集積促進計画（頭脳立地計画）、98年八戸地域基盤的技術産業集積活性化計画、01年青森県クリスタルバレイ構想等の工業開発プロジェクトの推進、02年あおもりエコタウンプラン、03年環境・エネルギー産業創造特区計画、企業立地促進法に基づく基本計画、あおもり農工ベストミックス新産業創出構想、あおもりウェルネスランド構想、青森ライフイノベーション戦略などがある。

８－１図　県内総生産に占める製造業構成比

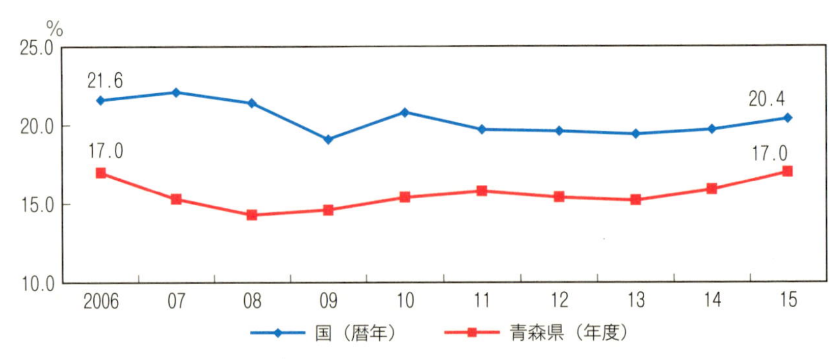

資料：「県民経済計算」（内閣府）

県民経済計算（15年）によると、製造業の県内構成比は全国35位である（８－２図）。05年には44位だったが、翌06年、核燃料製造業の本格稼働の寄与により非鉄金属が著しく増加し35位となった。全国中下位の本県だが製造業の集積は相対的に進んでいない。

８－２図　15年製造業構成比

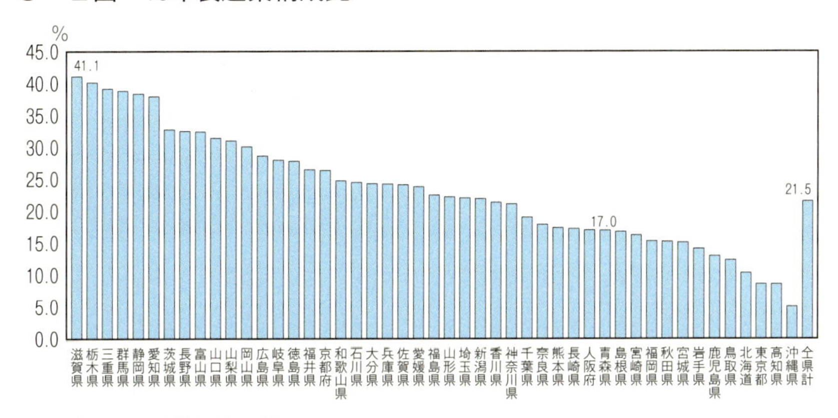

資料：「県民経済計算」（内閣府）

本県では、製造業集積を図るべく企業誘致が推進されてきた。豊富な労働力と安価な土地、税制面の優遇などにより、一定の成果を上げてきた。しかし、経済のグローバル化の進展のなか、輸出に不利な円高の影響を回避するとともに、人件費や土地代などのコスト面で優位な、新興国への生産拠点の移転がみられた。その結果、県内では事業所の縮小や撤退などの産業の空洞化が進んだ。

その後、高速道路網や新幹線などの交通インフラの整備や、一部の製造業で国内回帰の動きなどのプラス材料はあったものの、ＩＴ不況やリーマンショックによる大幅な受注減、東日本大震災や欧州債務危機などの影響から、幾度となく停滞を余儀なくされた。しかし各局面において、金融緩和や各種経済対策などにより回復し今日に至っている（８－３図）。

8－3図　製造業総生産

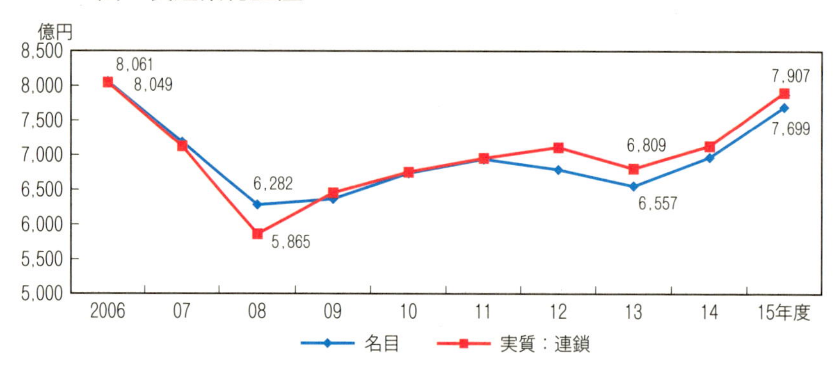

資料：「県民経済計算」（内閣府）

現在、津軽地域では半導体、電子部品・デバイス、情報通信、医療機器などが、県南・下北地域では、鉄鋼・非鉄金属、製紙、化学などの基礎素材型産業、半導体製造装置、情報通信機器、自動車・航空機、ソフトウエア産業などが集積している。

2．青森県製造業の現状

⑴　事業所数

本県の製造業事業所数は長期的な減少傾向にある。93年の2,809事業所をピークに減少傾向で推移し、14年には1,449事業所まで減少した。直近の16年には1,547事業所とやや盛り返したが、ピーク時の93年と比較すると44.9％の大幅な減少となっている（8－4図）。

注）事業所数及び従業者数の直近数値は、2016年６月１日現在の数値である

要因として、後継者不足による事業承継問題、工場の機械化・省力化の進展による集約再編、産業構造の変化や技術の高度化に対応できずに廃業、円高の影響回避や低廉な人件費を求めた生産拠点の海外移転などがあげられる。また、新規参入の減少もある。メカトロニクス化やCAM化による機械設備の高額化から初期投資が嵩むことや実質耐用年数の短縮、製品の高品質化など、新規参入のハードルが高くなっ

8－4図　製造業事業所数推移

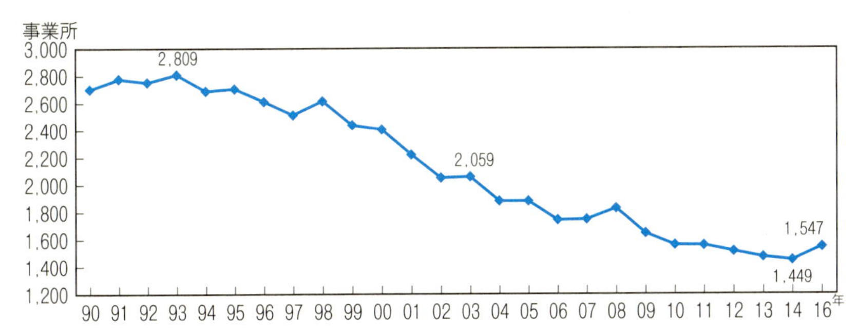

資料：「工業統計（４人以上）」（経済産業省）、「平成28年経済センサス－活動調査」（総務省・経済産業省）

たことが影響しているとみられる。

産業別事業所数の93年～14年までの増減は、繊維が264事業所減、食料品が253事業所減、木材・木製品が225事業所減、電気機械が127事業所減、印刷が119事業所減などとなった。海外移転や集約化が進

8－5図　産業別事業所増減（93～14年）

（単位：事業所）

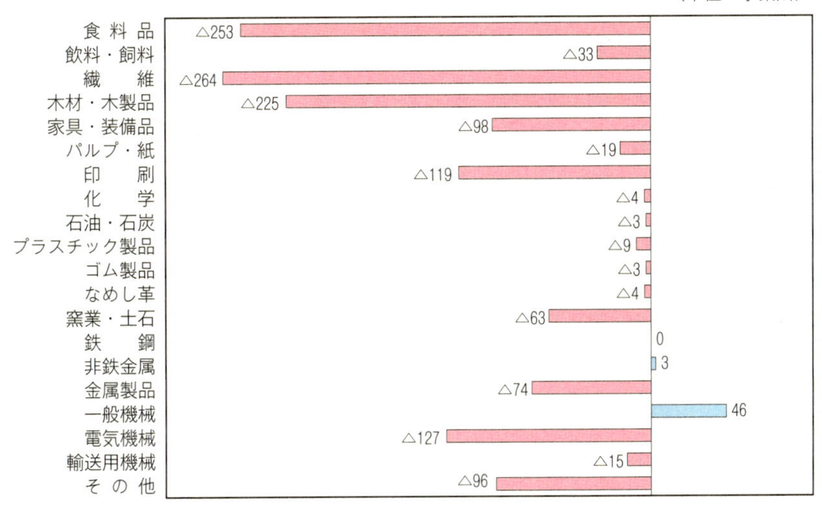

資料：「工業統計（４人以上）」（経済産業省）

んだ繊維が大幅に減少、食料品、木材・木製品も減少した。一方、一般機械は46事業所増、非鉄金属は３事業所増だった。繊維などの生活関連・労働集約型製造業での減少が目立つ（８－５図）。

従業者規模別では従業者４～29人の「小規模事業所」が1,173事業所（75.8％）、30～299人の「中規模事業所」が349事業所（22.6％）、300人以上の「大規模事業所」が25事業所（1.6％）であり、98.4％は中小企業が占める（８－６図）。なお全国でも99.7％が中小企業であり、製造業事業所の大半が中小企業なのは本県だけの特徴ではない。

８－６図　従業者規模別事業所数

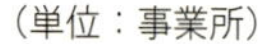

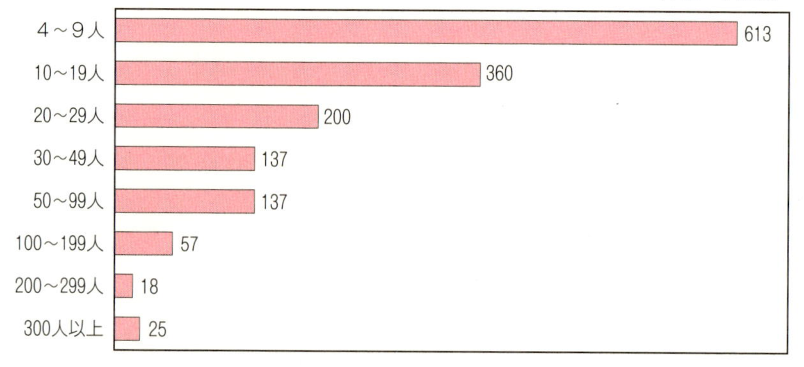

資料：「平成27年青森県の工業」（青森県企画政策部）

⑵　従業者数

91年の８万7,532人をピークとし、以降、減少傾向で推移し、05年には５万8,843人となった。その後、増加して07年には６万5,475人となったが、再び減少傾向となり16年には５万5,122人まで減少した（８－７図）。25年間で３万2,410人（37.0％）減少したが、事業所数の減少に伴い、従業者数も減少している。最近では、製造業企業における人手不足が深刻化しており、省力化投資に加え、ロボット、ＩｏＴ、ＡＩなどの先進的ツールの利活用による生産性の向上が課題となっている。

8－7図　従業者数推移

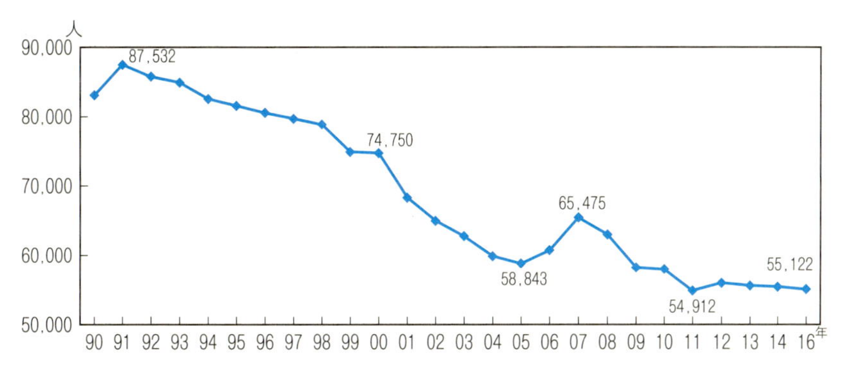

資料：「工業統計（４人以上）」（経済産業省)、「平成28年経済センサスー活動調査」（総務省・経済産業省）

(3)　製造品出荷額等

15年の本県製造品出荷額等は、１兆7,023億円となった。前年比6.7％の増加で、全国順位は40位から39位へと上昇したものの、依然として低位圏に止まっている。

これまでの推移をみると、06年には、非鉄金属に分類される、核燃料製造業の本格稼働により著しく増加した。翌07年には１兆6,511億

8－8図　製造品出荷額等推移

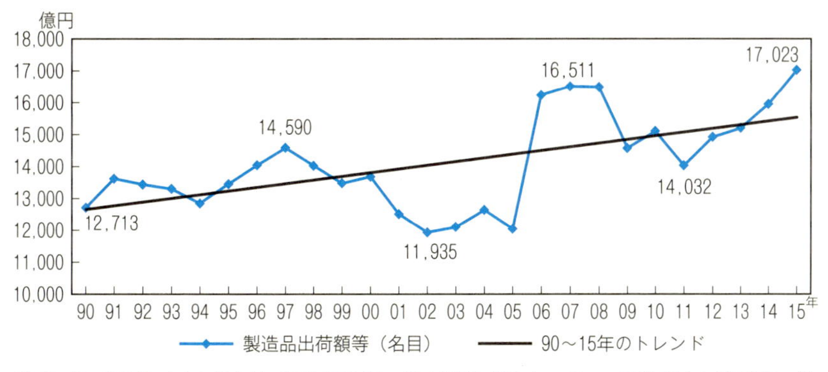

資料：「工業統計（４人以上）」（経済産業省)、「平成28年経済センサスー活動調査」（総務省・経済産業省）

円と幾分上昇した後、09年のリーマンショック（08年発生）の影響、11年の東日本大震災の影響により落ち込んだが、その後増加傾向を示した。時々の様々な要因の影響から跛行性が感じられるが、90～15年のトレンド線は、増加傾向で推移している（８－８図）。

⑷ 粗付加価値額

96年の5,755億円から、02年の4,468億円まで減少傾向で推移した。その後は、多少の増減を経て05年には4,822億円となった。そして06年には、非鉄金属の寄与から8,385億円と著しく増加し、以降、6,000億円～7,000億円の水準で推移、直近の15年は6,901億円となった（８－９図）。生産活動の地域経済への影響は、粗付加価値額の地域内循環度合に左右されるため、その向上に資する経済産業構造の形成などの取り組みが求められる。

8－9図　粗付加価値額推移

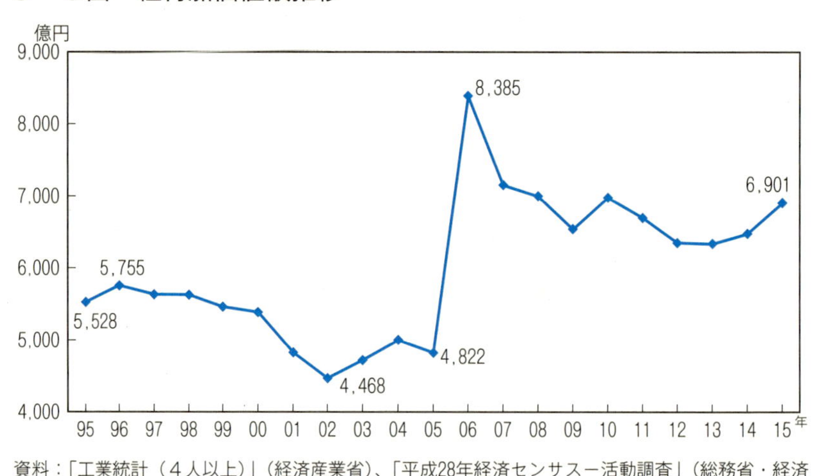

資料：「工業統計（４人以上）」（経済産業省）、「平成28年経済センサス－活動調査」（総務省・経済産業省）

⑸ 企業誘致

62年度以降の誘致企業数の累計は、54年間で556企業（17年３月末現在）に上り、製造業が423企業、非製造業が133企業である。ここ10

年では年平均約14企業だが、非製造業が約６割、製造業が約４割を占め、コールセンターなどの非製造業比率が高い（８－10図）。

８－10図　誘致企業数の推移

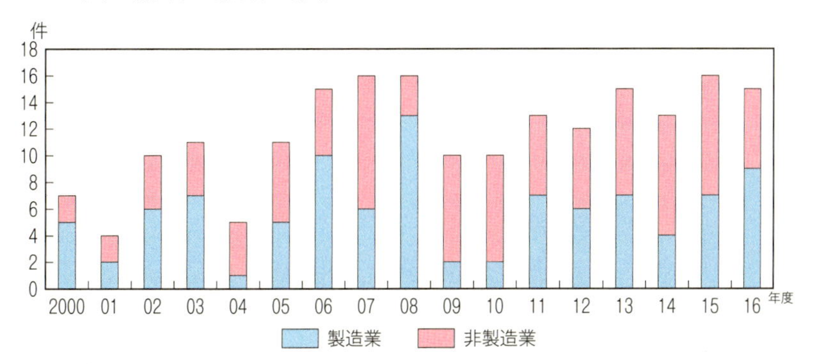

資料：青森県商工労働部

(6)　鉱工業生産指数

リーマンショックの影響から09年に低下し、以後回復を示したが、11年３月の東日本大震災により再び低下した。その後、復旧が進み12年以降は、100を超える水準で上昇傾向を示している（８－11図）。

また、12年以降は、全国を上回る水準で推移しているが、17年は、電子部品と業務用機械のプラス寄与が全体を牽引した。

８－11図　鉱工業生産指数（2010年＝100）

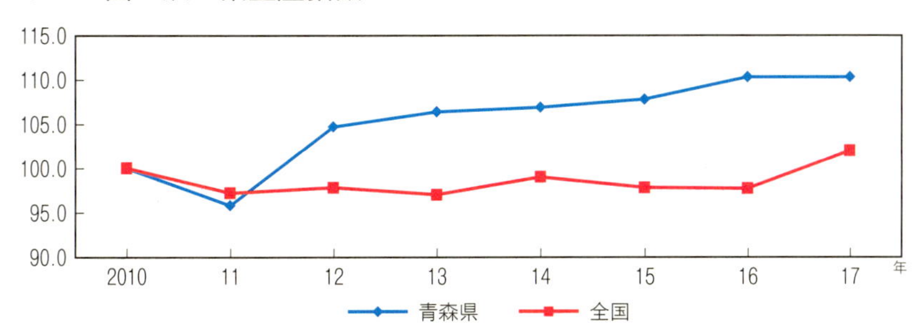

資料：「鉱工業指数」（経済産業省）、「鉱工業生産指数」（青森県）

3．本県製造業の構造変化と特徴

(1) 産業別事業所数

16年の産業別事業所数をみると、「食料品」が最多で435事業所と突出し、以下、「繊維」が144事業所、「金属製品」が131事業所、「窯業・土石」が100事業所、「印刷」が90事業所、「電子部品」が75事業所などとなった（８－12図）。

８－12図　産業別事業所数

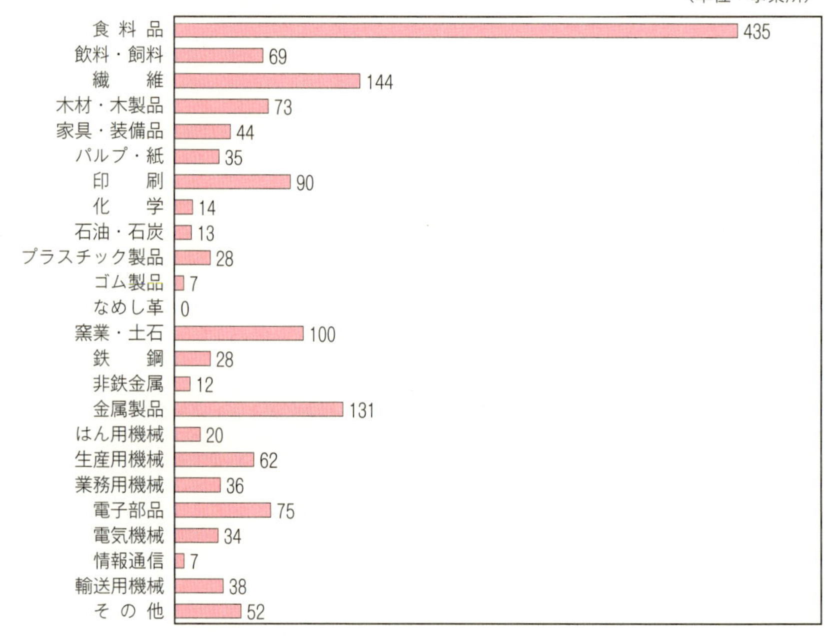

資料：「平成28年経済センサス－活動調査」（総務省・経済産業省）

95年から16年までの21年間で、業種別の構成比にも変化が生じている。「繊維」、「木材・木製品」、「印刷」、「電気機械」が減少傾向を示す一方、最大シェアの「食料品」や、「飲料・飼料」、「金属製品」が、相対的に増加傾向を示している（８－13図）。

この間、従業者規模別では、「４～９人」が685事業所減、「10～19人」が204事業所減、「20～29人」が192事業所減、「50～99人」が138事業所減などとなり小規模な事業所の減少が目立っている。

８－13図　産業別事業所数構成比の推移

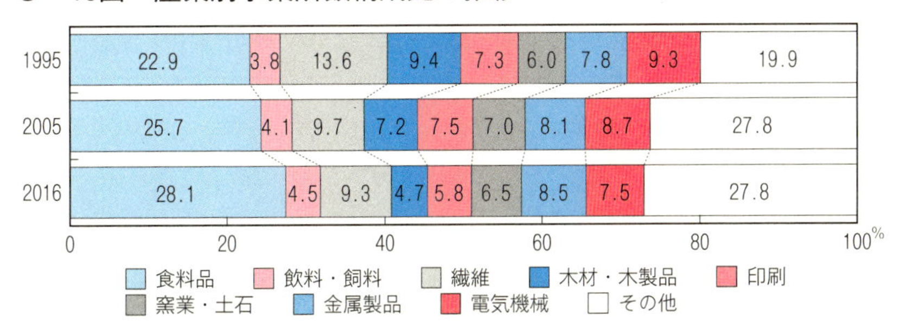

資料：「工業統計（４人以上）」（経済産業省）、「平成28年経済センサス－活動調査」（総務省・経済産業省）

注）８－13、14、16、17図、95年、05年の「繊維」は「衣服」含む。05年、15年、16年の「電気機械」は、「電気機械」、「情報通信」、「電子部品」の計

⑵　産業別従業者数

産業別従業者数の構成比をみると、「繊維」、「窯業・土石」、「金属製品」が減少傾向を示す一方、最大シェアの「食料品」や、「非鉄金属」、「一般機械」が、相対的に増加傾向を示している（８－14図）。

８－14図　産業別従業者数構成比の推移

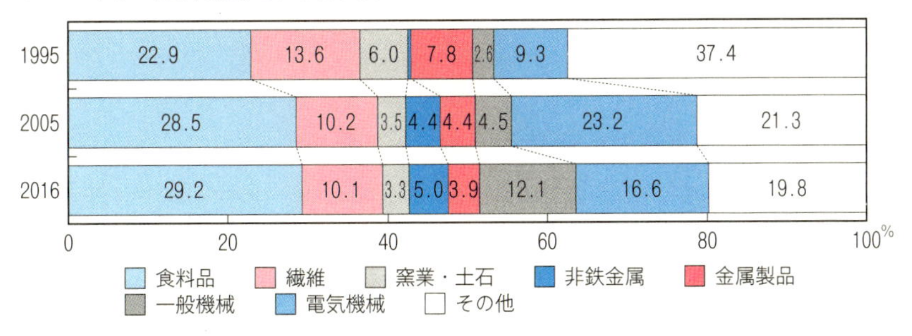

資料：「工業統計（４人以上）」（経済産業省）、「平成28年経済センサス－活動調査」（総務省・経済産業省）

産業別従業者数増減（93～14年）をみると、「繊維」が１万1,560人、「電気機械」が7,548人、「食料品」が5,373人、「印刷」が2,543人、「木材・木製品」が2,384人それぞれ減少した。一方、「一般機械」が5,226人、「非鉄金属」が2,176人増加した（８－15図）。

８－15図　産業別従業者数増減（93～14年）

（単位：人）

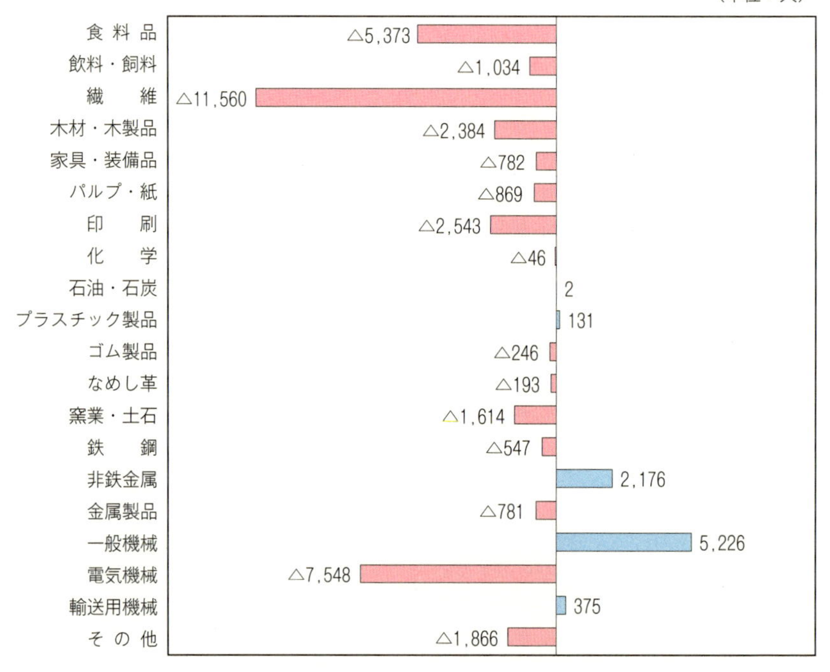

資料：「工業統計（４人以上）」（経済産業省）
注）「繊維」は「衣服」含む。「電気機械」は、「電気機械」、「情報通信」、「電子部品」の計

⑶　産業別製造品出荷額等

06年の核燃料製造業の本格稼働の寄与により、15年には「非鉄金属」が最高となり、「食料品」が僅差で次点、「電気機械」が３番目に多く、次に増加傾向の「一般機械」が続いた（８－16図）。

8－16図　産業別製品出荷額等構成比の推移

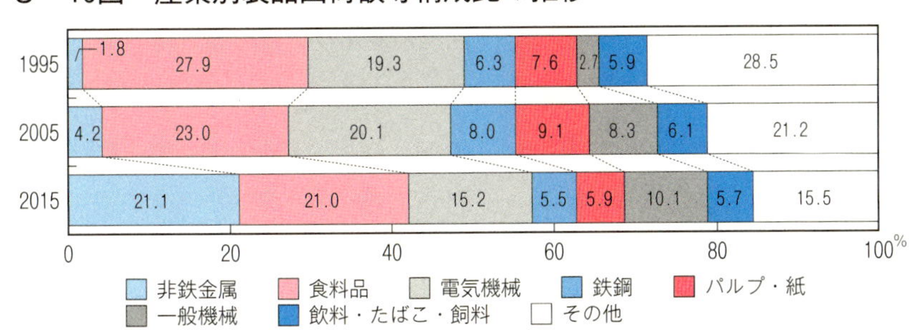

資料：「工業統計（４人以上）」（経済産業省）、「平成28年経済センサス－活動調査」（総務省・経済産業省）

⑷　産業別粗付加価値額

かつては、「食料品」と「電気機械」が双璧であったが、06年の核燃料製造業の本格稼働の寄与により「非鉄金属」が約４割を占めトップとなり以下「食料品」、「電気機械」、「一般機械」の順である（8－17図）。

8－17図　産業別粗付加価値額の構成比の推移

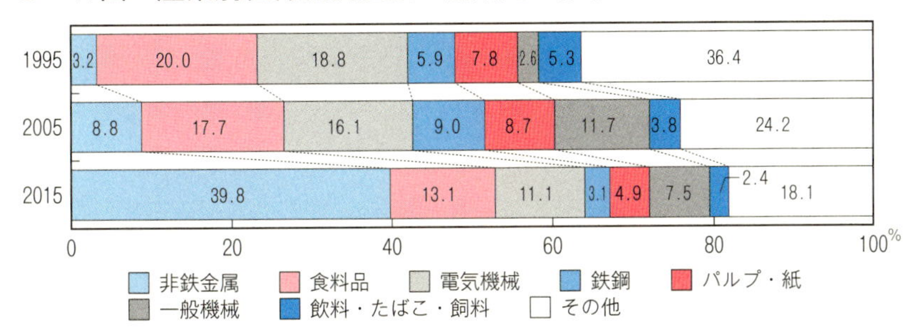

資料：「工業統計（４人以上）」（経済産業省）、「平成28年経済センサス－活動調査」（総務省・経済産業省）

⑸　産業構造からみた本県製造業の特徴

全国の構成比と比較した特化係数で本県製造業の特徴を検証した。

事業所数特化係数は、「電子部品」が2.3、「食料品」が2.2、「石油・石炭」が2.1、「飲料・飼料」が2.0、「木材・木製品」が1.7、「繊維」

が1.4、「窯業・土石」が1.3などと、全国よりも構成比が高い。一方、「プラスチック製品」、「化学」、「はん用機械」、「生産用機械」などは、構成比が0.3～0.4と低い（8－18図）。

注）各特化係数は、小数点第二位を四捨五入した数値

8－18図　事業所数特化係数

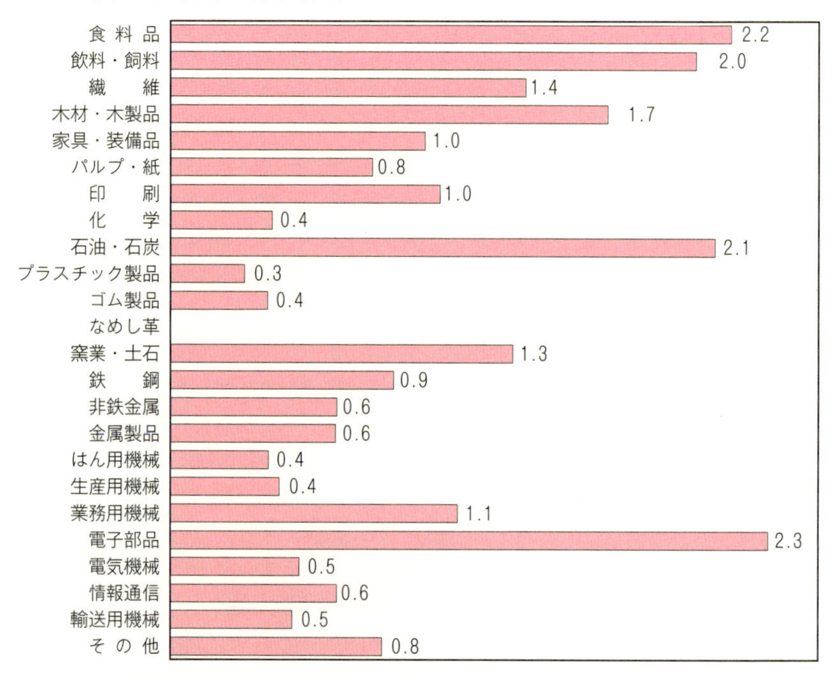

資料：「平成28年経済センサス－活動調査」（総務省・経済産業省）

従業者数特化係数は、「業務用機械」が3.2、「繊維」と「非鉄金属」が各2.8、「電子部品」が2.3、「食料品」が2.0、「飲料・飼料」が1.6などと、全国よりも構成比が高い。一方、「はん用機械」、「輸送用機械」、「化学」などは構成比が0.1～0.2と低い（8－19図）。

8－19図　従業者数特化係数

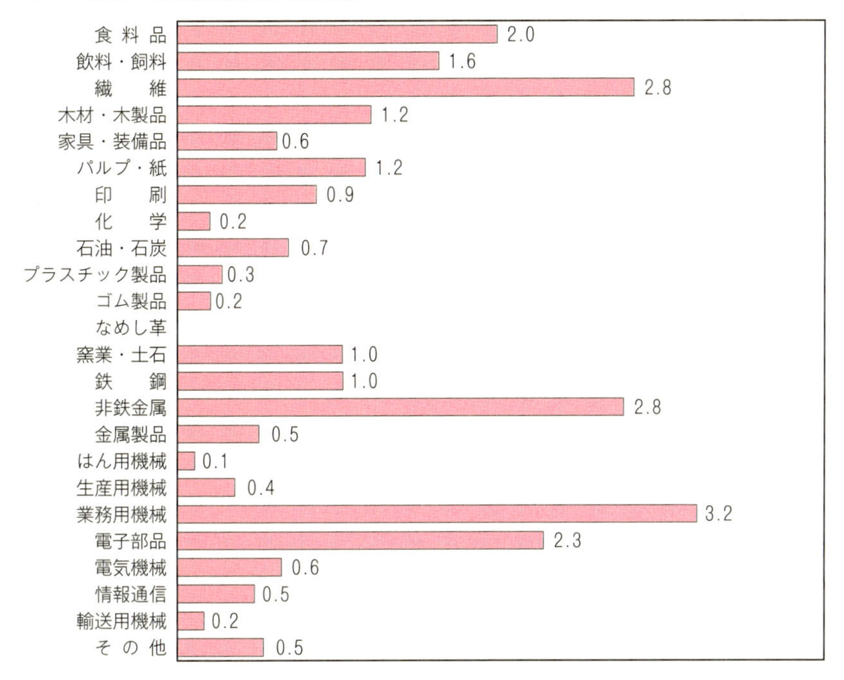

資料：「平成28年経済センサスー活動調査」（総務省・経済産業省）

製造品出荷額等特化係数は、「非鉄金属」が6.8、「業務用機械」が3.4、「パルプ・紙」が2.6、「電子部品」が2.5、「食料品」が2.3などと、全国よりも構成比が高い。一方、「石油・石炭」、「はん用機械」、「情報通信」、「輸送用機械」などは0.1と構成比が低い（8－20図）。

8－20図　製造品出荷額等特化係数

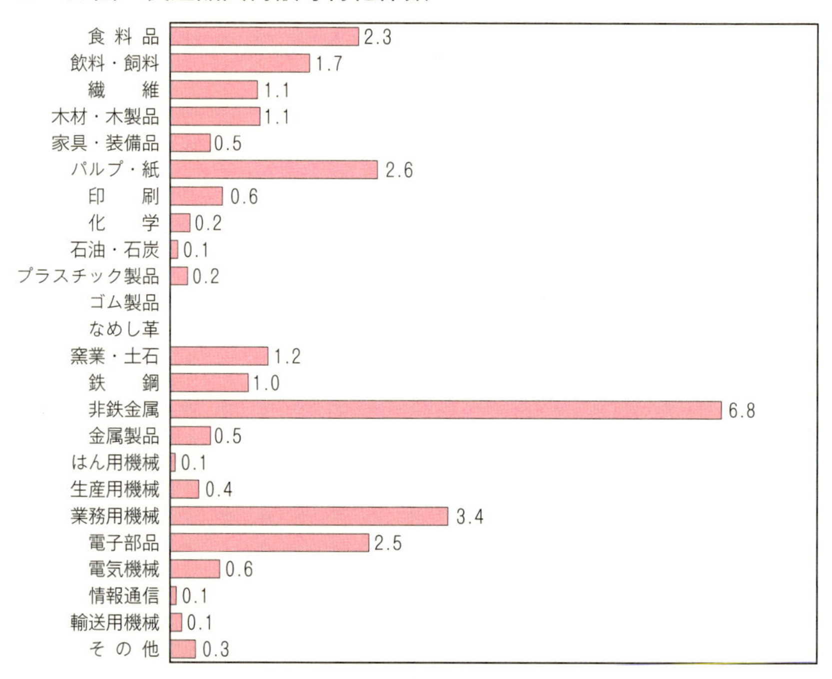

資料：「平成28年経済センサスー活動調査」（総務省・経済産業省）

本県製造業の特徴は、各特化係数を総合すると、上北地域寄与の「非鉄金属」が突出し、八戸地域寄与の「パルプ・紙」、中南地域寄与の「業務用機械」、中南、西北地域寄与の「電子部品」、全県的な「食料品」などが高い数値である。一方、「化学・石油製品等」、「情報通信」、「輸送用機械」は、概して低い数値である。

本県製造業の構造的な特徴は、一次産業が盛んで原材料供給の優位性があることから、「食料品」が事業所数、従業者数ともにトップを占め、製造品出荷額等も２番目となるなど大きなウエートを占めている。「食料品」は、労働生産性は低いが波及効果が大きい強みがあり、一層の高付加価値化が求められる。２番目に事業所数が多い「繊維」は、労働集約的な特性を有し人件費の安いアジア諸国への移転が進んだ。産業規模は縮小したものの、国内に残る希少な生産集積である。

従業者数は、「食料品」が3割弱、「電子部品」、「繊維」が各1割だが、全国比では「輸送用機械」が目立って低い。

製造品出荷額等構成比では、「非鉄金属」と「食料品」が各2割と高く、全国で「輸送用機械」が2割を占めるのとは対照的である。リーディング産業である自動車産業の集積向上が課題であり、県では「青森県自動車関連産業振興戦略」を策定し取り組んでいる。

なお粗付加価値額は「非鉄金属」が突出し4割弱を占めている。

4. 地域別の生産活動の状況

広域行政圏ごとに製造業集積による生産活動の特色を検証した。

8－1表 各広域行政圏の構成自治体一覧

広域行政圏	構成自治体
東青地域	青森市、平内町、今別町、蓬田村、外ヶ浜町（1市3町1村）
中南地域	弘前市、黒石市、平川市、西目屋村、藤崎町、大鰐町、田舎館村（3市2町2村）
三八地域	八戸市、三戸町、五戸町、田子町、南部町、階上町、新郷村（1市5町1村）
西北地域	五所川原市、つがる市、鰺ヶ沢町、深浦町、板柳町、鶴田町、中泊町（2市5町）
上北地域	十和田市、三沢市、野辺地町、七戸町、六戸町、横浜町、東北町、六ヶ所村、おいらせ町（2市6町1村）
下北地域	むつ市、大間町、東通村、風間浦村、佐井村（1市1町3村）

(1) 地域別事業所数

「三八地域」が最多で479事業所（31.0％）となり、次に「中南地域」が326事業所（21.1％）、「上北地域」が269事業所（17.4％）、「東青地域」が248事業所（16.0％）、「西北地域」が160事業所（10.3％）、「下北地域」が65事業所（4.2％）などとなった（8－21図）。八戸市を中心とした「三八地域」に3割強が集積しており、同地域は本県製造業の中核地域となっている。

8－21図　地域別事業所数

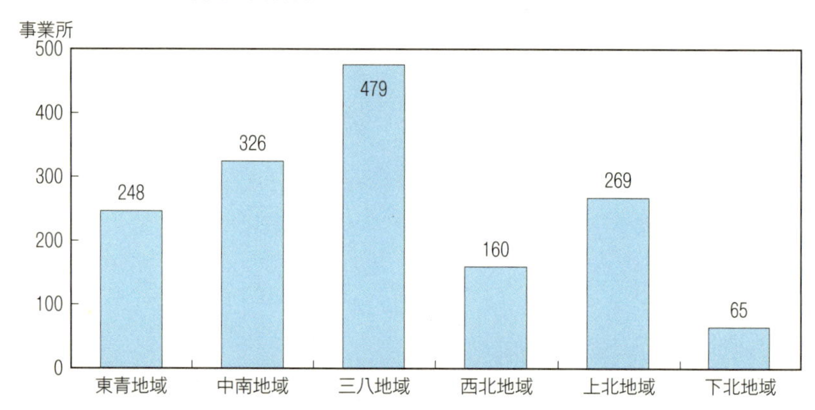

資料：「平成27年青森県の工業」（青森県企画政策部）

(2)　地域別従業者数

「三八地域」が最多で１万6,579人（30.1%）となり、次に「中南地域」が１万5,061人（27.3%）、「上北地域」が１万898人（19.8%）、「東青地域」が6,853人（12.4%）、「西北地域」が3,603人（6.5%）、「下北地域」が2,128人（3.9%）となった（８－22図）。「三八地域」と「中南地域」が双璧であり、約３割ずつを占めている。

8－22図　地域別従業者数

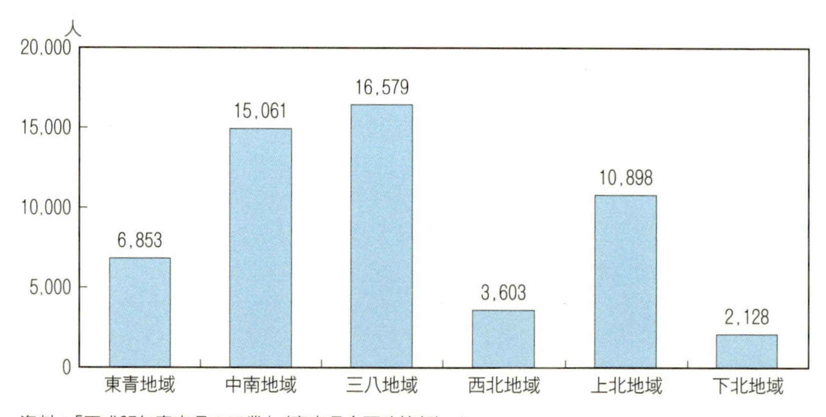

資料：「平成27年青森県の工業」（青森県企画政策部）

⑶　地域別製造品出荷額等

「三八地域」が最多で5,887億円（34.6%）、次に「上北地域」が5,579億円（32.8%）、「中南地域」が3,690億円（21.7%）、「東青地域」が1,227億円（7.2%）、「西北地域」が427億円（2.5%）、「下北地域」が213億円（1.3%）となり、「三八地域」と「上北地域」で７割弱を占めた（８－23図）。市町村別では、八戸市が最多で、次いで、六ヶ所村、弘前市、青森市の順であり、各1,000億円を超えている。半島沿岸部や中山間地などでは、概して低い傾向にある。

８－23図　地域別製造品出荷額等

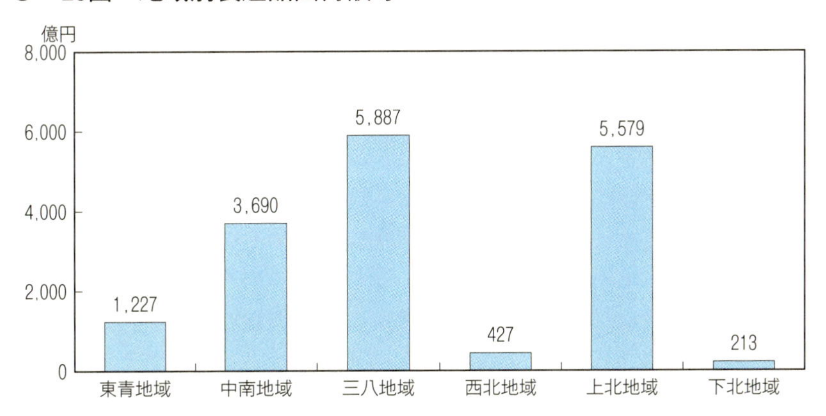

資料：「平成27年青森県の工業」（青森県企画政策部）

⑷　地域別粗付加価値額

「上北地域」が最多で3,421億円（49.6%）、次に「三八地域」が1,619億円（23.5%）、「中南地域」が1,140億円（16.5%）、「東青地域」が438億円（6.3%）、「西北地域」が216億円（3.1%）、「下北地域」が68億円（1.0%）となった（８－24図）。「上北地域」と「三八地域」で７割以上を占める。

8－24図　地域別粗付加価値額

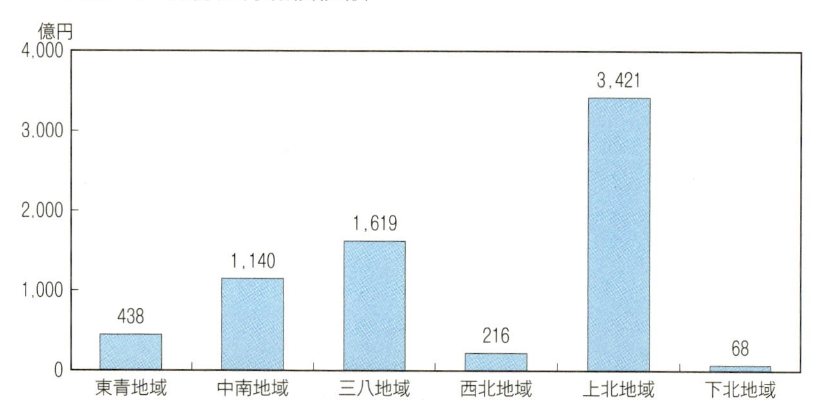

資料：「平成27年青森県の工業」（青森県企画政策部）

(5)　地域別の製造業集積の特色

地域別の製造業集積の特色を製造品出荷額等の産業別構成比から検証した。

三八地域 ⇒ **食料品が25.7％と最高**で、以下、パルプ・紙が13.9％、鉄鋼が13.6％、飲料・飼料が13.5％、輸送用機械が7.7％などであった。水産加工などの食料品、パルプ・紙、金属、鉄鋼などの基礎素材型産業、飲料、ソフトウエア、電気機械などの集積がある。ジェイコブズが唱えた発展可能性のある多様な産業集積がみられる。

上北地域 ⇒ **非鉄金属が59.1％と最高**で、以下、食料品が21.3％、電子部品が3.8％、生産用機械が1.8％、窯業・土石が1.6％などであった。非鉄金属が約６割を占めるが、多彩なエネルギー関連施設の集積を活用した環境・エネルギー産業や食料品のウエートが大きい。

中南地域 ⇒ **電子部品が38.0％と最高**で、以下、業務用機械が32.4％、電気機械が8.0％、食料品が5.8％、飲料・飼料が3.0％などであった。電子部品、業務用機械、電気機械の加工組立型産業が８割弱を占める。先端技術、医療機器、食品加工、繊維、伝統工芸が集積する。

東青地域 ⇒ **食料品が44.6％と最高**で、以下、鉄鋼が6.9％、パルプ・

紙と印刷が各6.2%、金属が4.7%などであった。食料品が大きなウエートを占めるほか、県都としての特性から行政機関やマスコミの事業所が多く、印刷の集積が相対的に高い。

西北地域 ⟹ **電子部品が48.0%と最高**で、以下、窯業・土石が7.4%、繊維が7.0%、食料品が6.2%、金属製品が3.7%などであった。地域内の工業団地に従業員が数百人規模の電子部品企業が立地している。

下北地域 ⟹ **食料品が37.9%と最高**で、以下、繊維が23.2%、窯業・土石が20.3%、電子部品が5.3%、木材製品が4.4%などとなった。水産加工の集積に加え、大手靴下メーカーの基幹工場が立地しているほか、生コンメーカーのウエートが大きい。

資料：「平成27年青森県の工業」（青森県企画政策部）

5．今後の青森県製造業の展開

(1) 新産業の創出

「あおもり農工ベストミックス新産業創出構想」により、農業と工業を結びつけた新産業の創出を目指した取組が行われている。工業技術や新エネルギーの導入などによる新たな農業生産システムの開発、医・農・工各分野の先端技術の融合による農林水産資源を活かした商品づくりなどが取り組まれている。また「青森ライフイノベーション戦略」では、医工連携などが取り組まれている。中南地域では、企業、大学、試験研究機関、行政などの連携による知識集約型産業クラスターが形成され、新産業創出に取り組んでいる。

(2) 第4次産業革命への対応

現在、世界では、情報通信産業の高度化を起点に、「極端な自動化」、「コネクティビティ（つながり）」により、生産効率の向上や新産業創出を図る第4次産業革命が進捗している。本県においても、関連する事業に既に取り組んでいる製造企業がみられる。クラウドを利用した、測位情報機器、健康促進ソフトウエア、ドローン、ＥＤＩ（電子データ交換）システム、工場生産の見える化システムなどを製造しており今後の拡がりが期待される。なお、むつ小川原地域には東北最大級の寒冷地型データセンターが整備され操業している。

⑶　ものづくり人材の育成

雇用吸収力の大きい製造業だが、従業者数の減少が懸念される。一因として、雇用のミスマッチ問題があげられる。企業側の必要としている技能、技術を定期的に確認し、それをフィードバックした、職業訓練施設の整備充実、研修事業の実施などが求められる。県では、技術者から経営者に至る、各階層を対象としたものづくり人材育成支援プログラムを実施している。現在、人手不足のなか、製品ニーズの多様化から多品種少量生産の必要に迫られており、複数の生産工程を担える多能工など、労働生産性の向上に向けた人材の育成が求められている。またSociety5.0の実現に向け、ICTスキルに長じた、イノベーション力・人材力の向上が求められている。

⑷　製造ネットワークの強化

県内各地域の製造業集積は､それぞれ特色のある構造となっている。各特色を伸ばす一方、高速道路網など、県内のアクセス道路の整備向上を背景に、部品や技術を地域間で補完する地域製造業のネットワーク化を推進し、新製品開発、高付加価値化、生産効率の向上を図ることが肝要である。｢競争と協調｣による水平連携型の地域産業ネットワークを構築する必要がある。

一方、誘致企業と地域のものづくり産業との連携も重要である。概して、誘致企業は、地元製造企業と連携せずに自己完結的な生産活動に終始する傾向が指摘されているが、地域製造業の振興に向けた、連携強化による地域製造業の複合化を図ることが求められる。

さいごに

製造品出荷額等の全国順位は、依然として低位である。また非鉄金属以外では、近年、電子部品、業務用機械等の集積が進捗しているが、全体の集積状況は全国水準を下回っている。高付加価値な非鉄金属製品の増産が全体の製造品出荷額等、粗付加価値額の数値を押し上げており、製造業全体の地力向上は、あまり進んでいない。リーディング産業である自動車産業関連の集積が低いのも課題だ。

また全国の70％程度に止まる低い労働生産性の向上も改善点である。高度技術人材の育成、魅力的な製品の開発、適切な設備投資による製品の高付加価値化などに取り組む必要がある。

製造業振興に向け、戦略的企業誘致や製造ネットワークの構築による製造業の地力向上を図り、高度技能人材の育成による、時代のニーズに合致した製品の開発・製造が求められる。

（担当：竹内　慎司）

第９章　商　　業

１．環境変化著しい商業

情報通信技術の進展に伴う流通チャネルや決済手段の多様化、買い物難民問題、インバウンド客への対応など、商業にはダイナミックなビジネスモデルの変化が求められている。併せて、青森県の人口は1983年の153万人をピークに減少を続けており、県内消費のパイは縮小しており、新たな需要を自ら創出していくことが必要だ。つまり、社会構造の変化やそれに伴う課題に対応することにより、新たな需要を創出し、取り込んでいくことが持続的な成長には欠かせない。

こうした認識のもと、本章では、平成景気が収束した1991年（平成３年）から最近までの青森県商業の推移を概観する。

２．青森県の商業の現状および特徴

⑴　青森県商業（卸売業、小売業）の概要

青森県の商業（卸売業および商業）概要は、2016年時点で事業所数１万5,799カ所、従業者数10万9,938人、年間販売額３兆3,804億円となっている。

1991年から25年間の推移をみると、事業所数は２万6,307カ所からほぼ一貫して減少を続け、2016年には１万5,799カ所まで、約６割の水準まで減少したことになる。この間、従業者数の推移は12万6,304人から10万9,938人まで減少したものの、その水準は87.0にとどまっており、事業所数の減少幅と比して緩やかなものだったことがみてとれる。

一方、年間販売額は、事業所数や従業者数のほぼ一貫した減少基調とはやや異なる推移を辿っている。即ち、1991年以降も増加を続け、1997年の４兆2,979億円でピークを迎えた。その後減少に転じたもの

の2012年に底を打ち、再び増加基調に転じた。

（以上、9－1表、9－1図）

9－1表　青森県商業の推移

	事業所数（所・%）		従業者数（人・%）		年間販売額（百万円・%）	
	実　数	増　減	実　数	増　減	実　数	増　減
1991年	26,307	0.3	126,304	1.1	3,947,389	18.9
1994年	24,644	△6.3	129,906	2.9	4,157,179	5.3
1997年	22,862	△7.2	125,129	△3.7	4,297,858	3.4
1999年	22,866	0.0	133,093	6.4	4,102,661	△4.5
2002年	21,030	△8.0	130,458	△2.0	3,693,933	△10.0
2004年	20,214	△3.9	125,723	△3.6	3,577,699	△3.1
2007年	18,672	△7.6	119,221	△5.2	3,310,311	△7.5
2012年	16,314	△12.6	109,099	△8.5	2,833,757	△14.4
2014年	16,361	0.3	112,189	2.8	2,994,264	5.7
2016年	15,799	△3.4	109,938	△2.0	3,380,400	12.9

9－1図　青森県商業の推移

（1991年＝100）

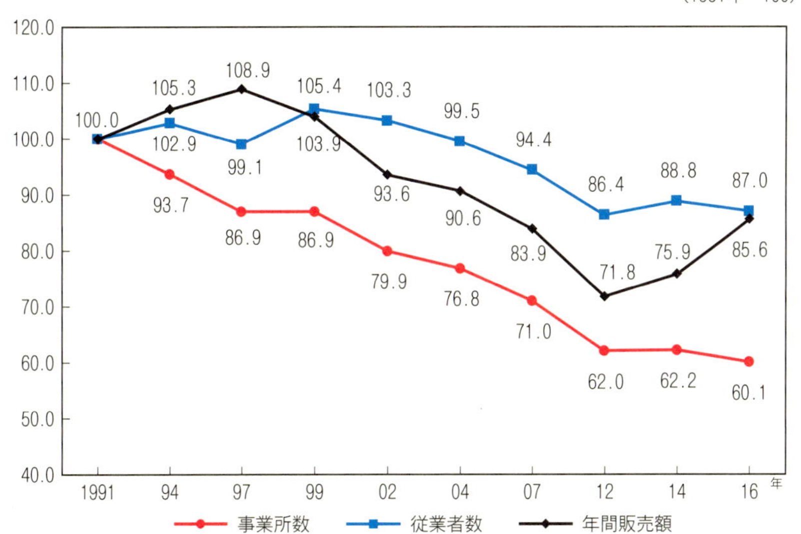

以上、資料：「平成28年経済センサス－活動調査結果」（総務省・経済産業省）
注）2007年以前及び2014年の数値は、「商業統計調査」の数値

⑵　卸売業、小売業別の概要

①　事業所数の推移～目立つ小売業の減少～

県内商業の事業所数は大きく減少したが、卸・小売別の推移をみると、小売業が1991年の55.3の水準まで大きく低下している。一方で卸売業は同84.6の水準まで低下しているが、小売業に比し小幅な減少にとどまっている。

②　従業者数の推移～小幅減少にとどまる小売業～

同じく減少した従業者数の内訳をみると、卸売業が1991年の77.1の水準まで低下した一方、小売業は同91.2と小幅低下にとどまっている。

③　年間販売額の推移～小幅減少にとどまる小売業～

年間売上高をみると、卸売業は1991年の77.9の水準まで低下した一方、小売業は同98.3と小幅低下にとどまっている。

以上①から③を概観すると、卸売業は事業所数、従業者数、年間売上高ともに、ほぼ同水準で減少しており、縮小均衡の流れが見て取れる。

それに対し小売業では、事業所数は大きく減少している一方で、従業者数と年間販売額は微減にとどまっている。大規模化が進み相応の売上高を確保している様子がうかがわれる。（以上、９－２，３表）

⑶　東北６県の年間販売額比較と各県の全国シェア

本県の商業年間販売額を東北６県と比べると、合計額で宮城県、福島県、岩手県に次ぐボリュームで、全国シェアは0.58％にすぎない。卸・小売業別では、卸売業は宮城県、福島県、岩手県に次ぐ第４位、全国シェアは0.44％、小売業は宮城県、福島県に次ぐ第３位、全国シェアは0.58％となっている。（以上、９－４表）

9－2表　青森県卸売業、小売業別の推移

	事業所数（所）		従業者数（人）		年間販売額（百万円）	
	卸売業	小売業	卸売業	小売業	卸売業	小売業
1991年	4,272	22,035	37,592	88,712	2,450,305	1,497,083
1994年	3,961	20,683	37,962	91,944	2,544,844	1,612,334
1997年	3,700	19,162	35,548	89,581	2,634,967	1,662,891
1999年	4,126	18,740	38,207	94,886	2,466,151	1,636,510
2002年	3,737	17,293	34,597	95,861	2,157,924	1,536,008
2004年	3,825	16,389	34,070	91,653	2,091,701	1,485,997
2007年	3,517	15,155	30,891	88,330	1,870,352	1,439,959
2012年	3,576	12,738	28,907	80,192	1,603,784	1,229,974
2014年	3,747	12,614	29,501	82,688	1,759,232	1,235,032
2016年	3,616	12,183	29,002	80,936	1,908,877	1,471,523

9－3表　青森県卸売業、小売業別の推移

（1991年＝100）

	事業所数（所）		従業者数（人）		年間販売額（百万円）	
	卸売業	小売業	卸売業	小売業	卸売業	小売業
1991年	100.0	100.0	100.0	100.0	100.0	100.0
1994年	92.7	93.9	101.0	103.6	103.9	107.7
1997年	86.6	87.0	94.6	101.0	107.5	111.1
1999年	96.6	85.0	101.6	107.0	100.6	109.3
2002年	87.5	78.5	92.0	108.1	88.1	102.6
2004年	89.5	74.4	90.6	103.3	85.4	99.3
2007年	82.3	68.8	82.2	99.6	76.3	96.2
2012年	83.7	57.8	76.9	90.4	65.5	82.2
2014年	87.7	57.2	78.5	93.2	71.8	82.5
2016年	84.6	55.3	77.1	91.2	77.9	98.3

9－4表　東北6県の年間販売額および全国シェア（2016年）

	年間販売額（百万円・％）					
	卸売業	全国シェア	小売業	全国シェア	合　計	全国シェア
青森県	1,908,877	0.44	1,471,523	1.01	3,380,400	0.58
岩手県	2,091,697	0.48	1,408,865	0.97	3,500,563	0.60
宮城県	9,249,765	2.12	2,900,847	2.00	12,150,612	2.09
秋田県	1,239,321	0.28	1,156,349	0.80	2,395,670	0.41
山形県	1,390,159	0.32	1,197,929	0.83	2,588,088	0.44
福島県	2,716,855	0.62	2,183,996	1.51	4,900,851	0.84

以上、資料：「平成28年経済センサス－活動調査結果」（総務省・経済産業省）

注）2007年以前及び2014年の数値は、「商業統計調査」の数値

3. 卸 売 業

⑴ 卸売業推移の全国比較

県内卸売業は、小売業に比べ、事業所数は小さな減少だったものの、従業者数および年間販売額の減少幅は小売業に比し、大きなものであった。

全国の動きと比較すると、本県は事業所数は全国と似た推移を辿りながらも、2016年には1991年水準の84.6で全国比では5.6ポイント高く、全国に比べると再編、淘汰の動きが鈍かったことがうかがわれる。背景には、生活密着型商品である飲食料品関連業者の集積が高い本県の産業構造上の特性があるとみられる。

従業者数の動きは、2007年以降から全国と異なる動きがみられる。青森県は2012年まで低下を続け2016年まで小幅な動きに終始している。一方、全国は2007年を底に以降、上昇を続けている。つまり、全国ではこの間、従業員規模の拡大がすすんでいたとみられる。

また、年間販売額の推移は、2016年には1991年水準の77.9で全国比では1.5ポイント高くなっている。青森県ではこの間、全国に比べ高い労働生産性の向上があったことがうかがわれる動きとなっている。

（以上、９－５表、９－２，３図）

９－５表　青森県卸売業の推移

	1991年	1994年	1997年	1999年	2002年
事業所数（所）	4,272	3,961	3,700	4,126	3,737
従業者数（人）	37,592	37,962	35,548	38,207	34,597
年間販売額（百万円）	2,450,305	2,544,844	2,634,967	2,466,151	2,157,924
	2004年	2007年	2012年	2014年	2016年
事業所数（所）	3,825	3,517	3,576	3,747	3,616
従業者数（人）	34,070	30,891	28,907	29,501	29,002
年間販売額（百万円）	2,091,701	1,870,352	1,603,784	1,759,232	1,908,877

9－2図　青森県卸売業の推移

(1991年＝100)

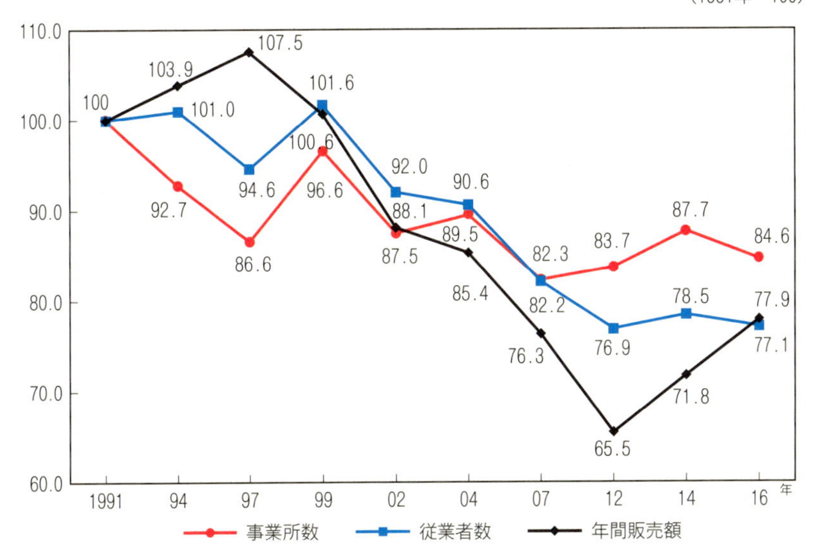

9－3図　全国卸売業の推移

(1991年＝100)

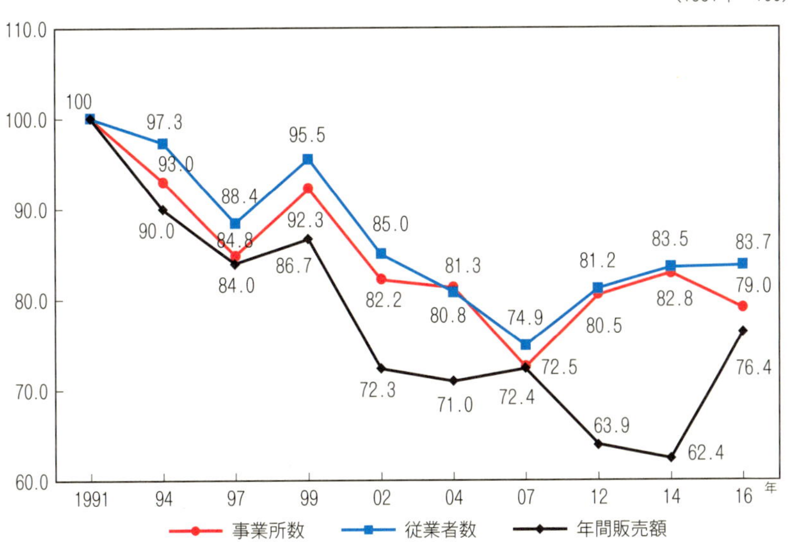

以上、資料：「平成28年経済センサス－活動調査結果」（総務省・経済産業省）

注）2007年以前及び2014年の数値は、「商業統計調査」の数値

⑵　青森県卸売業の特徴

①　東北６県との販売効率比較

１事業所当たり従業者数は、本県は8.0人で宮城県に次ぐ規模となっている。一方、１事業所当たり年間販売額は、本県は５億2,790万円で、宮城県、岩手県、福島県に次いで第４位となっている。１従業者当たり年間販売額も同様に、宮城県、岩手県、福島県に次ぐ第４位となっている。

②　業種分類別にみる青森県の卸売業

県内卸売業を業種分類別に概観すると、事業所数では、順に飲食料品卸（構成比31.8％）、機械器具卸（同25.2％）、建築材料・鉱物・金属材料等卸（同20.9％）となっている。従業者数では、順に食料品卸（構成比38.1％）、機械器具卸（同22.3％）、建築材料・鉱物・金属材料等卸（同20.5％）、また年間販売額では、食料品卸（構成比41.7％）、建築材料・鉱物・金属材料等卸（同22.9％）、機械器具卸（同17.7％）の順となっている。

１事業所当たり販売額は、各種商品卸の８億5,800万円、飲食料品卸の８億2,900万円などが上位に、１事業所当たり従業者数は各種商品卸の11.9人、飲食料品卸の10.1人などが上位に、１従業者当たり販売額は、建築材料・鉱物・金属材料等卸の8,400万円、飲食料品卸の8,200万円などの順となった。　（以上、９－６，７表）

９－６表　東北６県卸売業の販売効率比較（2016年）

		青森県	岩手県	宮城県	秋田県	山形県	福島県	東北６県	全　国
１事業所当たり従業者数	（人）	8.0	7.9	9.1	7.0	7.7	7.7	8.2	10.8
	（全国＝100）	74.2	73.5	84.7	64.4	71.4	71.4	75.6	100.0
１事業所当たり年間販売額	（万円）	52,790	59,848	107,045	45,446	44,090	54,099	69,771	119,656
	（全国＝100）	44.1	50.0	89.5	38.0	36.8	45.2	58.3	100.0
１従業者当たり年間販売額	（万円）	6,582	7,540	11,701	6,529	5,713	7,014	8,537	11,075
	（全国＝100）	59.4	68.1	105.7	59.0	51.6	63.3	77.1	100.0

9－7表　青森県卸売業の業種別の状況（2016年）

	事業所／構成比		従業者数／構成比		年間販売額／構成比		1事業所当たり販売額	1事業所当たり従業者数	1従業者当たり販売額
	(所)	(%)	(人)	(%)	(百万円)	(%)	(百万円)	(人)	(百万円)
各種商品卸	16	0.5	190	0.8	13,732	0.7	858	11.9	72
繊維・衣服等卸	62	2.1	324	1.3	9,261	0.5	149	5.2	29
繊維品卸	2	0.1	9	0.0	×	－	－	4.5	－
衣服卸	35	1.2	186	0.8	5,354	0.3	153	5.3	29
身の回り品卸	25	0.9	129	0.5	×	－	－	5.2	－
飲食料品卸	927	31.8	9,333	38.1	768,090	41.7	829	10.1	82
農畜産物・水産物卸	556	19.1	6,335	25.8	563,791	30.6	1,014	11.4	89
食料・飲料卸	371	12.7	2,998	12.2	204,299	11.1	551	8.1	68
建築材料，鉱物・金属材料等卸	608	20.9	5,025	20.5	421,796	22.9	694	8.3	84
建築材料卸	310	10.6	2,461	10.0	189,908	10.3	613	7.9	77
化学製品卸	119	4.1	1,090	4.4	67,869	3.7	570	9.2	62
石油・鉱物卸	62	2.1	655	2.7	107,005	5.8	1,726	10.6	163
鉄鋼製品卸	47	1.6	315	1.3	45,962	2.5	978	6.7	146
非鉄金属卸	6	0.2	31	0.1	1,125	0.1	188	5.2	36
再生資源卸	64	2.2	473	1.9	9,927	0.5	155	7.4	21
機械器具卸	734	25.2	5,473	22.3	326,310	17.7	445	7.5	60
産業機械器具卸	261	9.0	1,842	7.5	107,571	5.8	412	7.1	58
自動車卸	194	6.7	1,653	6.7	79,698	4.3	411	8.5	48
電気機械器具卸	167	5.7	1,131	4.6	83,042	4.5	497	6.8	73
その他の機械器具卸	112	3.8	847	3.5	55,998	3.0	500	7.6	66
その他の卸	567	19.5	4,168	17.0	303,848	16.5	536	7.4	73
家具・建具・じゅう器等卸	86	3.0	511	2.1	19,406	1.1	226	5.9	38
医薬品・化粧品等卸	183	6.3	1,889	7.7	207,091	11.2	1,132	10.3	110
紙・紙製品卸	49	1.7	186	0.8	10,250	0.6	209	3.8	55
他に分類されない卸	249	8.5	1,582	6.5	67,101	3.6	269	6.4	42
卸売業計	2,914	100.0	24,513	100.0	1,843,037	100.0	632	8.4	75

以上、資料：「平成28年経済センサス－活動調査結果」（総務省・経済産業省）

注）産業細分類が格付不能の事業所等は含まない

4．小売業

(1) 小売業推移の全国比較

県内小売業は、卸売業に比べ、事業所数は大きな減少だったものの、従業者数および年間販売額の減少幅は小さなものであった。

全国の動きと比較すると、本県は事業所数では全国と似た推移を辿りながらも、2016年には1991年水準の55.3で全国比では6.4ポイント低く、全国に比べると大きな低下幅だった。背景には、人口減少に伴う需要減衰と事業者の高齢化が全国比で早くすすんでいることがあるとみられる。小売業者は地域の生活を維持する社会インフラ的な色彩を強く持つが、地域社会の維持のためには事業所数の減少に歯止めを掛けることや新たな供給体制の構築が必要だ。

また、全国では2016年には従業者数、売場面積、年間販売額ともに、1991年比で高い水準に推移しているものの、本県はいずれの項目も1991年比で低い水準にとどまっている。本県小売業を取り巻く環境の厳しさがうかがわれる内容となっている。

本件小売業は、相応に淘汰がすすみ事業所数が減少しているなか、1事業所あたりの従業者数の増加や売り場面積の拡大といった規模の拡大につながっているものの、販売額の拡大には苦戦しているとみられる。　　　　　　　　　　　（以上、9－8表、9－4，5図）

9－8表　青森県小売業の推移

	1991年	1994年	1997年	1999年	2002年
事業所数（所）	22,035	20,683	19,162	18,740	17,293
従業者数（人）	88,712	91,944	89,581	94,886	95,861
売り場面積（㎡）	1,539,422	1,582,267	1,762,974	1,886,914	1,888,025
年間販売額（百万円）	1,497,083	1,612,334	1,662,891	1,636,510	1,536,008
	2004年	2007年	2012年	2014年	2016年
事業所数（所）	16,389	15,155	12,738	12,614	12,183
従業者数（人）	91,653	88,330	80,192	82,688	80,936
売り場面積（㎡）	1,873,329	1,918,124	1,751,398	1,686,129	1,698,643
年間販売額（百万円）	1,485,997	1,439,959	1,229,974	1,235,032	1,471,523

9－4図　青森県小売業の推移

(1991年＝100)

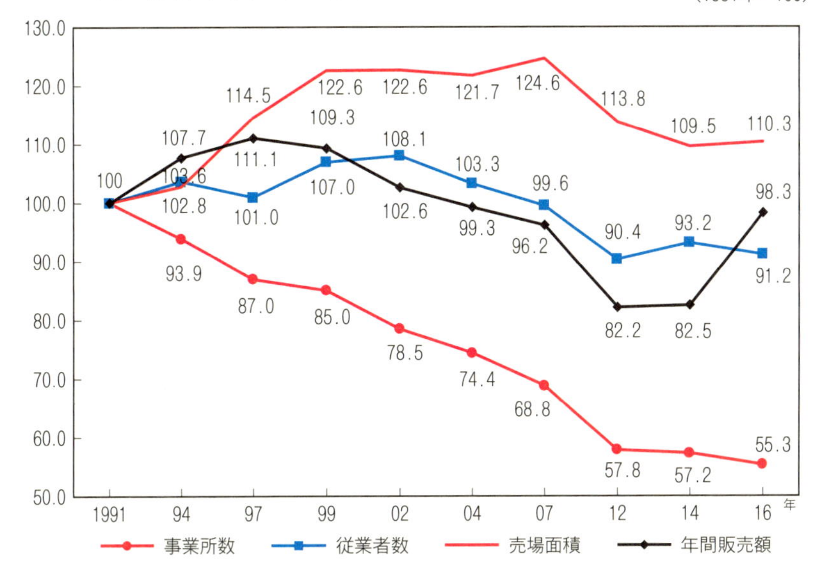

9－5図　全国小売業の推移

(1991年＝100)

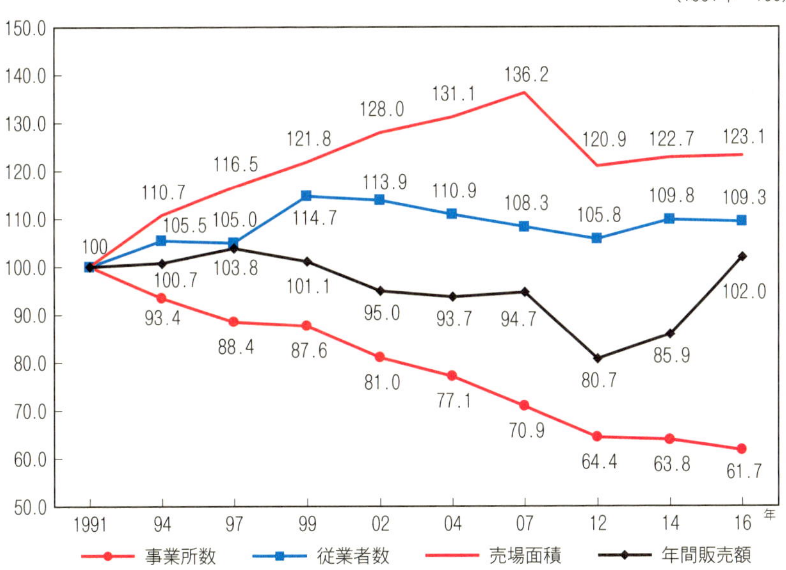

以上、資料：「平成28年経済センサス－活動調査結果」（総務省・経済産業省）

注）2007年以前及び2014年の数値は、「商業統計調査」の数値

⑵ 青森県小売業の特徴

① 東北６県との販売効率比較

１事業所当たり従業者数は、本県は6.6人で宮城県に次ぐ規模となっている。人口千人当たり事業所数は9.4カ所で、秋田県、山形県に次ぐ規模、１事業所当たり販売額は１億2,078万円で、宮城県、福島県に次ぐ規模、１従業者当たり販売額は1,818万円で、宮城県、福島県に次ぐ規模、単位面積当たり売上高は87万円で、宮城県、福島県に次ぐ規模に次ぐ規模となっている。

総じて、東北地方の小売業は、全国に比べ人口あたりの事業所数が多い傾向にあるが、販売効率は低いといえる。その中にあり、青森県は各項目とも東北６県の中位に位置している。

② 業種分類別にみる青森県の小売業

県内小売業を業種分類別に概観すると、事業所数では順にその他小売（構成比38.8％)、飲食料品小売（同32.8％)、機械器具小売（同12.8％）となっている。従業者数では順に飲食料品小売（同38.4％)、その他の小売（同35.0％)、機械器具小売（同11.4％)、年間販売額ではその他小売（同37.4％)、飲食料品小売（同31.8％)、機械器具小売（同15.9％)、売場面積ではその他の小売（同38.4％)、飲食料品小売（同26.8％)、各種商品小売（同15.0％）の順となっている。

販売効率面からみると、１事業所当たり販売額は、各種小売の23億1,956万円、機械器具小売の１億6,822万円、無店舗販売の１億5,546万円の順。１従業者当たり販売額は、機械器具小売の2,797万円、各種小売の2,702万円、飲食料品の1,662万円の順。単位面積当たり販売額は、機械器具小売の179万円、飲食料品小売の100万円の順となっている。

（以上、９－９，10表）

9－9表　東北6県小売業の販売効率比較

		青森県	岩手県	宮城県	秋田県	山形県	福島県	東北6県	全　国
1事業所当たり従業者数	（人）	6.6	6.6	7.7	6.3	5.9	6.6	6.7	7.7
	(全国＝100)	85.9	85.3	99.9	82.1	76.7	85.6	87.2	100.0
人口千人当たり事業所数	（万円）	9.4	9.4	7.9	10.2	10.2	9.0	9.1	7.8
	(全国＝100)	120.8	120.4	101.6	130.8	130.6	114.9	116.8	100.0
1事業所当たり年間販売額	（万円）	12,078	11,830	15,713	11,219	10,561	12,815	12,702	14,653
	(全国＝100)	82.4	80.7	107.2	76.6	72.1	87.5	86.7	100.0
1従業者当たり年間販売額	（万円）	1,818	1,793	2,034	1,768	1,781	1,938	1,885	1,896
	(全国＝100)	95.9	94.6	107.3	93.3	93.9	102.2	99.4	100.0
単位面積当たり年間販売額	（万円）	87	86	100	82	81	95	90	107
	(全国＝100)	80.8	80.2	93.1	76.9	75.2	88.8	84.3	100.0

9－10表　青森県小売業の業種別の状況

	事業所／構成比		従業者数／構成比		年間販売額／構成比		売場面積／構成比		1事業所当たり販売額	1事業所当たり従業者数	1従業者当たり販売額	単位面積当たり販売額
	（所）	（%）	（人）	（%）	（百万円）	（%）	（㎡）	（%）	（万円）	（人）	（万円）	（万円）
各種商品小売	36	0.3	3,091	4.3	83,504	5.8	255,379	15.0	231,956	86	2,702	33
百貨店，総合スーパー	19	0.2	3,021	4.2	82,500	5.8	249,087	14.7	434,211	159	2,731	33
その他の各種商品小売	17	0.2	70	0.1	1,004	0.1	6,292	0.4	5,906	4	1,434	16
織物・衣服・身の回り品小売	1,227	11.6	4,784	6.7	70,257	4.9	209,446	12.3	5,726	4	1,469	34
呉服・服地・寝具小売	149	1.4	484	0.7	4,974	0.3	11,806	0.7	3,338	3	1,028	42
男子服小売	149	1.4	556	0.8	9,312	0.7	35,133	2.1	6,250	4	1,675	27
婦人・子供服小売	551	5.2	2,144	3.0	35,138	2.5	93,215	5.5	6,377	4	1,639	38
靴・履物小売	132	1.3	451	0.6	6,606	0.5	11,742	0.7	5,005	3	1,465	56
その他の織物・衣服・身の回り品小売	246	2.3	1,149	1.6	14,228	1.0	57,550	3.4	5,784	5	1,238	25
飲食料品小売	3,465	32.8	27,406	38.4	455,373	31.8	454,552	26.8	13,142	8	1,662	100
各種食料品小売	427	4.0	12,136	17.0	260,644	18.2	284,635	16.8	61,041	28	2,148	92
野菜・果実小売	207	2.0	909	1.3	9,358	0.7	7,369	0.4	4,521	4	1,029	127
食肉小売	117	1.1	449	0.6	4,563	0.3	2,358	0.1	3,900	4	1,016	194
鮮魚小売	257	2.4	744	1.0	9,613	0.7	4,021	0.2	3,740	3	1,292	239
酒　小　売	426	4.0	1,127	1.6	15,944	1.1	12,348	0.7	3,743	3	1,415	129
菓子・パン小売	663	6.3	2,688	3.8	16,404	1.1	15,522	0.9	2,474	4	610	106
その他の飲食料品小売	1,368	13.0	9,353	13.1	138,847	9.7	128,299	7.6	10,150	7	1,485	108
(うちコンビニエンスストア)	(453)	4.3	(4,798)	6.7	(73,270)	5.1	(25,693)	1.5	16,174	11	1,527	285
機械器具小売	1,352	12.8	8,132	11.4	227,439	15.9	127,291	7.5	16,822	6	2,797	179
自動車小売	786	7.4	5,720	8.0	170,758	11.9	38,465	2.3	21,725	7	2,985	444
自転車小売	96	0.9	168	0.2	598	0.0	449	0.0	623	2	356	133
機械器具小売業	470	4.5	2,244	3.1	56,083	3.9	88,377	5.2	11,933	5	2,499	63
その他の小売	4,095	38.8	24,998	35.0	535,284	37.4	651,975	38.4	13,072	6	2,141	82
家具・建具・畳小売	117	1.1	555	0.8	9,984	0.7	46,068	2.7	8,533	5	1,799	22
じゅう器小売	136	1.3	330	0.5	2,847	0.2	5,954	0.4	2,093	2	863	48
医薬品・化粧品小売	869	8.2	5,194	7.3	127,772	8.9	105,633	6.2	14,703	6	2,460	121
(うちドラッグストア)	(103)	1.0	(1,349)	1.9	(34,927)	2.4	(74,928)	4.4	33,910	13	2,589	47
農耕用品小売	312	3.0	1,430	2.0	39,135	2.7	28,516	1.7	12,543	5	2,737	137
燃料小売	876	8.3	4,882	6.8	192,903	13.5	12,270	0.7	22,021	6	3,951	1,572
(うちガソリンスタンド)	(493)	4.7	(2,718)	3.8	(134,694)	9.4	－	－	27,321	6	4,956	－
書籍・文房具小売	331	3.1	5,037	7.1	28,662	2.0	37,770	2.2	8,659	15	569	76
スポーツ用品・がん具・娯楽用品・楽器小売	204	1.9	852	1.2	16,745	1.2	38,576	2.3	8,208	4	1,965	43
写真機・時計・眼鏡小売	195	1.8	644	0.9	7,692	0.5	10,989	0.6	3,945	3	1,194	70
他に分類されない小売	1,055	10.0	6,074	8.5	109,545	7.7	366,199	21.6	10,383	6	1,804	30
(うちホームセンター)	(80)	0.8	(1,882)	2.6	(50,258)	3.5	(242,026)	14.2	62,823	24	2,670	21
無店舗小売	377	3.6	3,017	4.2	58,610	4.1	－	－	15,546	8	1,943	－
通信販売・訪問販売小売	273	2.6	1,393	2.0	23,467	1.6	－	－	8,596	5	1,685	－
自動販売機による小売	47	0.4	486	0.7	14,090	1.0	－	－	29,979	10	2,899	－
その他の無店舗小売	57	0.5	1,138	1.6	21,053	1.5	－	－	36,935	20	1,850	－
小　売　業　計	10,552	100.0	71,428	100.0	1,430,467	100.0	1,698,643	100.0	13,556	7	2,003	84

以上、資料：「平成28年経済センサス－活動調査結果」（総務省・経済産業省）

注）産業細分類が格付不能の事業所等は含まない

5．小売業業態別の状況（商業動態統計より）

⑴　東北６県の状況

本県の小売業態別の販売効率を東北６県で比べると、１事業所当たり販売額では、百貨店・スーパーは26億4,600万円で東北では宮城県に次ぐボリュームとなっている。一方、コンビニエンスストアは１億6,900万円で東北６県中５位、ドラッグストアは３億4,100万円で同５位と低位にある。また、ホームセンターは５億700万円で同３位、家電大型専門店は12億7,300万円で同３位と中位にある。

⑵　本県小売業業態別の状況

本県小売業態別の近年の販売状況をみると、百貨店・スーパーは、事業所数を前年比1.6%（１事業所）増やしたものの、販売額は同0.5%増にとどまり、結果として、１事業所当たりの販売額が同1.0%低下した。

コンビニエンスストアは、事業所数を同2.4%（14事業所）増やした結果、販売額は同4.4%増加、１事業所当たりの販売額も同1.9%増加するなど拡大基調にある。

ドラッグストアは、事業所数の伸びとともに販売額も相応に伸ばしているものの、１事業所当たりの販売額は微増にとどまっている。

ホームセンターは、事業所の伸びに販売額が追い付かず、結果として１事業所当たりの販売額が低下している。

家電大型専門店は、事業所を減らしたことから１事業所当たりの販売額を伸ばしている。　　　　　　　　　　　（以上、９－11，12表）

9－11表　東北6県小売業業態別の状況（2017年）

		青森県	岩手県	宮城県	秋田県	山形県	福島県	東北6県
百貨店・スーパー	事業所数（所）	64	55	150	50	82	97	498
	販 売 額（百万円）	169,344	131,870	410,109	117,733	150,730	250,808	1,230,594
	販売額/事業所数（百万円/所）	2,646	2,398	2,734	2,355	1,838	2,586	2,471
コンビニエンスストア	事業所数（所）	587	535	1,156	466	447	858	4,049
	販 売 額（百万円）	99,007	101,409	242,908	75,325	87,988	207,906	814,543
	販売額/事業所数（百万円/所）	169	190	210	162	197	242	201
ドラッグストア	事業所数（所）	150	179	268	115	126	184	1,022
	販 売 額（百万円）	51,086	68,861	113,002	37,646	47,260	83,518	401,373
	販売額/事業所数（百万円/所）	341	385	422	327	375	454	393
ホームセンター	事業所数（所）	101	94	117	83	72	127	594
	販 売 額（百万円）	51,254	43,291	71,320	31,251	33,378	68,906	299,400
	販売額/事業所数（百万円/所）	507	461	610	377	464	543	504
家電大型専門店	事業所数（所）	21	27	39	23	25	38	173
	販 売 額（百万円）	26,738	26,304	68,891	21,211	23,654	49,094	215,892
	販売額/事業所数（百万円/所）	1,273	974	1,766	922	946	1,292	1,248

9－12表　青森県小売業業態別の状況

		2015年	2016年	増加率（%）	2017年	増加率（%）
百貨店・スーパー	事業所数（所）	63	63	0.0	64	1.6
	販 売 額（百万円）	172,465	168,443	△2.3	169,344	0.5
	販売額/事業所数（百万円/所）	2,738	2,674	△2.3	2,646	△1.0
コンビニエンスストア	事業所数（所）	537	573	6.7	587	2.4
	販 売 額（百万円）	－	94,851	－	99,007	4.4
	販売額/事業所数（百万円/所）	－	166	－	169	1.9
ドラッグストア	事業所数（所）	127	141	11.0	150	6.4
	販 売 額（百万円）	43,523	47,970	10.2	51,086	6.5
	販売額/事業所数（百万円/所）	343	340	△0.7	341	0.1
ホームセンター	事業所数（所）	96	100	4.2	101	1.0
	販 売 額（百万円）	54,193	51,990	△4.1	51,254	△1.4
	販売額/事業所数（百万円/所）	565	520	△7.9	507	△2.4
家電大型専門店	事業所数（所）	23	22	△4.3	21	△4.5
	販 売 額（百万円）	26,335	26,540	0.8	26,738	0.7
	販売額/事業所数（百万円/所）	1,145	1,206	5.4	1,273	5.5
業　態　計	事業所数（所）	846	899	6.3	923	2.7
	販 売 額（百万円）	296,516	389,794	31.5	397,429	2.0
	販売額/事業所数（百万円/所）	4,790	4,906	2.4	4,936	0.6

以上、資料：「商業動態統計」（経済産業省）

6．青森県を取り巻く課題と商業

(1) 買物難民問題の解決にむけ

青森県は全国に先駆けた人口減少とそれに伴う高齢化が進展している。こうした社会構造変化は当面の間止むことはないとされており、商業全体の需要減退を招いている。そして、需要減退は県内小売業者の店舗数の減少を招き、結果として食料品など日常買回り品の購入が困難な状況に陥る、所謂買物難民問題がクローズアップされている。買物難民の問題は、地域社会の持続性に係る課題のひとつだ。

県内事業者でも、生活協同組合組織の共同購入事業で、宅配の形態を採った事業が展開されている。併せて、同組織や一部スーパー事業者では、一定のエリアで移動式店舗を運営し無店舗地域住民への買い物に対応し始めている。しかし、こうした事業を採算ベースに乗せるためには、相応の事業規模とノウハウの蓄積が必要とみられ、地域の個別店が対応するにはハードルが高い。

今後も増加が見込まれる買物難民に対応するためには、採算の確保が課題となる。地域の生活を守り、地域社会を持続させるためには、同一地域内の各業種の小売業者と地域の交通事業者等が、それぞれ得意分野を持ち寄り連携しながら対応することが望まれる。こうした、小さな実験を繰り返しながら、各地域の実情に即したスタイルを作り上げていくことが必要だ。

地域の買物難民のもとに出向く取り組みは、商品だけではなく、心の健康や安心感も届けることになり、高齢化社会には必要な事業になる。

(2) 縮むマーケット～市場を創出する試み～

人口減少下では、減少に応じて消費市場は縮むと考えることが自然だ。既存の市場が縮小していくのであれば、新たな需要を喚起する試みを続けることが必要になる。

比較的新しい業態であるコンビニエンスストアは、常に消費者のニーズを満たすことで新たな市場を創り出してきた。

コンビニエンスストアが創り出してきた市場は、商品販売のみならず多様なサービス提供に及んでいる。新市場を創出し続けた結果、コンビニエンスストアは社会に必要不可欠な社会インフラのひとつとなっている。

近年は、ドラッグストアやインターネット通販との競合が激化しているとはいえ、県内コンビニエンスストアの状況（9－12表）をみると、店舗数、販売額、1店舗当たり販売額とも増加している数少ない業態であり、背景には常に新たな市場を自ら創り出してきたことがある。

県内事業者も、コンビニエンスストアの事業戦略に学ぶべき事例は多いとみられる。

自店の置かれた環境や経営資源に応じ、個別にアレンジとカスタマイズを加えながら、少しずつ自店の新たな市場を創出する努力は欠かせない。

(3)　おわりに

小売業およびそれを支える卸売業は、地域の生活を支える基盤となる産業のひとつだ。逆の見方をすると、地域の消費者が自分達の商業を守る覚悟も必要になるということだ。問われているのは、人口減少や高齢化に耐え得る社会への作り替えだ。青森県の直面する課題に対する商業者の果たす役割は大きい。

（担当：松田　英嗣）

第10章　サービス業・飲食業

一般的に、経済の発展に伴い、産業の中心は第一次産業から第二次産業、そしてサービス業を中心とする第三次産業へとシフトしていく。日本においても、1970年代の高度成長期頃から第三次産業の比率が上昇した。その中でも成長が著しいのがサービス業であり、「経済のサービス化」の動きがみられるようになった。

ここでは、青森県のサービス業・飲食業（本項においては以下「サービス業」とする）について、全国と比較を交え現状及び推移についてみることとする。なお、サービス業の範囲は多岐に及んでいるが、本章におけるサービス業の業種範囲については、他章との重複を避けるため、次の業種を対象とする。

対象業種（産業大分類）
電気・ガス・熱供給・水道業 不動産業、物品賃貸業 学術研究、専門・技術サービス業 宿泊業、飲食サービス業 生活関連サービス業、娯楽業 教育、学習支援業 複合サービス事業 サービス業（他に分類されないもの）

1．サービス業・飲食業の現状

⑴　サービス業の推移

①　事業所数

2006年の事業所・企業統計調査、及び2012年、2016年の経済センサス活動調査からサービス業の事業所数の推移をみると、合計では青森県、全国とも減少傾向がみられた。業種別にみると、青森県、全国ともに「複合サービス業」、「宿泊業、飲食サービス業」で大幅な減少がみられた。青森県では「不動産業、物品賃貸業」、「生活関連サービス業、娯楽業」の減少が目立っている。一方、「電気・ガス・熱供給・水道業」は青森県、全国ともに増加がみられた。他の業種についても大きな違いはみられなかった。

2016年の事業所数の構成比を全国と比べると、青森県は「宿泊業、飲食サービス業」、「生活関連サービス業、娯楽業」の割合が高かった。

（10－１表、10－１図参照）

10－１表　サービス業事業所数の推移

（単位：事業所、%）

業種	青森県				全国			
	2006年	2012年	2016年	増減率	2006年	2012年	2016年	増減率
電気・ガス・熱供給・水道業	46	45	52	13.0	3,049	3,935	4,654	52.6
不動産業、物品賃貸業	3,687	3,510	3,187	△13.6	348,476	379,719	353,155	1.3
学術研究、専門・技術サービス業	1,570	1,659	1,717	9.4	214,071	219,470	223,439	4.4
宿泊業、飲食サービス業	10,221	8,285	8,052	△21.2	811,746	711,733	696,396	△14.2
生活関連サービス業、娯楽業	7,587	6,877	6,494	△14.4	516,153	480,617	470,713	△8.8
教育、学習支援業	1,723	1,648	1,679	△2.6	168,114	161,287	167,662	△0.3
複合サービス事業	709	481	495	△30.2	48,706	33,357	33,780	△30.6
サービス業(他に分類されないもの)	3,736	3,425	3,436	△8.0	330,365	356,156	346,616	4.9
合計	29,279	25,930	25,112	△14.2	2,440,680	2,346,274	2,296,415	△5.9

資料：「事業所・企業統計調査」（総務省）、「経済センサス－活動調査」（総務省、経済産業省）
注）増減率は2016年と2006年の比較

10－１図　サービス業事業所数（2016年）の構成比

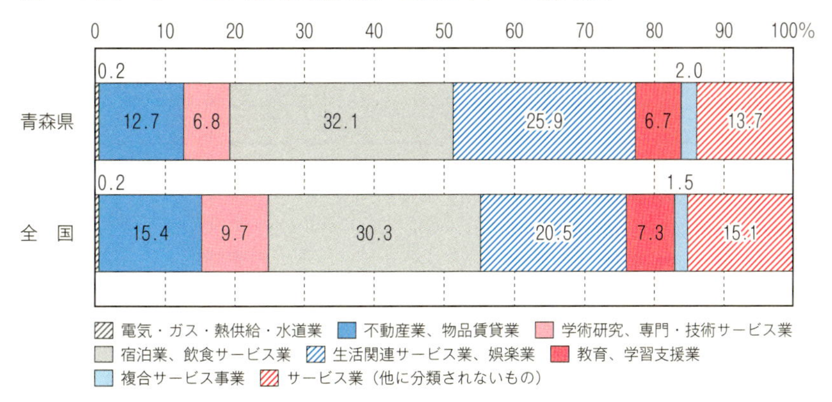

資料：「平成28年経済センサス－活動調査」（総務省、経済産業省）

② 従業者数

同じく、2006年からの従業者数の推移をみると、サービス業合計は全国で7.7%増加したものの、青森県は1.3%減少した。

業種別にみると、青森県、全国ともに「複合サービス事業」で大幅な減少がみられた。一方、「学術研究、専門・技術サービス業」、「教育、学習支援業」では青森県、全国ともに大幅な増加がみられた。また、「不動産業、物品賃貸業」、「宿泊業、飲食サービス業」は全国で増加したものの、青森県では減少がみられた。

2016年の従業者数の構成比を全国と比べると、青森県は「生活関連サービス業、娯楽業」の割合が高かった。

(10－2表、10－2図参照)

10－2表　サービス業従業者数の推移

(単位：人、%)

業種	青森県				全国			
	2006年	2012年	2016年	増減率	2006年	2012年	2016年	増減率
電気・ガス・熱供給・水道業	1,882	2,101	2,014	7.0	180,740	201,426	187,818	3.9
不動産業、物品賃貸業	9,014	9,140	8,770	△2.7	1,296,547	1,473,840	1,462,395	12.8
学術研究、専門・技術サービス業	8,110	10,761	11,126	37.2	1,605,640	1,663,790	1,842,795	14.8
宿泊業、飲食サービス業	45,739	43,445	41,516	△9.2	5,166,480	5,420,832	5,362,088	3.8
生活関連サービス業、娯楽業	27,160	26,896	24,501	△9.8	2,532,022	2,545,797	2,420,557	△4.4
教育、学習支援業	10,769	11,696	14,150	31.4	1,535,886	1,721,559	1,827,596	19.0
複合サービス事業	10,058	4,103	6,144	△38.9	695,172	342,426	484,260	△30.3
サービス業(他に分類されないもの)	34,332	36,081	36,897	7.5	4,028,697	4,521,755	4,759,845	18.1
合計	147,064	144,223	145,118	△1.3	17,041,184	17,891,425	18,347,354	7.7

資料：「事業所・企業統計調査」(総務省)、「経済センサス－活動調査」(総務省、経済産業省)
注) 増減率は2016年と2006年の比較

10－2図　サービス業従業者数（2016年）の構成比

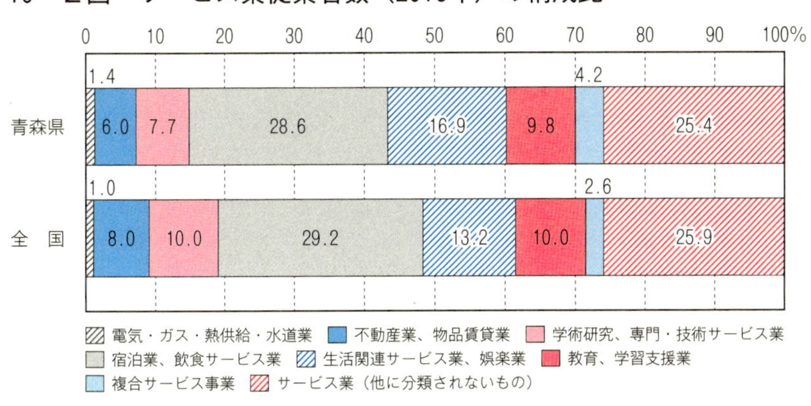

資料：「平成28年経済センサス－活動調査」（総務省、経済産業省）

③　売上金額

経済センサス－活動調査から売上高の推移をみると、2011年から2015年の間で青森県9.2％増、全国は26.5％増となった。全国と比較すると、青森県は「教育、学習支援業」のプラス幅が大きく、「学術研究、専門・技術サービス業」、「宿泊業、飲食サービス業」、「生活関連サービス業、娯楽業」はプラス幅が小さかった。また、青森県は郵便局、協同組合などの「複合サービス事業」がマイナスとなり、サービス業全体のプラス幅を押し下げている。

2015年の売上高の構成比を全国と比べると、事業者数、従業者数に比べばらつきがみられた。青森県は「生活関連サービス業、娯楽業」、「教育、学習支援業」、「複合サービス事業」、「他のサービス業」の割合が高かった。　　　　　　　　（10－３表、10－３図参照）

10－3表　サービス業売上高の推移

（単位：青森県 百万円、全国 億円、％）

業種	青森県			全国		
	2011年	2015年	増減率	2011年	2015年	増減率
電気・ガス・熱供給・水道業	12,819	15,853	23.7	218,717	262,424	20.0
不動産業、物品賃貸業	91,147	115,054	26.2	356,636	460,553	29.1
学術研究、専門・技術サービス業	77,053	88,537	14.9	289,060	415,017	43.6
宿泊業、飲食サービス業	117,232	128,432	9.6	199,807	254,815	27.5
生活関連サービス業、娯楽業	151,443	171,573	13.3	373,138	456,611	22.4
教育、学習支援業	72,882	92,102	26.4	139,198	154,101	10.7
複合サービス事業	147,659	100,978	△31.6	74,748	95,955	28.4
サービス業(他に分類されないもの)	151,295	184,455	21.9	331,338	408,536	23.3
合計	821,530	896,984	9.2	1,982,642	2,508,013	26.5

資料：「経済センサス－活動調査」（総務省、経済産業省）
注）増減率は2015年と2011年の比較

10－3図　サービス業売上高（2015年）の構成比

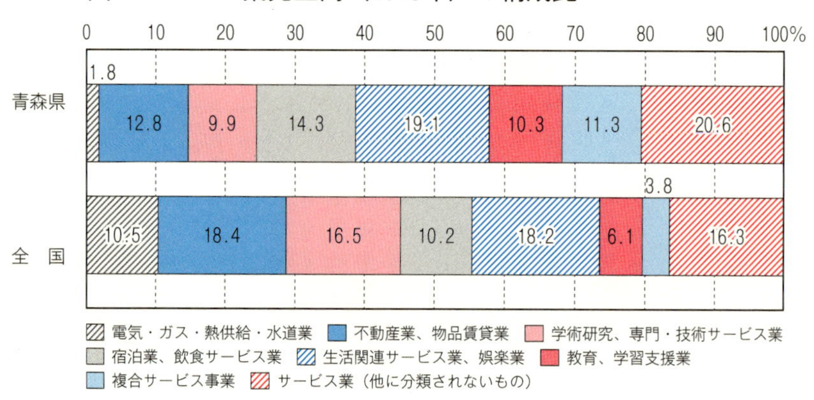

資料：「平成28年経済センサス－活動調査」（総務省、経済産業省）

⑵　県内総生産におけるサービス業

2015年度青森県県民経済計算から県内総生産におけるサービス業の位置づけをみることとする。なお、ここでのサービス業の内訳は経済センサスとは異なり、「電気・ガス・水道・廃棄物処理業」、「宿泊・飲食サービス業」、「不動産業」、「専門・科学技術、業務支援サービス業」、「教育」、「保健衛生・社会事業」、「その他サービス業」の仕分けとする。

2015年度の経済活動別県内総生産（名目）の構成比をみると、第１次産業が4.5%、第２次産業が23.7%、第３次産業は71.8%となっている。このうちサービス業は第３次産業の５割以上を占めており、県内総生産においては38.7%と大きなウエートを占めている。

（10－４図参照）

10－４図　県内総生産（2015年度）におけるサービス業の構成比

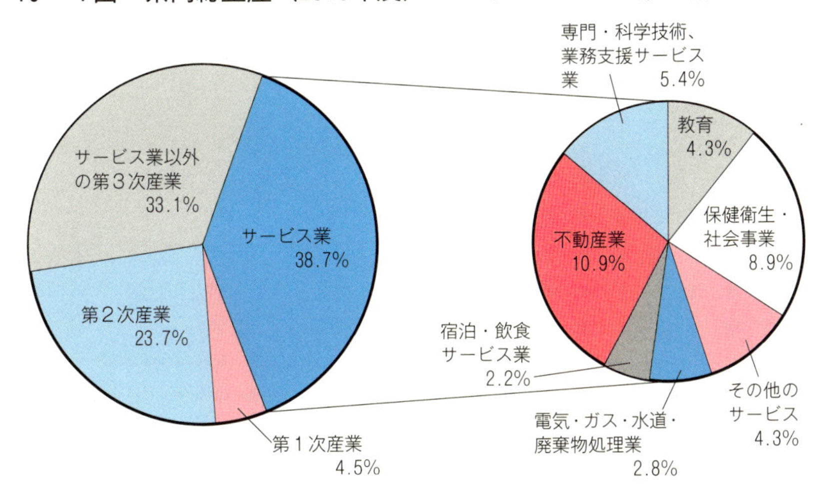

資料：「平成27年度青森県県民経済計算」（青森県企画政策部）

2．サービスへの家計支出

次に総務省の家計調査から、「財・サービスへの支出」のうちサービスへの支出割合についてみることとする。ここでは、本項の対象業種以外も含めたサービス全般への支出についてみることとする。このデータでは支出額が「財（商品：耐久財、半耐久財、非耐久財）」と「サービス」に分類されている。また、都道府県別のデータは県庁所在市の数値であり、青森県は青森市の数値が採用されている。

青森市と全国について、2011年からの推移をみると、青森市のサービス支出割合は2011年が36.9％であった。その後、緩やかな低下傾向が続き、2016年には34.7％に低下したが、2017年には37.3％に上昇した。一方、全国のサービス支出割合は2017年が42.5％である。2011年以降42％前後で推移しており、ほぼ横ばいの動きである。青森市は全国に比べサービス支出の割合が低く４～７ポイント下回って推移している。
（10－５図参照）

10－５図　財・サービス支出のうち、サービス支出の割合

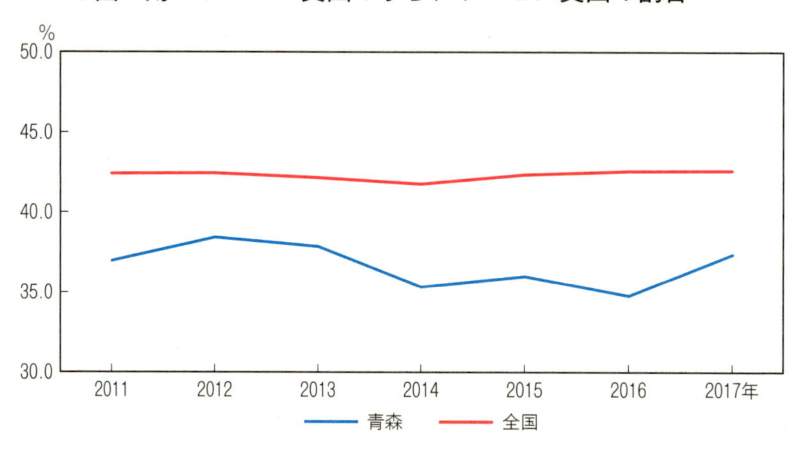

資料：「家計調査：家計調査編、二人以上の世帯」（総務省統計局）

青森市のサービス支出の内訳をみると、割合が最も大きいのは「交通・通信」の25.3％であり、次いで「諸雑費」の19.2％、「住居」の15.8％、「教養娯楽」の14.9％などと続いている。全国と比較すると、青森市は「教育」、「教養娯楽」の割合が全国を下回っている。一方、「住居」、「諸雑費」は上回っており、日常生活に必要なサービス支出の割合が高いことがうかがわれる。　　　　　　　（10－６、10－７図参照）

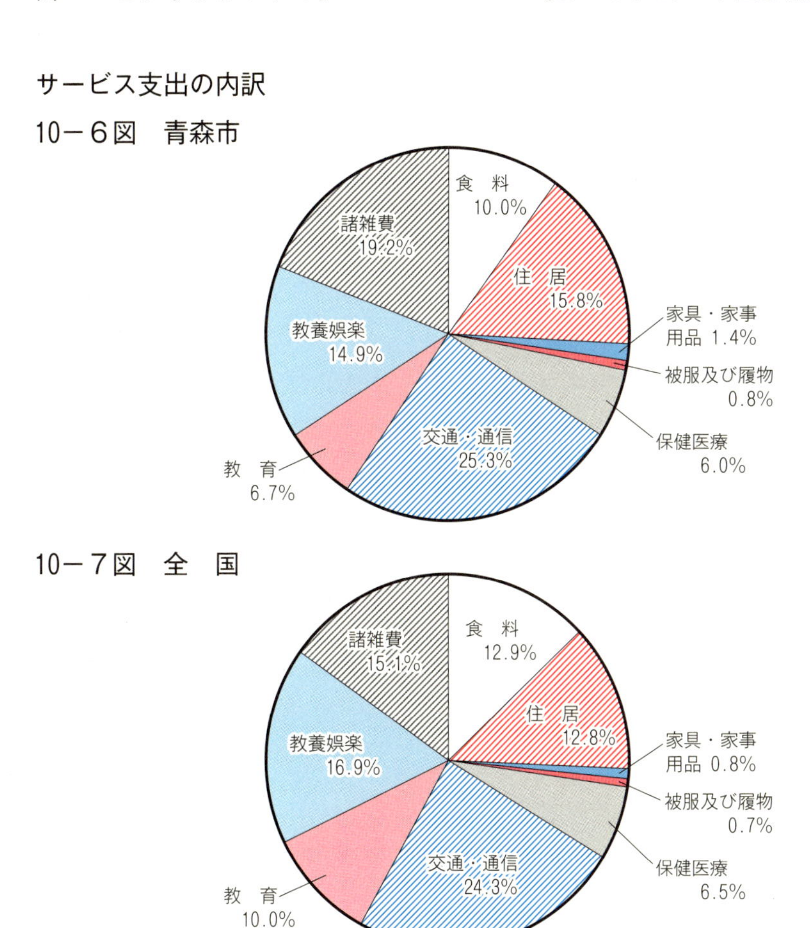

資料：「家計調査：家計調査編、二人以上の世帯」（総務省統計局）

3．主要サービス業の動向

次に、2012年、2016年の経済センサス－活動調査から青森県の飲食業及び主要サービス業について、動向をみることとする。

⑴ 飲 食 業

飲食業の事業所数については、「酒場、ビヤホール」、「バー、キャバレー、ナイトクラブ」といった飲酒に関する業種が突出して多い。また、「ラーメン店」が309事業所（2016年）と比較的多いのが特徴である。従業者数では、事業所数に比べ「持ち帰り・配達飲食サービス業」の多さが目立っている。「酒場、ビヤホール」、「バー、キャバレー、ナイトクラブ」は従業者数が平均２～４人程度の小規模な事業所が多い状況がうかがわれる。

2012年と2016年の比較では、事業所数は多くの業種で減少したが、増加したのは「酒場、ビヤホール」のほか、デリバリーサービスなどの「持ち帰り・配達飲食サービス業」といった従来の店舗型と異なる形態が目立っている。従業者数は、「バー、キャバレー、ナイトクラブ」の減少が目立った。一方、「日本料理店」、「焼肉店」「すし店」などでは増加がみられた。（10－８、10－９図参照）

10－８図　飲食店の事業所数

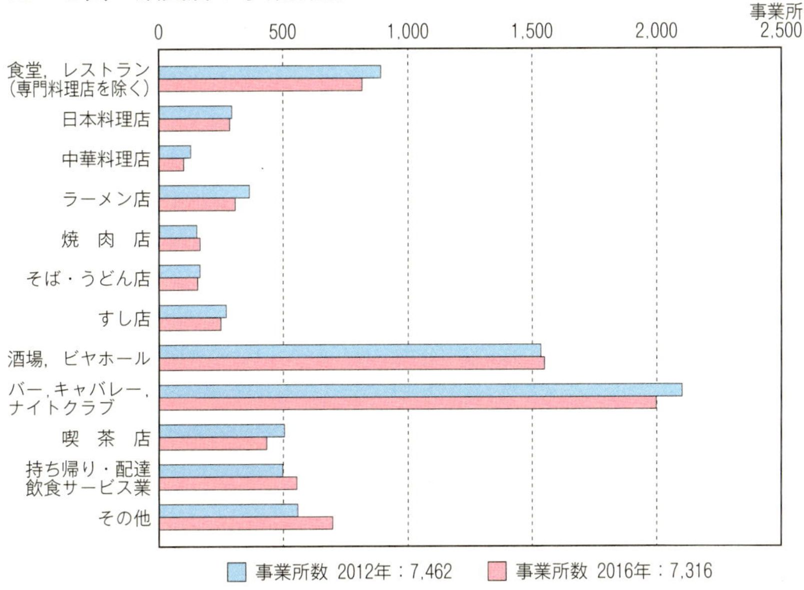

10－９図　飲食店の従業者数

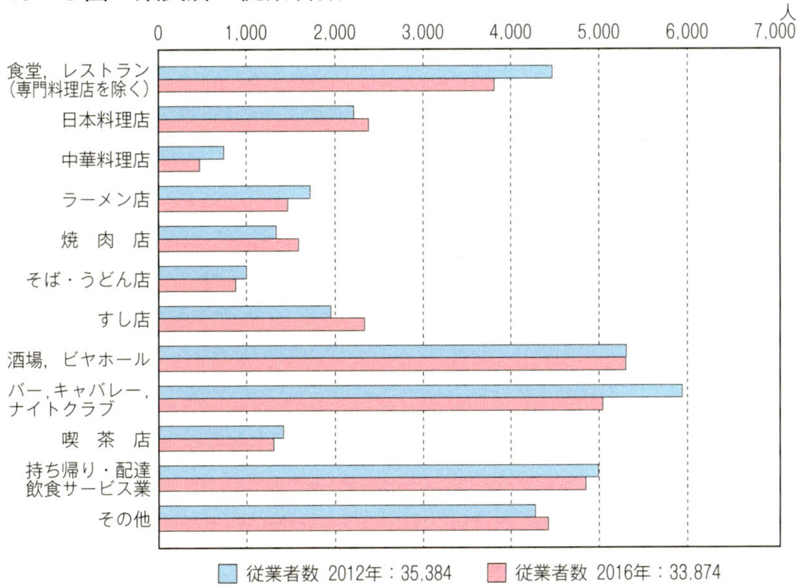

資料：「経済センサス－活動調査」（総務省、経済産業省）
10－８～10－19図まで同様

(2) 宿泊業

宿泊業は事業所数、従業者数ともに「旅館、ホテル」が大きなウエートを占めている。2012年と2016年の比較では、全体に事業所数、従業者数ともに減少傾向がみられる中、カプセルホテル、健康ランドなどの「簡易宿所」の事業所数が幾分増加した。

（10－10、10－11図参照）

10－10図　宿泊業の事業所数

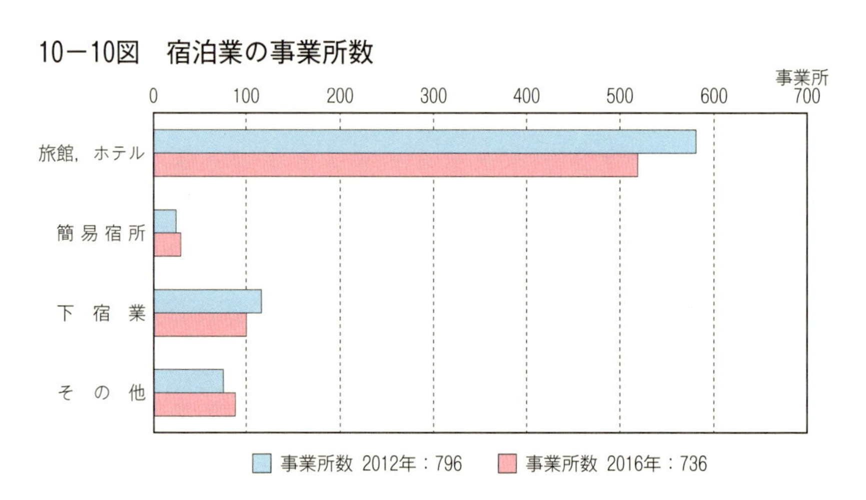

10－11図　宿泊業の従業者数

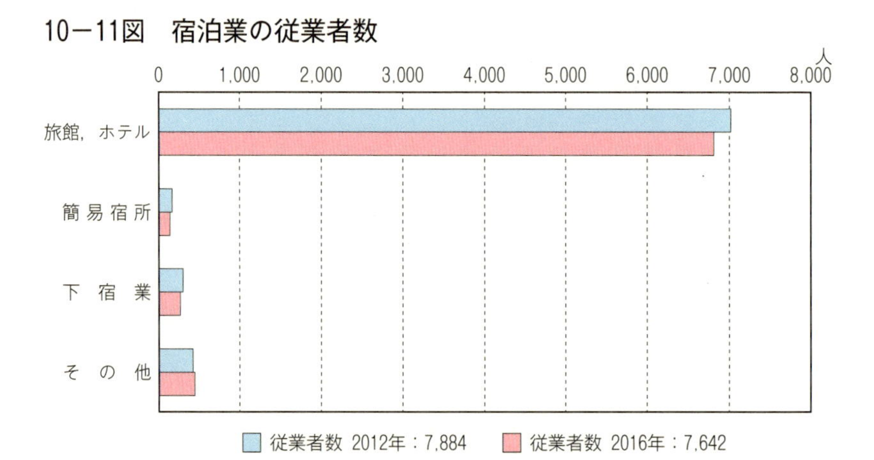

(3)　不動産業

不動産業は「貸家業、貸間業」が大きなウエートを占めている。2012年と2016年の比較では、事業所数、従業者数ともに全体に減少傾向がみられた。その中で「不動産賃貸業」では事業所数、従業者数がともに幾分増加し、「不動産取引業」では従業者数が増加しており、不動産の管理業務において増加の動きがみられた。

(10－12、10－13図参照)

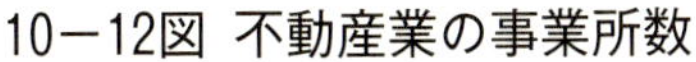
10－12図　不動産業の事業所数

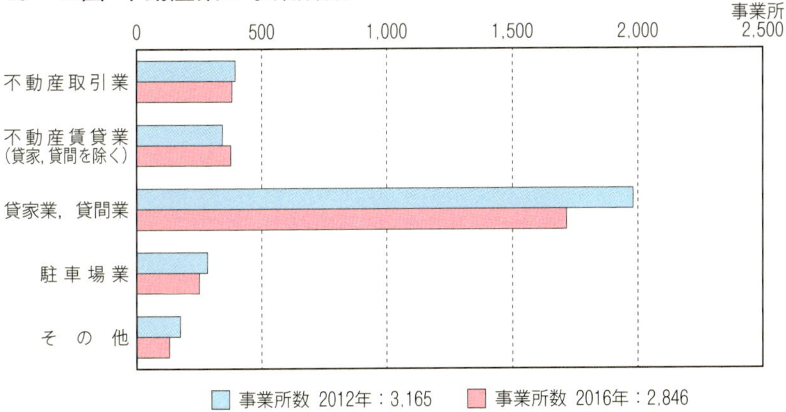

10－13図　不動産業の従業者数

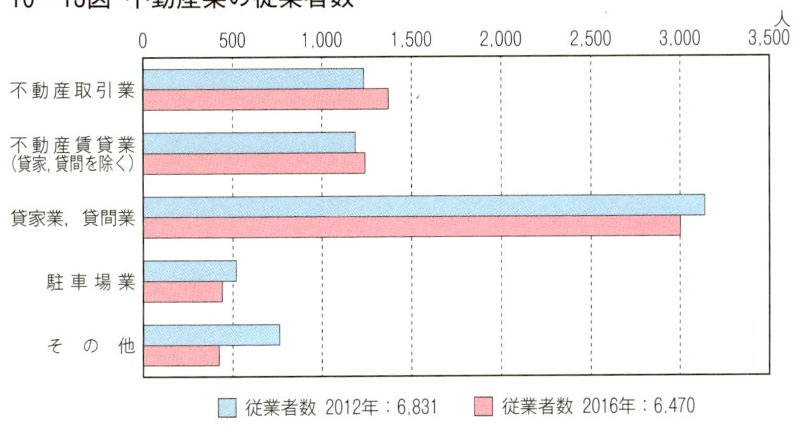

(4) 生活関連サービス業

生活関連サービス業の事業所数はは「美容業」、「理容業」のウエートが大きく、この２業種で全体の約70％を占めている。

2012年と2016年の比較では、全体に事業所数、従業者数ともに減少がみられる。「洗濯業」は2012年では最も多い従業者数であったが大幅な減少がみられる。　　　　　　　　（10－14、10－15図参照）

10－14図　生活関連サービス業の事業所数

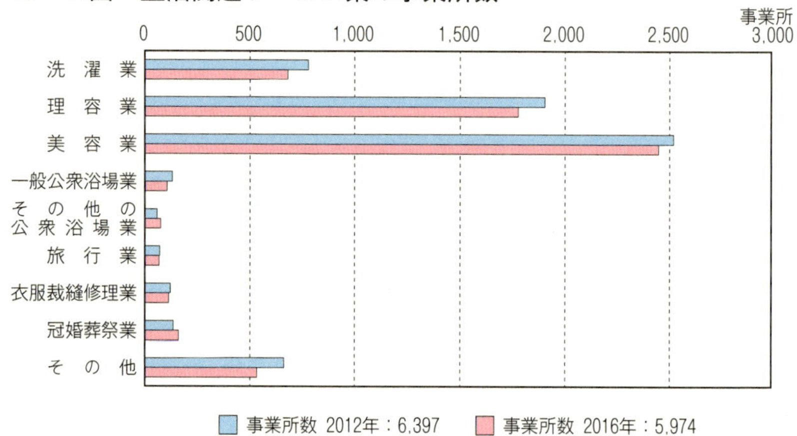

10－15図　生活関連サービス業の従業者数

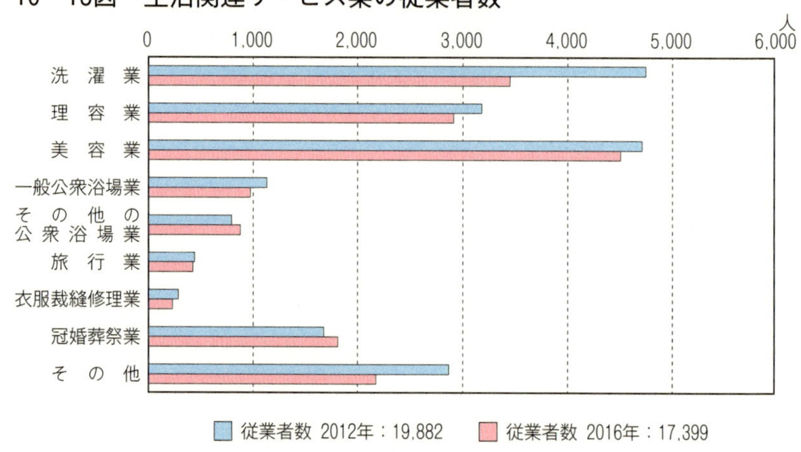

(5) 教育・学習支援業

教育・学習支援業は「学習塾」、「学校教育」のウエートが大きい。また習い事では「音楽教授業」が最も多く、「書道教授業」、「そろばん教授業」などと続いている。

2012年と2016年の比較では、「学校教育」が大幅に増加した。これは「認定こども園」の増加によるものである。また、「社会教育」、「外国語会話教授業」の事業所数が増加した。（10－16、10－17図参照）

10－16図　教育・学習支援業の事業所数

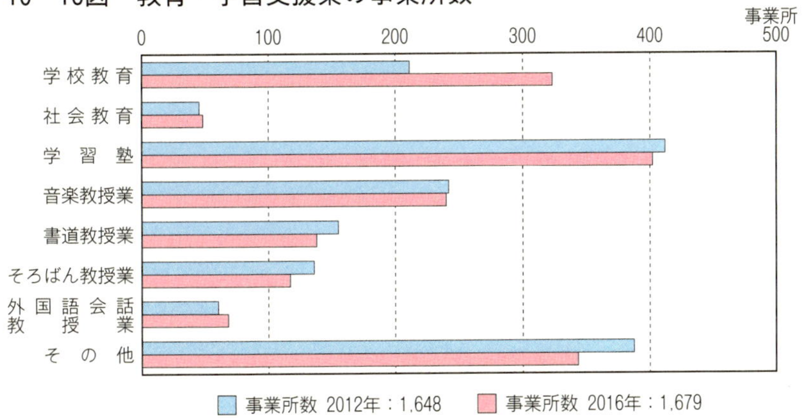

10－17図　教育・学習支援業の従業者数

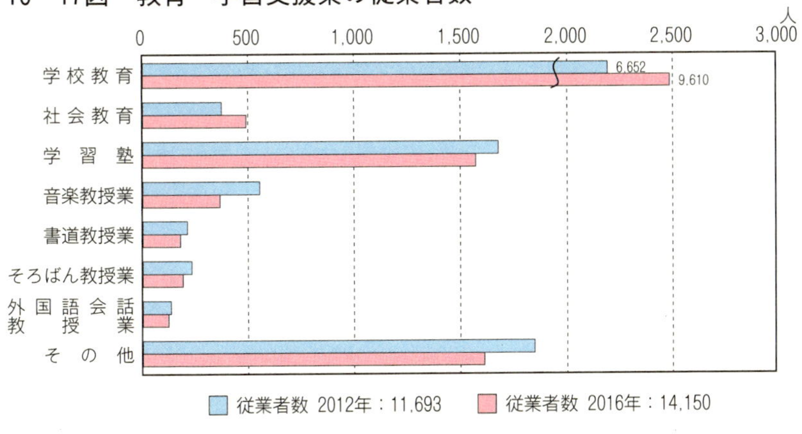

(6) 娯 楽 業

娯楽業は「スポーツ施設提供業」、「パチンコホール」のウエートが大きい。特に「パチンコホール」の従業者数は娯楽業全体の半数を占めている。

2012年と2016年の比較では、「スポーツ施設提供業」が事業所数、従業者数ともに大幅に増加した。また、「パチンコホール」、「ゲームセンター」、「カラオケボックス業」は事業者数が増加、従業者数は幾分減少した。　　　　　　　　　　　　（10－18、10－19図参照）

10－18図　娯楽業の事業所数

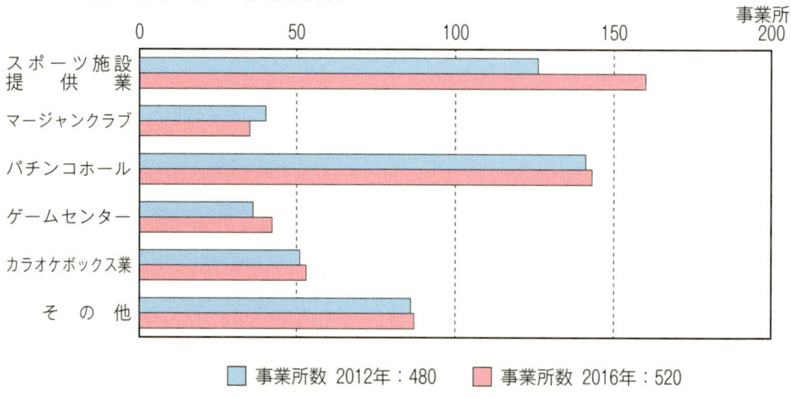

10－19図　娯楽業の従業者数

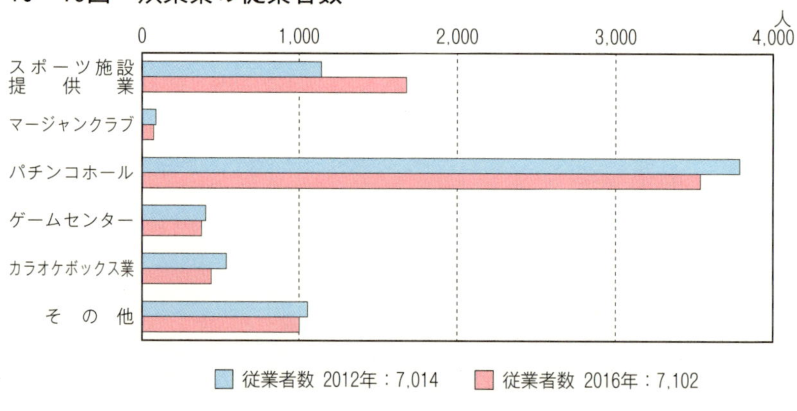

4．今後の青森県の飲食業・サービス業の展望

製造業が成熟した現在、サービス業は日本の成長産業の柱といえる。サービス業の成長は日本経済の発展に不可欠である。

サービス業の売上高の推移をみると、2011年から2015年の間で全国では26.5%、青森県では9.2%の増加がみられる。全国の増加率に比べ青森県は大きく下回っているが、一方では今後の伸びしろがある産業であるともいえよう。

近年、消費行動のトレンドがモノ消費からコト消費へ変化しており、この動きがサービス業の底上げにつながっている。また、ネット販売の台頭などから、県内各地の商店街や商工関係者からはこれまでの物販のスタイルが通用しなくなってきたという声が聞かれる。イベントの開催や独自のサービスを付加するなど消費者が「買う」と同時に「楽しむ」スタイルへの変化、いわば商店街のサービス業化が進んでいるといえよう。

青森県においては、高齢化社会が進む中、医療、福祉、介護関連でのサービスの需要は高まっていくであろう。また、人口減少、少子化の流れの中では、洗濯、理容、美容などの生活関連サービスや学習塾や習い事の教育関係などで業者間の競争激化が進んでいくものと考えられる。

今後、サービス業の需要は増し、重要性も増加していく中で、量的なサービスに加え質的なサービスの充実が一層求められる。青森県の経済発展のためには、サービス業だけでなく全ての分野で、サービスという目に見えないもののクオリティをいかにレベルアップするかが重要であろう。

（担当：野里　和廣）

第11章　情報通信業

1．情報通信の発展史

2018年、多くの人々がスマートフォンを所持し、高速なインターネットに常時接続するようになったが、その歴史は100年にも満たない。情報通信はコンピュータとネットワークにより構成され、小型化・高速化・大容量化・低価格化という発展を遂げた。スマートフォンは高速な演算が可能なプロセッサ、高精細なディスプレイ、３次元コンピュータ・グラフィックスを描画できるグラフィックチップ、大容量の記録媒体、画素数の大きいカメラ、ＧＰＳ、非接触型センサを備え、高速な無線インターネットに接続しているが、このような高度な処理が可能な機器が普及し、わたしたちの経済・社会生活の場がインターネットへとシフトしてきた。

情報通信の全体像を概観するために、最初に発展の概略史を振り返る。

⑴　コンピュータの黎明

1930年代にアラン・チューリングやクロード・シャノンらによりコンピュータの理論的基礎が築かれた。

1940年代には、真空管などにより構成されたプログラム内蔵式のフォン・ノイマン型コンピュータが開発される。

1950年代になると、トランジスタなどの半導体を採用した商用コンピュータが発売され、コンピュータ産業が花開いた。

⑵　コンピュータの小型化

1960年代に集積回路が登場し、コンピュータの小型化がすすむ。青森県も含め、日本各地で財務管理や給与計算などを行う計算センターが設立されている。また、サーバーや今日のスマートフォンなどにも採用されているＵＮＩＸ系のＯＳ（オペレーティング・システム）が開発されたのも、この頃である。

1970年代には基本的なプログラムのコードを１つのチップで実行できるマイクロプロセッサが開発され、個人でも手の届くマイクロコンピュータが発売される。最初期の商用マイクロプロセッサIntel 4004は、インテル社と日本のビジコン社の共同開発で、日本人・嶋正利が関わっている。

1980年代になると、IBM PCやApple Macintoshなどのパーソナルコンピュータが登場する。電話回線を利用したパソコン通信もはじまった。

(3) インターネットの普及

1990年代はじめには、WWW（ワールド・ワイド・ウェブ）が登場。また、それまで研究機関などで利用されていたインターネットが、一般の人でもＩＳＰ（インターネット・サービス・プロバイダ）事業者を通じて利用できるようになった。車載電話は1970年代頃から開発されていたが、デジタル通信を利用した携帯電話が一般向けに発売されたのは1990年代である。

2000年代には、インターネット利用者が人口の50％を越え、経済・社会活動の場がネットに移行していく。電子商取引が本格化し、広告により収益を上げるビジネス・モデルなどが確立する。この時代を彩るキーワードにティム・オライリーの提唱した「Web 2.0」があり、これは企業から消費者への一方向でなく、利用者間の双方向のメディアであるブログやＳＮＳ（ソーシャル・ネットワーキング・サービス）やＣＧＭ（コンシュマー・ジェネレーテッド・メディア）などを指す。スマートフォンも発売されている。

⑷ ビッグ・データの時代

2010年代になると、インターネット上に蓄積されたビッグ・データの活用がうたわれるようになる。スマートフォンが普及し、人々はさまざまな場所でさまざまなデータを、時には意図することなくインターネット上に記録するようになった。インフラストラクチャ、監視カメラ、家電、自動車、ドローン、ロボットなど、さまざまなものにコンピュータとセンサーが内蔵され、インターネットに接続されるようになり、ＩｏＴ（インターネット・オブ・シングス）というキーワードで脚光を浴びるようになった。そして、巨大なデータを処理するために、2000年代に発展した統計的機械学習や深層学習などの人工知能技術に注目が集まるようになった。また、サトシ・ナカモトを名乗る人物が2008年に発表したビットコインをはじめとする仮想通貨が話題となる。

2．青森県の情報通信業の事業所数と従業者数

情報通信業は、総務省「日本標準産業分類（平成25年10月改定）（平成26年４月１日施行）」の大分類「Ｇ情報通信業」に相当する。「Ｇ情報通信業」の中分類には「37通信業」「38放送業」「39情報サービス業」「40インターネット付随サービス業」「41映像・音声・文字情報制作業」がある。

情報通信業に関する統計には、総務省と経済産業省のものがある。まず、総務省による統計を見ていく。

総務省統計局「平成26年経済センサス‐基礎調査事業所に関する集計」より、青森県の情報通信業の事業所数と従業者数の内訳を11－１図に示した。グラフのラベルはそれぞれの数を表し、横軸のスケールは青森県の情報通信業全体に占める割合を表す。

2014年の青森県の情報通信業は事業所数が391で、これは全国の0.6％に相当する。従業者数は4,772人で全国の0.3％である。

11－1図　青森県の情報通信業の業種ごとの事業所数と従業者数

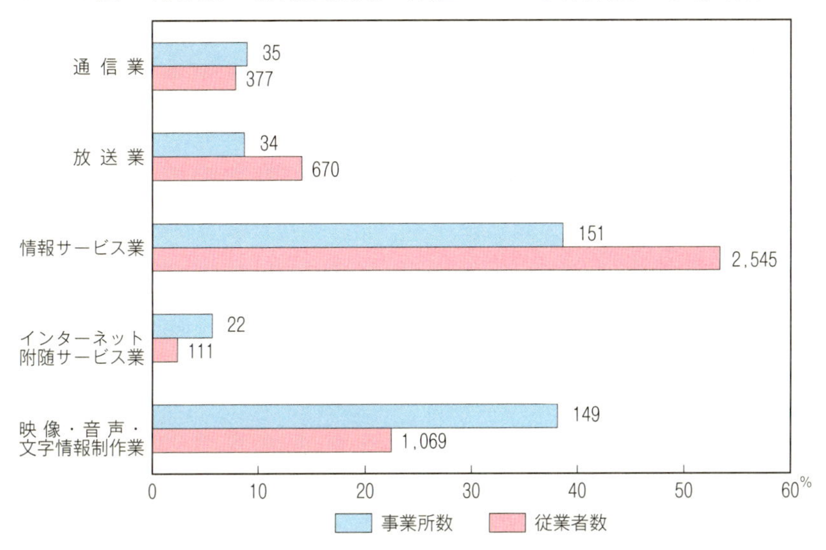

資料：「平成26年経済センサス」（総務省統計局）

11－2図　青森県の情報通信3業種の事業所数と従業者数と年間売上高の割合

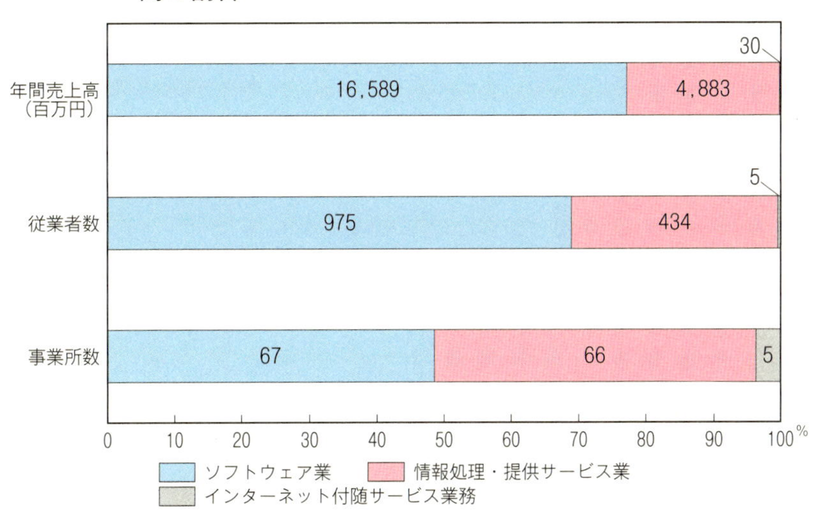

資料：「平成29年特定サービス産業実態調査」（経済産業省）

次に経済産業省の統計を見る。経済産業省の「特定サービス産業実態調査」は、その名の通り、「特定」のサービスに関する統計で、総務省統計局「経済センサス」とは必ずしも一致しない。

「平成29年特定サービス産業実態調査」から、「情報通信業」のうち、「ソフトウェア業」、「情報処理・提供サービス業」、「インターネット付随サービス業」の３業種について、2017年の青森県の事業所数、従業者数、年間売上高を11－２図に示した。事業所数は「ソフトウェア業」と「情報処理・提供サービス業」でほぼ同数である。従業者数では「ソフトウェア業」が69.0％、「情報処理・提供サービス業」が30.7％である。年間売上では「ソフトウェア業」が77.2％、「情報処理・提供サービス業」が22.7％である。つまり、従業者１人当たりの年間売上は、「ソフトウェア業」が「情報処理・提供サービス業」の1.51倍の1,701万円である。なお、「インターネット付随サービス業」は事業所数が５、従業者数が５人、年間売上3,000万円で全体に占める割合は小さい。

さらに「平成29年特定サービス産業実態調査」から、売上高の割合を11－３図に示した。このうち「ソフトウェア業」は「受注ソフトウェア開発」と「ソフトウェア・プロダクツ」で、それぞれ売上高の68.7％と9.5％を占める。「情報処理・提供サービス業」が「情報処理サービス」9.1％と「システム管理等管理運営受託」12.5％、「インターネット付随サービス業」が「サイト運営業務」0.01％と「コンテンツ配信業務」0.2％である。

11－3図　青森県の情報通信業の売上高の割合

（単位：百万円）

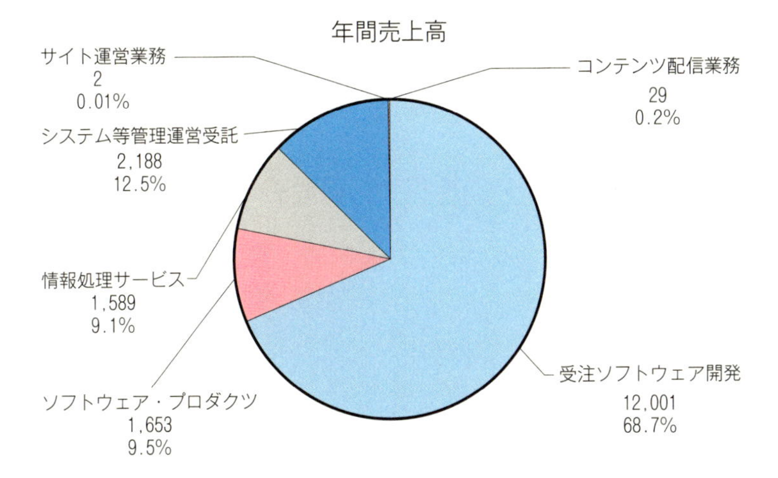

資料：「平成29年特定サービス産業実態調査」（経済産業省）

3．青森県の携帯電話の契約数や普及率

総務省東北総合通信局「東北における携帯電話・ＰＨＳ加入契約数の推移」より、各年３月の青森県のデータを11－４図に示す。

2018年３月の契約数はおよそ118.5万件で、人口の89.5％である。これは全国では135.1％で、１人当たり平均1.35台所持している計算になる。

なお、ＰＨＳの契約数の全体に占める割合が減少したことにより、2012年からＰＨＳ契約数の県別データは提供されていない。2018年３月の東北管区内のＰＨＳの契約数はおよそ８万件で全体の0.9％である。

次に携帯電話などの世帯普及率を、総務省統計局「平成26年全国消費実態調査都道府県別主要耐久消費財に関する結果－［総世帯］地域編第28表地域別1,000世帯当たり主要耐久消費財の所有数量及び普及率」で見る（11－５図）。

11－4図　青森県の携帯電話等の契約数の推移

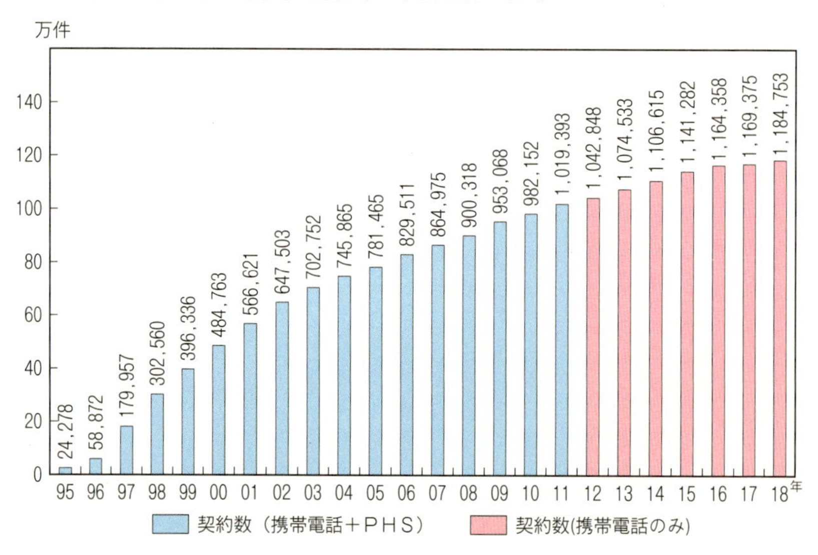

資料：「東北における携帯電話・PHS加入契約数の推移」（総務省東北総合通信局）

11－5図　全国および東北地方の携帯電話等の普及率

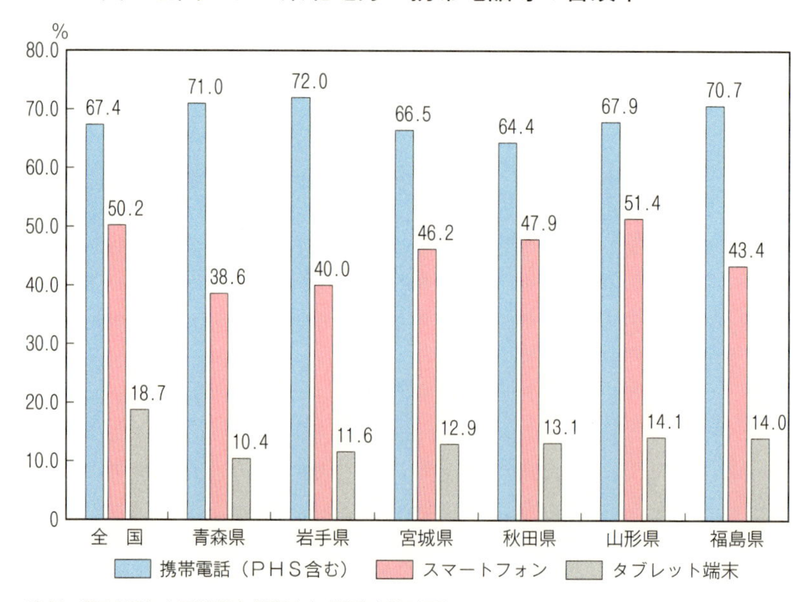

資料：「平成26年全国消費実態調査」（総務省統計局）

2014年の携帯電話の普及率は、青森県は71.0％で全国の67.4％を上回っている。一方、スマートフォンの普及率は、青森県は38.6％で全国の50.2％を下回っている。東北地方を見ると、携帯電話の普及率が高い県は、スマートフォンの普及率が低い傾向がある。つまり、携帯電話の普及率が高いということは、携帯電話からスマートフォンへの移行が進んでいないということである。

タブレット端末は、スマートフォンと同傾向である。

4．青森県のパソコンの普及率

同じく総務省統計局「平成26年全国消費実態調査」から、パソコンの普及率を11－6図に示した。

2014年のパソコン普及率は、青森県ではデスクトップ型23.0％、ノート型40.7％で、いずれも全国平均のデスクトップ型34.0％、ノート型

11－6図　全国および東北地方のパソコンの普及率

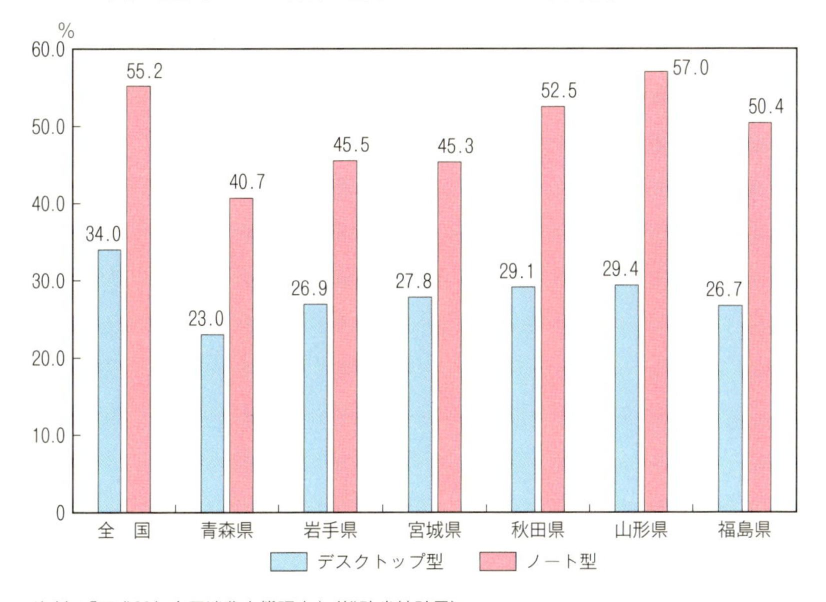

資料：「平成26年全国消費実態調査」（総務省統計局）

55.2％を下回る。東北地方では、山形県のノート型57.0％以外は全て全国平均を下回っているが、その中でも青森県はいずれも最下位である。

5．青森県のブロードバンドの普及率

総務省東北総合通信局「東北におけるブロードバンドサービスの普及状況」より、各年３月の青森県の契約件数を11－１表に示した。

このうち、ＦＴＴＨ（Fiber to the Home）は光ファイバー、ＤＳＬ（Digital Subscriber Line）はＡＤＳＬ（Digital Subscriber Line）などのアナログ電話線を利用した高速デジタル通信、ＣＡＴＶ（Cable Television）はケーブルテレビ、ＦＷＡ（Fixed Wireless Access）は基地局が固定された無線通信で、それぞれ家庭などでの利用を想定した固定の位置で利用するブロードバンド・サービスである。これら固

11－７図　青森県の固定通信系ブロードバンドの契約数

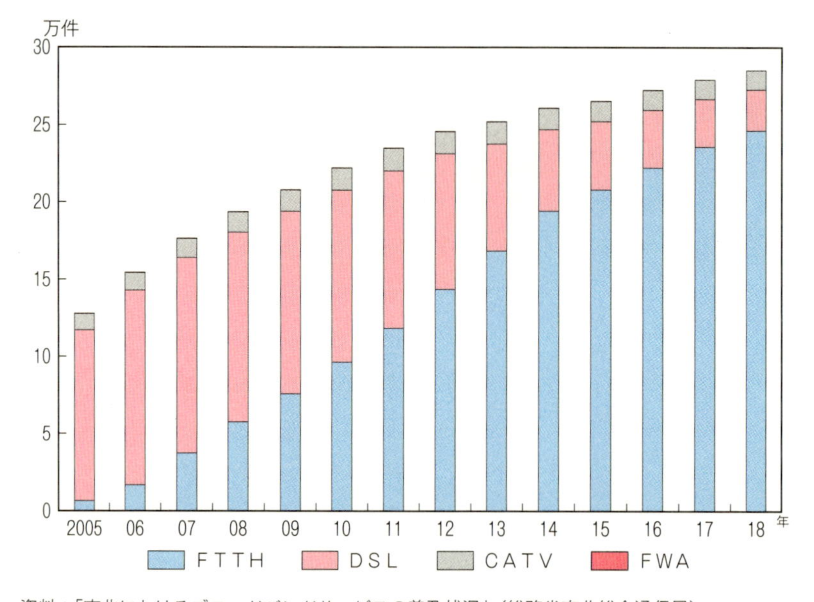

資料：「東北におけるブロードバンドサービスの普及状況」（総務省東北総合通信局）

定通信系のブロードバンド・サービスの契約数を11－７図に示した。ＤＳＬの契約は2007年をピークに減少しており、ＦＴＴＨが2018年には86.4％を占めている。また、ＦＷＡの契約は2010年の187件をピークに減少し、2017年以降は０件である。

次に、ＢＷＡ（Broadband Wireless Access）はいわゆるＷｉＭＡＸで2.5GHzの広帯域移動無線アクセスシステム、第3.9～４世代携帯電話はいわゆるＬＴＥで、持ち運びでの利用を想定した移動体通信系ブロードバンド・サービスである。これら移動体通信系のブロードバンド・サービスの契約数を11－８図に示した。第3.9～４世代のサービスは2010年にスタートしているが、この統計では2013年からカウントされている。2018年には、第3.9～４世代が69.3％を占めている。

11－１表　青森県のブロードバンドの契約数

年	固定通信系				移動体通信系	
	ＦＴＴＨ	ＤＳＬ	ＣＡＴＶ	ＦＷＡ	ＢＷＡ	第3.9～４世代携帯
2005年	6,411	110,413	10,509	60		
2006年	16,502	126,063	11,634	85		
2007年	37,305	126,603	12,311	141		
2008年	57,522	122,768	13,052	158		
2009年	75,555	118,170	13,879	165		
2010年	96,170	111,334	14,351	187	23	
2011年	118,149	101,831	14,439	155	156	
2012年	143,411	87,634	14,455	78	10,107	
2013年	168,242	69,475	14,169	7	27,805	147,622
2014年	194,024	53,062	13,608	1	41,255	348,210
2015年	207,848	44,224	13,160	1	113,798	502,258
2016年	221,948	37,477	12,753	1	219,877	628,396
2017年	235,565	30,962	12,553	0	307,411	717,175
2018年	246,291	26,488	12,403	0	364,766	825,002

資料：「東北におけるブロードバンドサービスの普及状況」（総務省東北総合通信局）

11－8図　青森県の移動体通信系ブロードバンドの契約数

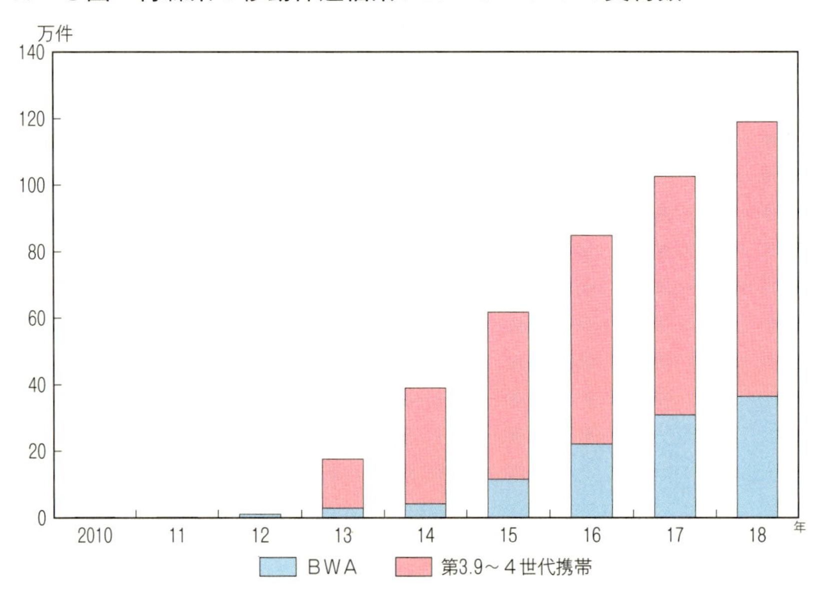

資料：「東北におけるブロードバンドサービスの普及状況」（総務省東北総合通信局）

11－9図　青森県のブロードバンドの契約数

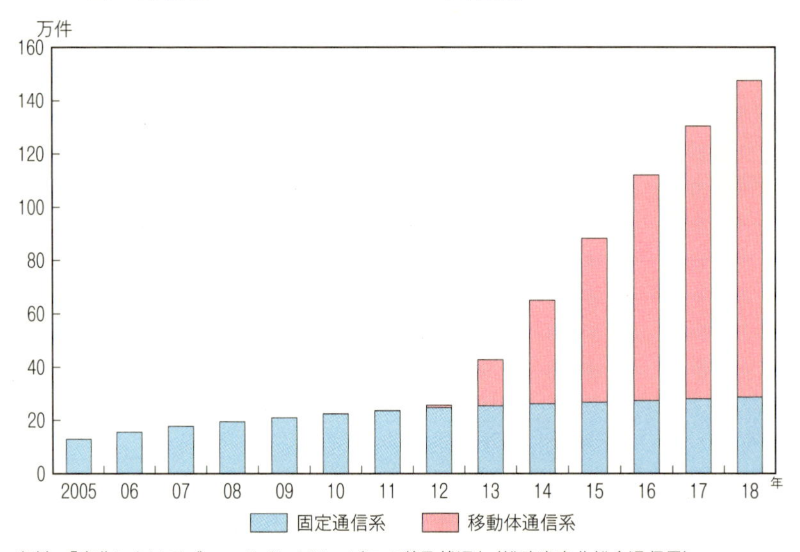

資料：「東北におけるブロードバンドサービスの普及状況」（総務省東北総合通信局）

固定通信系と移動体通信系のブロードバンド契約数を集計したものを11－９図に示した。移動体通信系が急速に契約数を伸ばし、2014年には固定通信系を抜き、2018年には80.7％を占めている。移動体通信系の急速な成長は、スマートフォンなどの回線を契約することで第3.9～４世代のサービスに加入することになるからである。

６．青森県のサイバー犯罪

経済・社会活動の場がインターネットに移行するということは、同様に犯罪もインターネットで起こるようになるということである。青森県警察も生活安全部保安課にサイバー犯罪対策室を設置して、対応に当たっている。

青森県「青森県犯罪のない安全・安心まちづくり推進計画第４次（平成28年度～平成30年度）」から、青森県のサイバー犯罪の相談件数と検挙件数を11－10図に示した。相談件数が年々増加傾向にあり、2014年には1,625件で、１日平均4.5件の相談があったことになる。

一言でサイバー犯罪と言っても様々な種類があり、「不正アクセス行為の禁止等に関する法律」に違反、コンピュータ・電磁的記録対象犯罪、不正指令電磁的記録に関する犯罪、ネットワーク利用犯罪など、情報技術を悪用したものから詐欺まで幅広く、多様な犯罪に対応できる人材の育成が望まれている。

11－10図　青森県のサイバー犯罪の相談件数と検挙件数

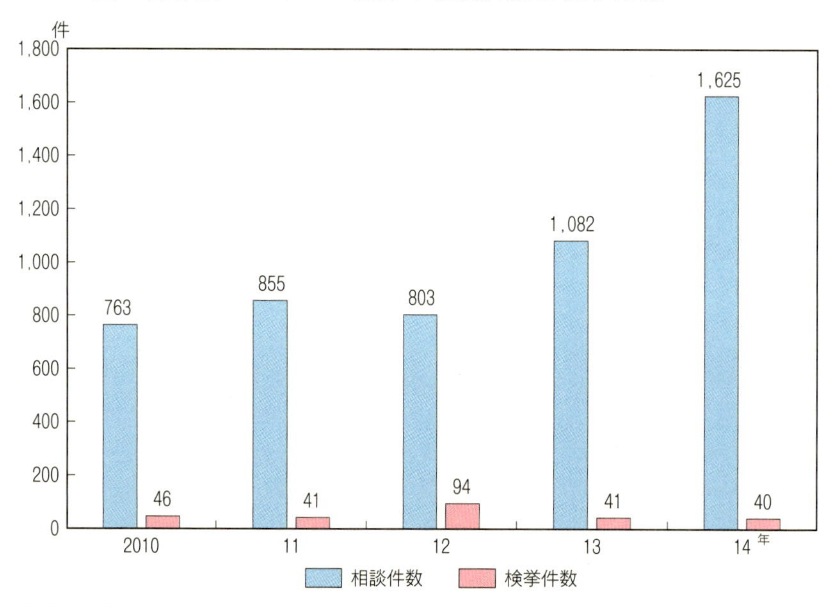

資料：「青森県犯罪のない安全・安心まちづくり推進計画第４次（平成28年度～平成30年度）」（青森県）

（担当：小久保　温）

経済指標の成長と貿易

ジェトロ青森 所長　木村　慶一

青森県や日本からの海外取引、特に輸出を本書発行の10年スパンで考えたときに、いまの経済統計では見えない世界にも、意識を向ける必要があると思っている。

どの指標より重要視されているのがＧＤＰである。ＧＤＰ＝消費＋投資＋政府支出＋貿易なので、国の経済力を表す判断にも貿易は大きく影響してくる。しかし、この国の強さや国家間の均衡を語る数字がもし間違っていたら、経済低迷も不均衡で相手を叩く議論も、もとから存在しない収支をもとに、盛大な政治的なショーが繰り広げられているだけ、という見方ができなくもない。

「最近、どう？」「これからどうなる？」の問いに答えるためには、長期的に一貫性のある数字を示すことに尽きる。学習と予見を繰り返すことにより、戦前の世界に戻らなくても良いことを期待できる。貿易の統計も然り。

保護主義の根拠となる貿易赤字は実態を反映できているのだろうか。ＳＮＳなどオンライン上の無料の自由財は現在の統計上には存在しない。部品供給は国境をまたがるが、貿易統計上、その製品はどこで付加価値を増やしているのか、商品ごとに最も付加価値を上げる発明（知的財産）から指標を作らなければ、現代で使える統計にならない。iPhoneに代表される複雑な機器等の製品は、様々な国で製造された部品を国境を跨いで調達し、組み立てる。グローバルサプライチェーン時代に即した指標になるよう、さらなる改善が必要となっている。

新しい付加価値ベースのデータベース開発がＷＴＯなどにより過去５年間進められているが、世界で製造される製品ごとにすべての部品を測定し、サービスによる付加価値をどこで発生したとするのかを表す21世紀の統一基準のために、200に及ぶ国々の同意を得ていくのは気が遠くなるような作業だろう。

部品供給の価格情報は、つり上げを避けるために社外秘であることがほとんどだ。iPhoneのみならず世界の工場とされてきた中国では、統計上表される輸出量のわりには付加価値が生まれておらず、後々できあがる次の基準でみると、そこまで躍起に不均衡を非難して軋轢を生むこともなかったのでは、という印象も受けるだろう。

目の前の「現実」は、それを推し量るために現在ある経済指標により描かれた絵の１枚に過ぎない。また、その「指標」も、絶えず新たな方法で実態を捉え直そうとしている「分析」に過ぎない。

成長する指標を通して目を凝らし、そこに含まれている「今」と含まれていない数値の欠点をも理解しながら、経済指標を眺める。「青森県や国のこれから」を語る以前に、指標で見える「今」も10年後に見てみたら、実はその時代を反映していなかった「仮想世界」だった、とならないよう見つめていきたい。

※本稿は執筆者本人の個人的な考えであり、組織としての考えを表すものではありません。

第12章　エネルギー

我々の日常生活や経済活動は電気やガス、ガソリンなどのエネルギーなくしては成り立たない。我が国はそのエネルギーの多くを輸入に頼っており、中でも大きく依存しているのが、海外から輸入される石油・石炭・天然ガス（ＬＮＧ）などの化石燃料である。

1973年の第一次オイルショックをはじめとするエネルギー危機を経験した日本では、それ以降、エネルギー源の分散を進めてきた。しかし、2011年の東日本大震災後にすべての原子力発電所が停止した影響もあり、2016年度には化石燃料への依存度が88.6%となっている。

こうした中、本県では、風力発電の設備導入量が全国１位となるなど、再生可能エネルギーの導入が進められている。本章では、本県のエネルギー事情と再生可能エネルギーの導入状況を中心としてみてみる。

１．我が国のエネルギーの現状

我が国の2016年度のエネルギー自給率は、原子力を国産と見た場合は8.3%である。東日本大震災前は概ね20%前後の自給率であったが、原子力発電所の稼動停止により2014年度は6.4%まで低下した。一方、再生可能エネルギーの寄与率は2012年７月１日からスタートした固定価格買取制度（ＦＩＴ）を追い風に毎年増加し、2016年度では6.3%となっている（12－１図）。

一次エネルギー（石炭、石油、天然ガスなどの自然から採取されたままの物質を源としたエネルギー）の総供給量をみると、2016年度の総供給量は19,836PJ（ペタジュール：ペタは10の15乗）であり、構成比は石油が39.7%、石炭が25.4%、天然ガスが23.8%、再生可能エネルギー等（水力除く）が7.0%、水力（揚水除く）が3.3%、原子力が0.8%となっている。1990年度と比較すると、石油、原子力、水力（揚

12−1図　エネルギー自給率の推移

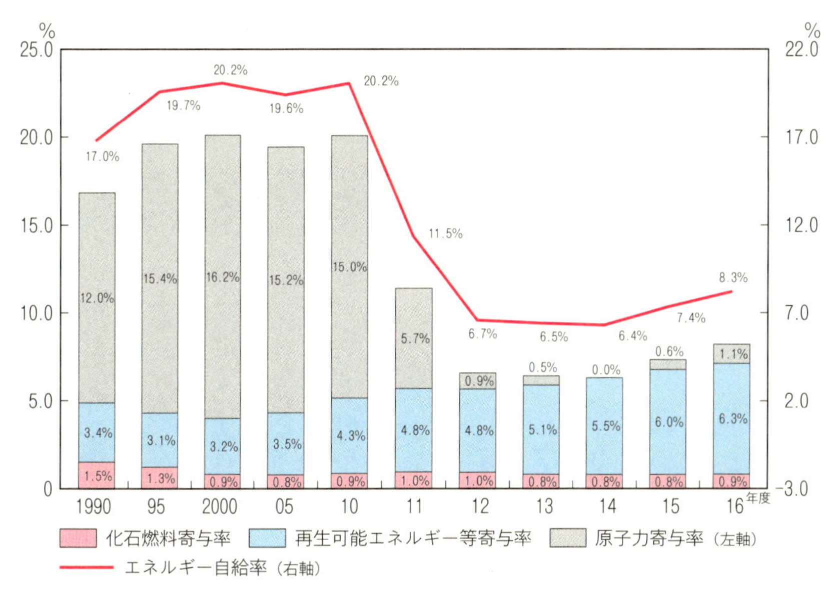

資料：「総合エネルギー統計」（資源エネルギー庁）

12−2図　全国一次エネルギー源別供給量の推移

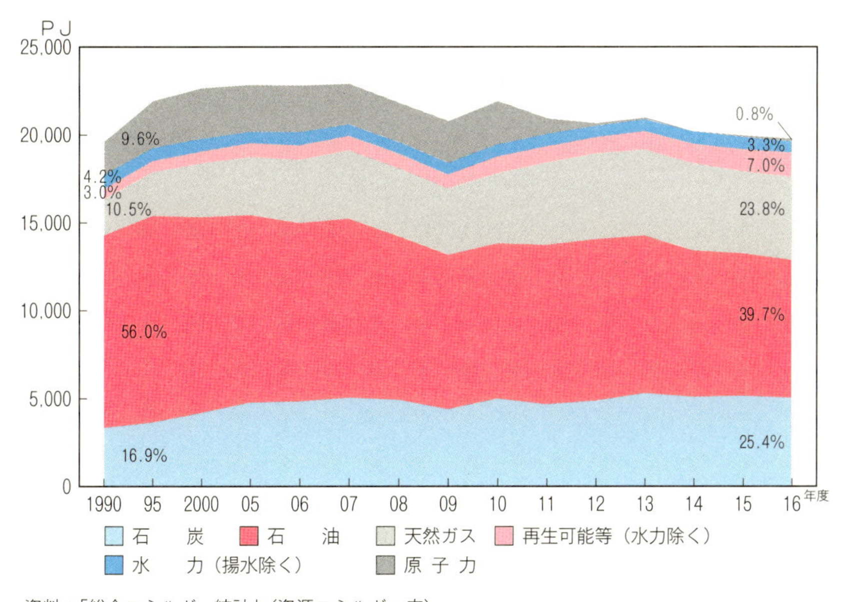

資料：「総合エネルギー統計」（資源エネルギー庁）

水除く）が減少し、石炭、天然ガス、再生可能エネルギー等（水力除く）が増加している。特に、再生可能エネルギー等（水力除く）は、3.0%から7.0%へ約2.3倍に増加している（12－２図)。

最終エネルギー消費をみると、2016年度の総消費量は13,321PJであり、構成比は企業・事業所他（製造業）が43.3%、企業・事業所等（非製造業）が18.8%、家庭が14.4%、運輸（旅客）が13.9%、運輸（貨物）が9.6%となっている。1990年度と比較すると、産業部門の省エネルギーが進んでいることなどを背景に企業・事業所他（製造業)、企業・事業所等（非製造業)、運輸（貨物）が減少している。一方、家庭、運輸（旅客）は増加している（12－３図)。

電源構成別発電量をみると、2016年度の総発電量は10,444億kWであり、構成比は天然ガスが42.2%、石炭が32.3%、石油等が9.3%、水力が7.6%、再生可能エネルギーが6.9%、原子力が1.7%となっている。2010年度と比較すると、原子力が大幅に減少している。一方、再生可能エネルギーは約3.1倍となっている（12－４図)。

12－3図　全国部門別最終エネルギー消費推移

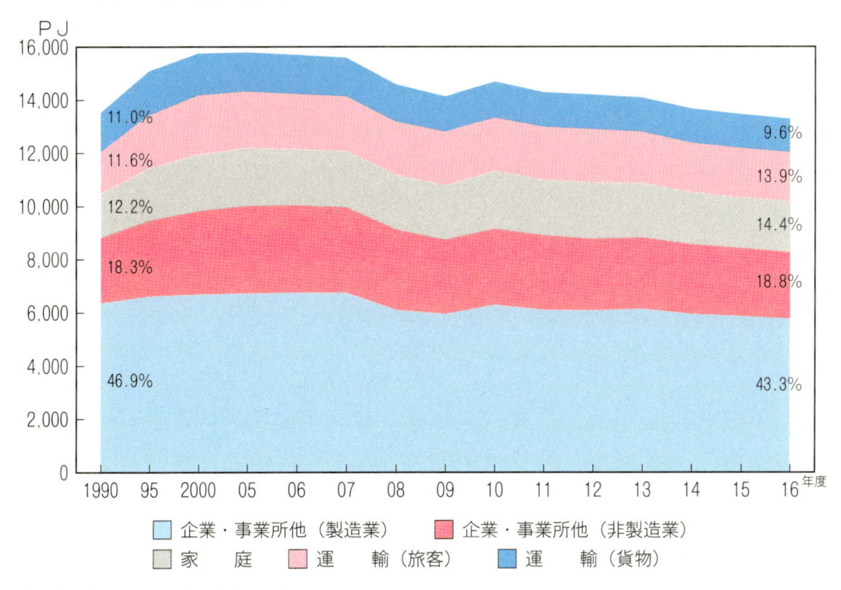

資料：「総合エネルギー統計」（資源エネルギー庁）

12－4図　全国電源構成別発電量推移

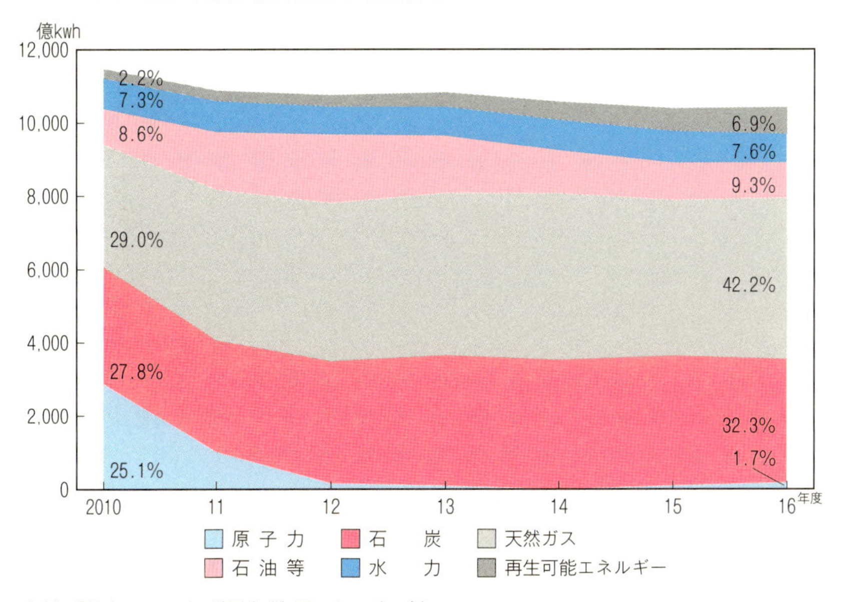

資料：「総合エネルギー統計」（資源エネルギー庁）

2. 青森県のエネルギーの現状

本県の最終エネルギー消費をみると、2015年度の総消費量は177,430TJ（テラジュール：テラは10の12乗）であり、全国（13,321PJ）の1.33％となっている。構成比は企業・事業所他（製造業）が39.4％、企業・事業所等（非製造業）が24.2％、家庭が28.2％、運輸（乗用車）が8.2％となっている。1990年度と比較すると、企業・事業所他（製造業）、企業・事業所等（非製造業）は省エネルギーが進んでいることなどを背景に減少しているが、家庭、運輸（乗用車）は増加している。2016年度の構成比を全国と比較すると家庭が全国では14.4％であるのに対し、本県では約２倍の28.2％となっている。寒冷地である本県では冬期間の家庭における暖房用に灯油や電力の消費が、他県に比べて多いことから、家庭におけるエネルギー消費量の構成比が多いことが影響しているものと思われる（12－５図）。

本県の個別エネルギー消費状況をみると、2016年度で電力が9,799百万kWh、ＬＰガスが124,806ｔ、石油製品が2,053千kℓとなっている。都市ガスは2015年まで公表されており、それによると1,475,211千MJとなっている。次に、2000年度を100としてそれぞれの動きをみてみる。電力は2007年度まで増加していたが、2008年度以降減少し、東日本大震災が発生した2011年度は大幅に減少した。その後は増加し2016年度で113.3となっている。都市ガスは2006年までは減少傾向にあったが、その後は増加し114.9となっている。LPガスは2010年度まで減少傾向にあったが、その後は増加しているものの78.7と低水準である。石油製品は減少傾向が継続し72.4となっている（12－６図）。このような動きはオール電化住宅の普及や、ハイブリッド車の普及によるガソリン消費の減少などの影響が大きいものと思われる。

12－5図　青森県部門別最終エネルギー消費推移

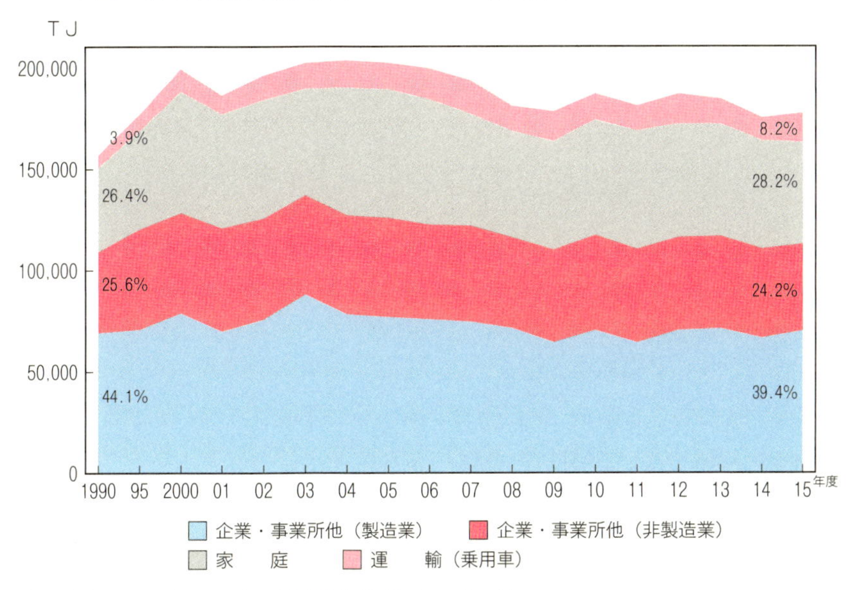

資料：「都道府県別エネルギー消費統計」（資源エネルギー庁）

12－6図　青森県種類別エネルギー消費状況（2000年度＝100）

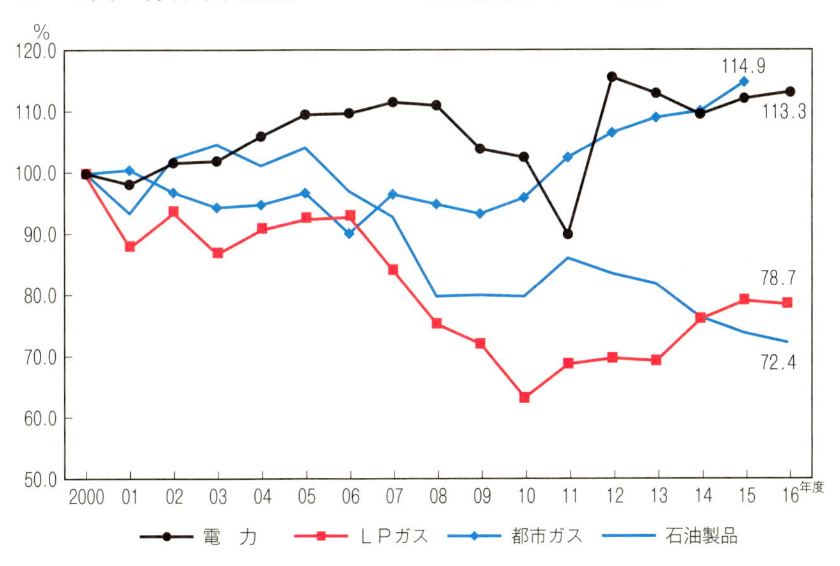

資料：「青森県統計年鑑」（青森県企画政策部）
注）2016年の都市ガスは未公表

さて、ここで東北各県のエネルギー消費についてみてみる。2015年度（暫定）消費量は宮城県が最も多く246,142TJ、次いで福島県が217,531TJ、３番目は本県で177,430TJとなっている。部門別にみると、製造業の構成比が最も多いのが宮城県（41.7%）、次いで福島県（39.7%）、本県（39.4%）となっている。非製造業は、山形県（32.2%）、宮城県（30.4%）、秋田県（30.0%）、岩手県（29.6%）福島県（28.0%）であり、本県は最も少ない24.2%となっている。

製造業と非製造業を合算した産業部門でみると、宮城県が最も多く72.1%、次いで福島県が67.7%、３番目は本県と岩手県で63.6%となっている（12－７図）。1990年度の本県の構成比をみると製造業が44.1%、製造業と非製造業合算の産業部門で69.7%となっており、本県においても産業部門の省エネルギー化が進んでいることが推測できる。

県民一人当たりのエネルギー消費量を寒冷地である北海道を含めた北海道・東北地方でみると、本県は北海道とほぼ同じ消費水準にあり、2015年度では北海道を抜き最も多い132.6MJ（メガジュール：メガは10の６乗）となっている（12－８図）。また、県民総生産100万円当たりのエネルギー消費量をみると、本県は2007年度以降、北海道とほぼ同じ消費水準にあり、2015年度は北海道を抜き最も多い38.8GJ（ギガジュール：ギガは10の乗）となっている（12－９図）。本県の2014年度の一人当たり県民所得は2,405千円と全国41位であり、北海道・東北地方をみると最下位となっている。これは、本県がエネルギーの大量消費県であるため、外国や県外へエネルギー購入代金が流失していることも一因ではないかと思われる。

12－7図　東北各県の最終エネルギー消費量（2015年度暫定）

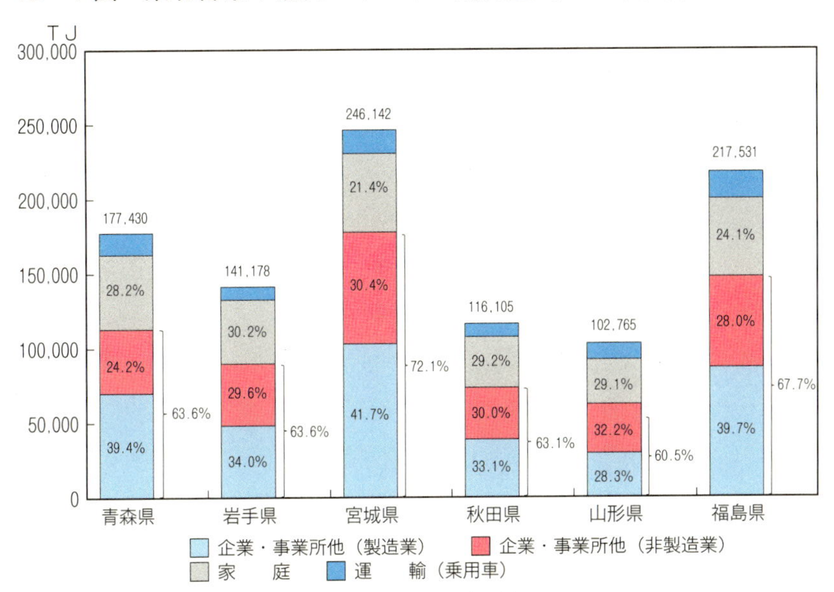

資料：「都道府県別エネルギー消費統計」（資源エネルギー庁）

12－8図　北海道・東北の一人当たりエネルギー消費量推移

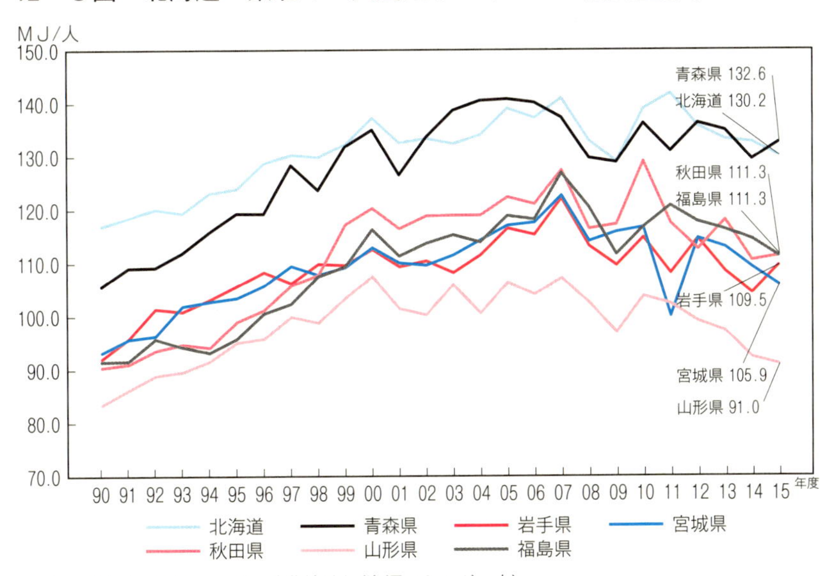

資料：「都道府県別エネルギー消費統計」（資源エネルギー庁）
注）2015年度は暫定

3．再生可能エネルギーの現状

2012年7月1日、自給エネルギーの確保、低炭素社会の実現等の観点から電気事業者による再生可能エネルギー電気の調達に関する特別措置法（ＦＩＴ法）が施行された。これは、再生可能エネルギーで発電した電気を、電力会社が一定価格で一定期間買い取ることを国が約束する制度（固定価格買取制度）である。発電コストの高い再生可能エネルギーの普及を進めるため、電力会社が買い取る費用の一部を利用者から賦課金という形で集めることとなっている。「太陽光」「風力」「水力」「地熱」「バイオマス」の５つのいずれかを使い、国が定める要件を満たす事業計画を策定し、その計画に基づいて新たに発電を始める事業者が対象となる。

2012年の固定価格買取制度の開始以来、本制度による再生可能エネルギー発電量は2013年３月末の177万kWから2017年３月末では3,539万kWまで大幅に増加している（12－10図）。また、買取量は2012年度の55.9億kWから2016年度では569.8億kWまで増加している（12－11図）。それに伴い、国民負担が増大し、2016年度の買取金額は２兆円を超え、制度開始後の買取金額（2012年度～2016年度）は累計で５兆3,446億円に上っている（12－12図）。

こうしたことから、再生可能エネルギーの最大限の導入と国民負担の抑制の両立を図るため、2017年４月に、未稼働案件の排除や大規模太陽光発電の入札制度などを盛り込んだ改正ＦＩＴ法が施行された。

本県においても、再生可能エネルギー発電量は増加しており、2013年３月末の29,504kWから2017年３月末では555,478kWまで約19倍となっている（12－13図）。特に風力発電の導入量は風況に恵まれていることもあり、2018年３月末で全国１位となっている（12－１表）。

12－９図　北海道・東北の県民総生産当たりエネルギー消費量推移

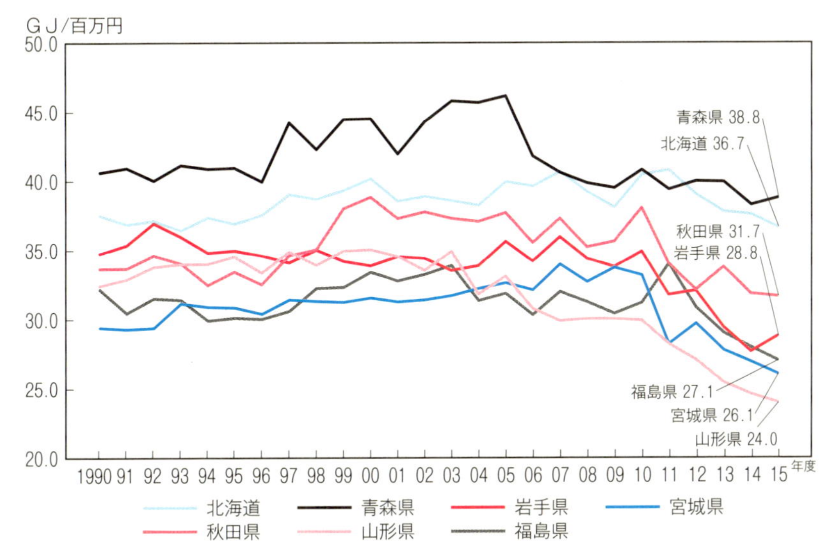

資料：「都道府県別エネルギー消費統計」（資源エネルギー庁）
注）2015年度は暫定

12－10図　再生可能エネルギー発電導入件数・発電量推移

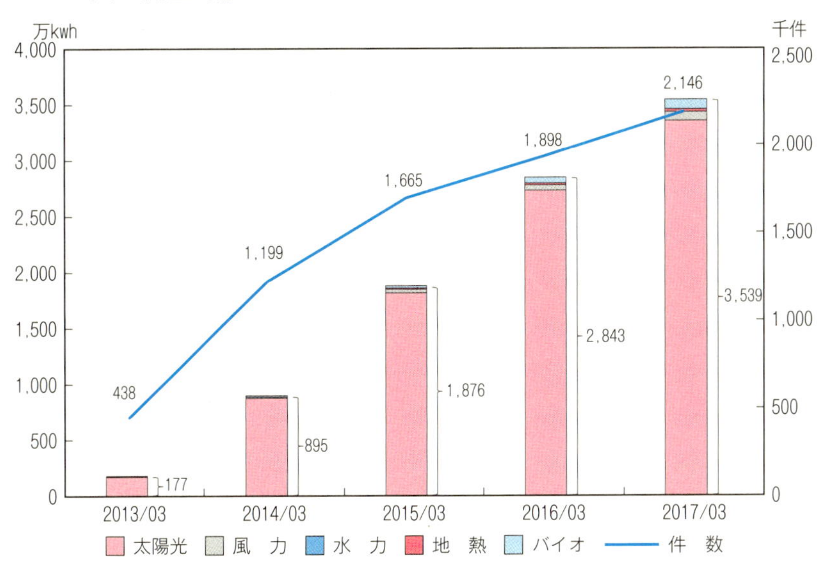

資料：「都道府県別認定・導入量」（資源エネルギー庁）
注）件数は固定価格買取制度導入後の認定件数。発電量は運転開始分

12−11図　固定価格買取制度における発電電力買取量推移

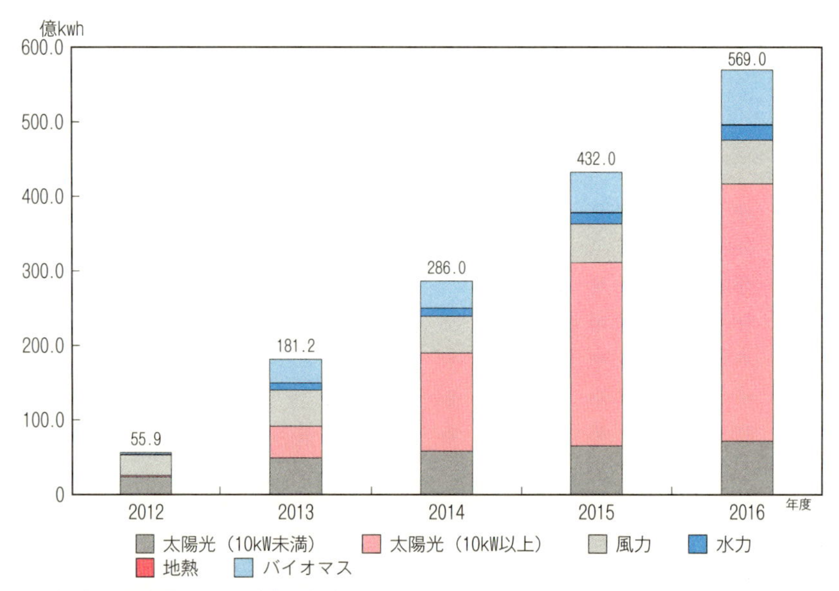

資料：「買取電力量及び買取金額の推移」（資源エネルギー庁）

12−12図　固定価格買取制度における発電電力買取金額推移

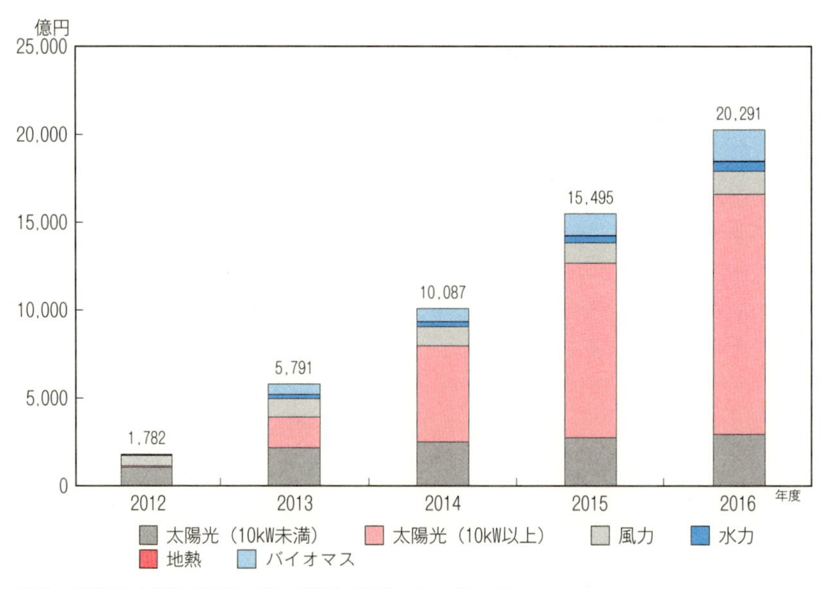

資料：「買取電力量及び買取金額の推移」（資源エネルギー庁）

12－13図　青森県再生可能エネルギー発電導入件数・発電量推移

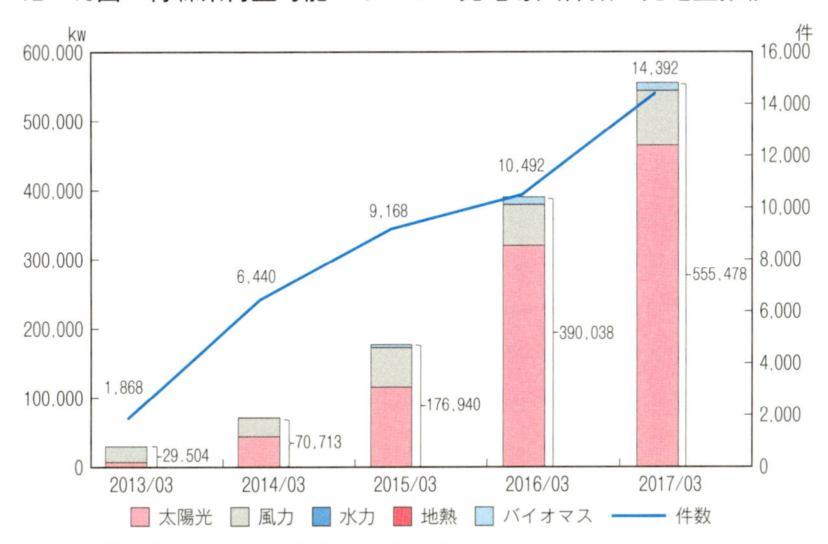

資料：「都道府県別認定・導入量」（資源エネルギー庁）
　注）件数は固定価格買取制度導入後の認定件数。発電量は運転開始分

12－１表　都道府県別風力発電導入量（2018年３月末現在）

（単位：kw、基）

全国順位	都 道 府 県	設 備 容 量	設 置 基 数
1	青　森　県	417,463	253
2	秋　田　県	370,934	210
3	北　海　道	358,745	304
4	鹿 児 島 県	263,005	157
5	福　島　県	183,585	96
6	三　重　県	180,300	106
7	島　根　県	178,140	85
8	静　岡　県	158,330	92
9	石　川　県	124,500	71
10	山　口　県	113,450	55
全　国　計		3,502,787	2,253

資料：「日本における都道府県別風力発電導入量」（国立研究開発法人新エネルギー・産業技術総合開発機構）

4．青森県のエネルギー関連施設

⑴ むつ小川原国家石油備蓄基地

資源エネルギー庁によると、2018年９月末現在、我が国の石油備蓄は、国家備蓄132日分、民間備蓄86日分と産油国と連携して行っている産油国共同備蓄分６日分で合計224日分（原油保有量：8,308万kℓ、１日当たり約37万kℓ）である。むつ小川原国家石油備蓄基地の備蓄量は491万kℓであるから、約13日分を備蓄していることになる（12－２表）。

⑵ リサイクル燃料備蓄センター

リサイクル燃料貯蔵㈱は、むつ市に貯蔵量3,000トン規模の貯蔵建屋と2,000トン規模の貯蔵建屋を建設し、東京電力ホールディングス㈱及び日本原子力発電㈱の使用済燃料を貯蔵する計画となっている（12－３表）。

⑶ 原子力発電所

下北郡東通村に、東北電力㈱が110万kWの沸騰水型軽水炉（ＢＷＲ）１基、138.5万kWの改良型沸騰水型軽水炉（ＡＢＷＲ）１基を、東京電力ホールディングス㈱がＡＢＷＲ（138.5万kW）２基の計４基を建設する計画となっている（12－４表）。このうち東北電力㈱東通原子力発電所１号機は、2005年12月に営業運転を開始したが、2011年２月に定期検査のため運転を停止し、同年３月の東日本大震災以降も運転が停止されたままとなっており、2014年６月に原子力規制委員会に対し、原子炉設置変更許可申請が行われた。東京電力ホールディングス㈱東通原子力発電所１号機については、2011年１月に国から工事計画の認可を受け着工したが、東日本大震災以降、工事が中断されている。

12－２表　むつ小川原国家石油備蓄基地（2018.９.30現在）

立地決定	1979年10月立地決定
操業開始	1983年９月オイルイン
施設概要	原油タンク：約11.1万kl×51基 総 容 量：約570万kl 備 蓄 量：約491万kl 中継ポンプ場：中継タンク約3.7万kl×４基 中継ポンプ3,000kl／時×４台 受払設備：一点けい留ブイバース（300,000DWT級） 移送配管：海域（延長4.2km）配管の内径1.3m 陸域（延長8.2km）配管の内径1.2m 用地面積：約270ha

資料：青森県エネルギー総合対策局エネルギー開発振興課

12－３表　使用済燃料中間貯蔵施設（2018.10.31現在）

事業主体	リサイクル燃料貯蔵㈱
施設規模	貯 蔵 量：使用済燃料5,000トン 貯蔵方式：金属キャスク（貯蔵容器）を用いた乾式貯蔵方式 施設建設：当初3,000トン規模の貯蔵建屋を１棟建設。その後、２棟目を建設。 敷地面積約26万㎡（本体用地）
建設工程	工事開始：2010年８月 事業開始：2018年後半（予定）

資料：青森県エネルギー総合対策局原子力立地対策課

また、下北郡大間町に、電源開発㈱がウランとプルトニウムの混合酸化物燃料（ＭＯＸ燃料）を全炉心に装荷可能な138.3万kWの改良型沸騰水型軽水炉（ＡＢＷＲ）１基を建設する計画となっている（12－４表)。2008年４月に国から原子炉設置許可を受け、着工したが、2014年12月に原子力規制委員会に対し、原子炉設置変更許可申請等が行われた。

12－４表　原子力発電所（2018.10.31現在）

	東通原子力発電所	大間原子力発電所
事業主体	東北電力㈱、東京電力ホールディングス㈱	電源開発㈱
施設規模	沸騰水型軽水炉 電気出力　110万kW１基（東北電力１号） 改良型沸騰水型軽水炉 電気出力　138万５千kW３基(東北電力２号、東京電力１・２号) 敷地面積　約808万㎡	改良型沸騰水型軽水炉 電気出力　138万３千kW 敷地面積　約130万㎡
建設工程	○東北電力１号機 着　　工：1998年12月 運転開始：2005年12月 ○東北電力２号機 着工・運転開始：未定 ○東京電力１号機 着　　工：2011年１月 運転開始：未定 ○東京電力２号機 着工・運転開始：未定 （平成30年度供給計画による）	着　　工：2008年５月 運転開始：未定 （平成30年度供給計画による）

資料：青森県エネルギー総合対策局原子力立地対策課

⑷　原子燃料サイクル施設

日本原燃㈱は、上北郡六ヶ所村においてウラン濃縮工場、低レベル放射性廃棄物埋設センター、高レベル放射性廃棄物貯蔵管理センター、再処理工場、ＭＯＸ燃料工場の原子燃料サイクル施設の建設、操業を進めている（12－５表）。

⑸　国際核融合エネルギー研究センター

将来のエネルギー源としての核融合エネルギーの実現に向けて、日本・欧州連合（ＥＵ）・ロシア・米国・韓国・中国・インドの７極により、国際熱核融合実験炉（ＩＴＥＲ）計画が進められている。

六ケ所村に設置された国際核融合エネルギー研究センターでは、実験炉であるＩＴＥＲ計画の支援と次世代炉（原型炉）に向けた先進的な研究開発が行われている。また、現在整備が進められている加速器施設をさらに拡充し、新たな中性子照射施設等を六ヶ所村に建設する計画が量子科学技術研究開発機構によって検討されている。加速器及び照射施設は核融合の研究開発だけではなく、医療、放射性同位元素製造、半導体製造、計測・診断・分析等様々な用途に活用することができることから、本県に国際的な研究拠点が形成される可能性を有している。

12－5表　原子燃料サイクル施設計画（事業主体：日本原燃㈱）

（2018.10.31現在）

施設名	規模及び運転計画
再処理工場	最大処理能力：800トン・ウラン／年 使用済燃料貯蔵設備の最大貯蔵能力：3,000トン・ウラン 再処理事業開始：1999年12月 事業変更許可申請（新規制基準への適合）：2014年１月 竣工（本体施設）：2021年度上期（予定）
高レベル放射性廃棄物貯蔵管理センター	返還廃棄物貯蔵容量：ガラス固化体2,880本 操業開始：1995年４月 事業変更許可申請（新規制基準への適合）：2014年１月
ＭＯＸ燃料工場	最大加工能力：130トンＨＭ／年 建設工事着工：2010年10月 事業変更許可申請（新規制基準への適合）：2014年１月 竣工：2022年度上期（予定）
ウラン濃縮工場	操業規模450トンＳＷＵ／年、最終的には1,500トンＳＷＵ／年 操業開始：1992年３月 事業変更許可：2017年５月
低レベル放射性廃棄物埋設センター	最終的には約60万㎥（200㍑ドラム缶約300万本相当） 操業開始：1992年12月 事業変更許可申請：2018年８月

資料：青森県エネルギー総合対策局原子力立地対策課

5．青森県におけるエネルギー産業の発展に向けて

寒冷地である本県は、これまでみてきたとおり、一人当たりや県民総生産当たりのエネルギー消費量の多い県であり、その大半を外国や県外からの移入に頼っており、地域外へマネーが流出している。一方、

本県には、次のような優位性があり再生可能エネルギーを含んだ新エネルギーのポテンシャルが高い。

① 土地が広く陸上風力発電の適地が多い。

② 比較的日照時間が多く太陽光発電に適している。

③ 三方を海で囲まれており海上発電の適地が多く、海洋エネルギーも活用できる。

④ 木材や農水産物残渣などのバイオマス資源が豊富である。

⑤ 地熱資源が多い。

⑥ 小水力発電用のため池や用水路等が多い。

⑦ 雪が豊富。

こうした本県の地域資源を最大限生かすことで、エネルギーの地産地消による地域内のマネーの循環を活発化させることで、地域産業の活性化と新たな雇用創出につなげることが期待される。

【参考】

新エネルギーとは、再生可能エネルギーのうち地球温暖化の原因となる二酸化炭素の排出量が少ないエネルギー。新エネルギー利用等の促進に関する特別措置法（新エネ法）で、10種類が指定されている。

［発電分野］・太陽光発電、風力発電、バイオマス発電、中小規模水力発電（1,000kW以下）、地熱発電（バイナリー[1]方式）

［熱利用分野］・太陽熱利用、温度差熱利用、バイオマス熱利用、雪氷熱利用

［発電・熱利用分野］・バイオマス燃料製造

（担当：長尾　匡道）

1　地下から取り出した蒸気・熱水で、水より沸点の低い液体を加熱・蒸発させ、その蒸気でタービンを回す発電方式

第13章　交通・運輸

1. 概　　観

青森県を取り巻く交通環境は、この10年で大きく変容した。最も大きな要因は、2010年の東北新幹線全線開通と2016年の北海道新幹線開業、さらに2011年に発生した東日本大震災である。一方で、加速する人口減少と高齢化もさまざまな影響を及ぼしつつある。この変容の中、100年以上の歴史を持つＪＲ東北線は青い森鉄道として経営分離され、県内から姿を消した。十和田観光電鉄も2012年に三沢－十和田市間の運行を終えている。一方､高規格道路網は着々と整備が進むが､主要都市間を網羅するネットワークの完成には至っていない。海路は、高い北海道新幹線の特急料金を忌避した旅行者が青函航路のフェリーに流れているほか、八戸－苫小牧航路に新造船が投入されるなど充実が進み、フェリー航路と陸上交通を連携させる取り組みも多様化している。空路は国内線で３社の運航体制が整い、また、初の中国定期路線となる青森－天津線が2017年に開設され、外国人観光客の増加に貢献している。

2. 東北・北海道新幹線の開業

北海道新幹線は2016年３月26日、新青森－新函館北斗間148.8㎞が開業した。1973年の整備計画の決定から実に43年ぶりの開業となった。青森と函館を結ぶ交通手段の主役は、1908（明治41）年に就航した青函連絡船、1988（昭和63）年に開業したＪＲ津軽海峡線から、高規格鉄道に移った（13－１図参照）。

13－1図　青森県の鉄道網と港湾、主な航路

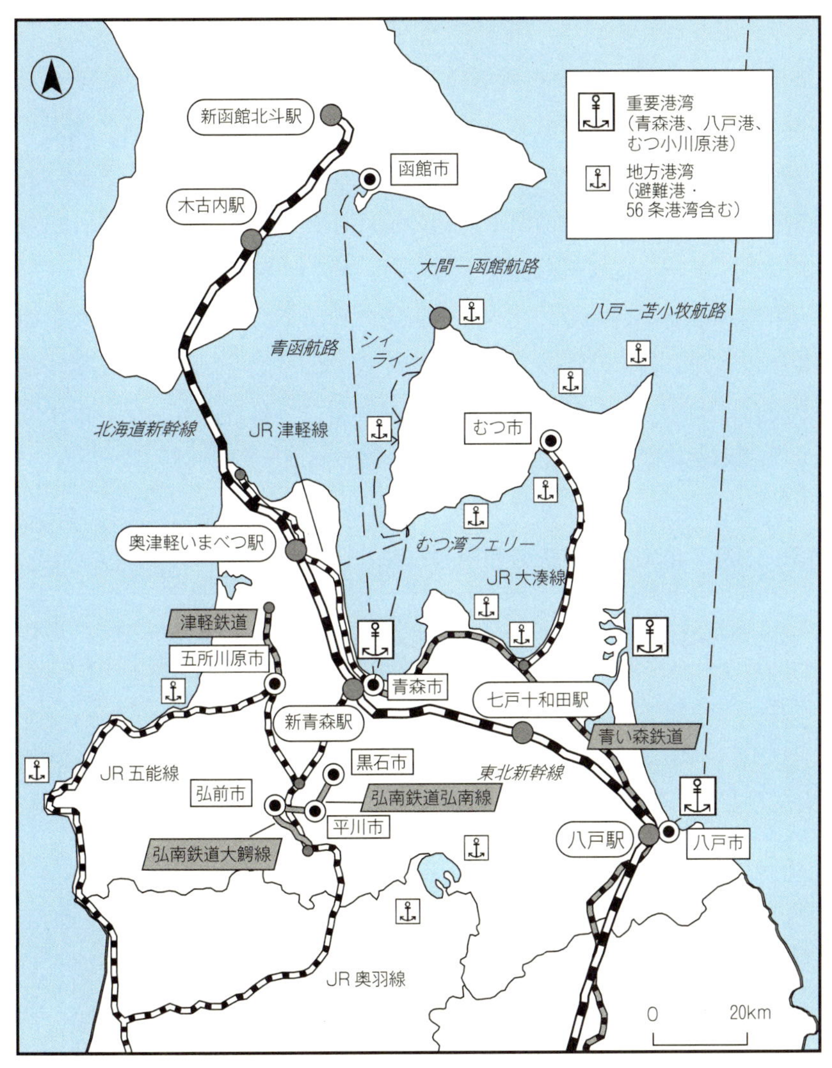

資料：青森県港湾空港課資料から筆者作成

　ただ、北海道新幹線はいくつもの課題を抱えてスタートを切った。青函トンネルを挟む区間の線路は、貨物列車と共用となり、風圧による貨物列車の脱線を防ぐ必要から、速度が最高で時速140kmに抑えられた（2019年３月から一部列車を160km運転）。このため、東京－新函

館北斗間は最速４時間２分と、航空機との競争力をそがれ、１日10往復の設定にとどまった。加えて、青函トンネルの管理費がかさみ、特急料金が割高になった。さらに、新函館北斗駅は函館市中心部から18km離れた北斗市に建っている。これらの事情によって、航空機から新幹線への利用シフトや新規需要の開拓は限定的になった。一方で、在来線・津軽海峡線は、列車規格の違いなども手伝って廃止され、他に例をみない、在来線の代替手段がない新幹線路線となった。

開業初年度は在来線に比べて1.64倍の利用があったものの、在来線より３倍近い利用に膨らんだ北陸新幹線には及ばなかった。開業特需の減衰により、２年目の2017年度は２割減、３年目はさらに２割少ないペースで利用が推移している（13－２図参照）。

13－２図　北海道新幹線の利用者推移

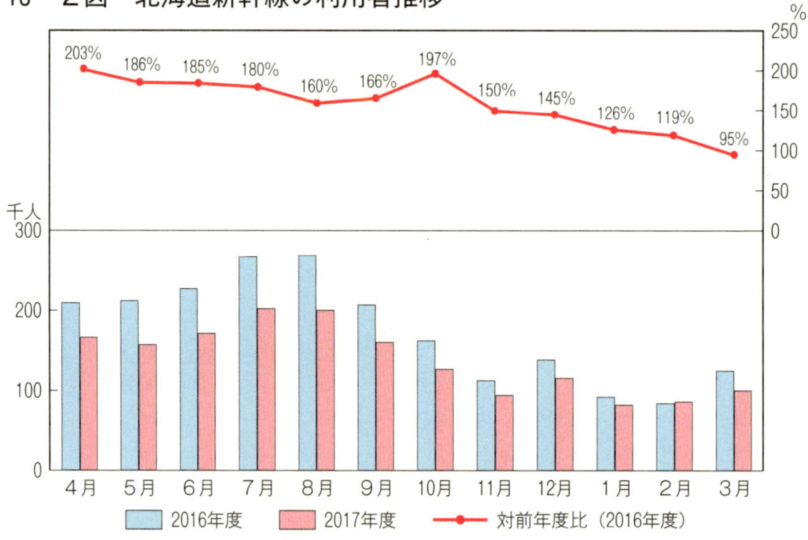

資料：ＪＲ北海道公表資料から筆者作成

それでも、函館市は多くの観光客でにぎわい、道南を訪れた外国人観光客が青森県にも周遊するなど、広域的な開業効果も生まれている。

さらに、行政や経済団体、金融機関、さらには「津軽海峡マグロ女子会」などの民間団体による青森県と道南の交流が活発化してきた。青森県は従来の青函圏に代わる「津軽海峡交流圏」構想を掲げ、観光・ビジネス、医療、教育など多様な交流を促進して、青森県と道南の持続可能な地域づくりを目指す「λ（ラムダ）プロジェクト」に取り組んでいる。

北海道新幹線開業の５年３カ月前、2010年12月４日に東北新幹線は全線開通・新青森開業を迎えた。2002年の八戸開業・青森県開業から８年目、1982年の盛岡開業から28年目、整備計画決定から37年目の“終点”到達となった。開業時点では「はやて」15往復が最短３時間20分で東京－新青森間を結んだ。ＪＲ東日本は2011年３月、新型車両Ｅ５系を投入して新たに「はやぶさ」を設定して、東京－新青森間を最速２時間59分に短縮した。2018年９月現在、「はやぶさ」は１日18往復まで増便され、うち10往復が新函館北斗まで運転している。

2011年３月に発生した東日本大震災により、東北新幹線の全線開通が青森県にもたらした恩恵や影響の検証は極めて困難になった。それでも、ＪＲ東日本の会社要覧によれば、2011年度と2017年度を比べると、首都圏と青森県の旅行者に占める鉄道利用者のシェアは76％から78％に上昇し、実数でも245万１千人から258万人に増えている（13－３図参照）。

13－３図　首都圏と青森県の移動におけるJRと空路の利用動向

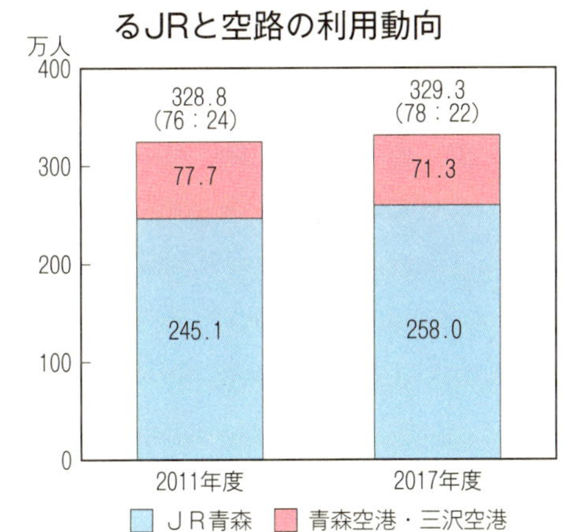

資料：「会社要覧」（ＪＲ東日本）から筆者作成
（　）内はシェア

3．県内の鉄路の変遷

東北新幹線の全線開業に伴い、並行在来線・青い森鉄道の営業区間は、八戸－目時間から青森－目時間に拡大し、全長121.9㎞と2019年1月現在では全国最長の地方鉄道となった。苦しい環境下ながら、生活に密着したダイヤの編成、休日限定の乗り放題切符の導入、フェリー会社とタイアップした割引切符の設定、新駅・筒井駅（青森市）の設置などの経営改善努力を重ねた。北海道新幹線の開業後は貨物列車の機関車の付け替え作業を請け負い、対価5億5千万円余りが新たな収入源となった。

その結果、2017年度は、減免措置を受けてきた青森県への線路使用料を全額支払うことができ、2002年の創業以来、初めて、名実とも事業収支が黒字となった。

他方で、新幹線開業を契機に姿を消した私鉄もある。十和田観光電鉄（三沢－十和田市、14.7㎞）は、人口減少や住民の鉄道離れに加え、2010年12月の東北新幹線開業に伴い三沢駅に停車する特急列車がなくなって、利用者減に拍車がかかった。さらに東日本大震災が襲った。同社は地元に財政支援を求めたが交渉は不調に終わり、2012年3月31日、営業運転を終えた。

ＪＲ各線を除けば、県内の私鉄は津軽鉄道（津軽五所川原－津軽中里、20.7㎞）、弘南鉄道弘南線（弘前－黒石、16.8㎞）、同大鰐線（大鰐－中央弘前、13.9㎞）の2社3路線が残っているが、いずれも経営環境の厳しさに変わりはない。

13－4図に2012年度と2015年度の各社の利用者数を示した。わずか3年間で弘南鉄道大鰐線は19％、津軽鉄道は7％、利用者が減っている。逆に、青い森鉄道は利用者が5％増えた。統計上は定期券利用者の増加が伸びを支えていることから、2014年に開業した筒井駅（青森市）の効果が大きいと推測される。

13－4図　鉄道各社の2012年度と2015年度の利用者比較

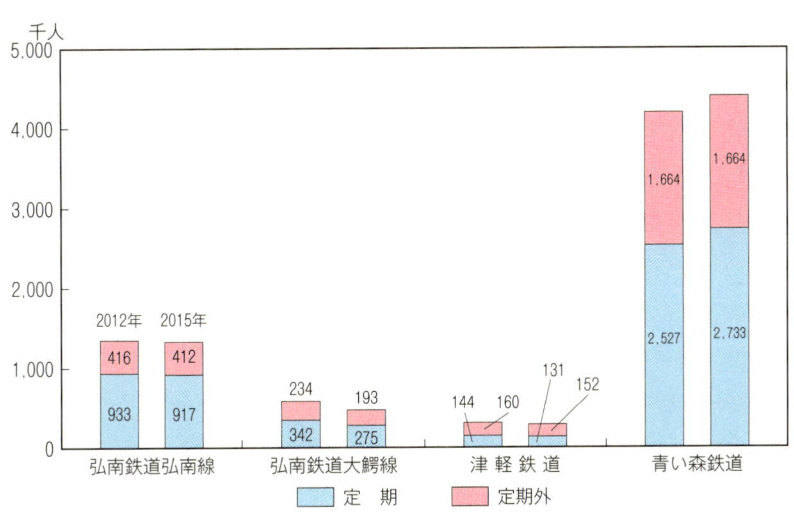

資料：「鉄道統計年報」（国土交通省）

中泊町は2018年３月、北海道新幹線開業２周年に合わせて津軽鉄道の将来を考えるシンポジウムを開いた。また､弘南鉄道は2013年６月、大鰐線を廃止する意向を示したが、地元の要求に応じて撤回した。その後、弘前市を中心に弘南鉄道大鰐線存続戦略協議会が発足し、利用促進策を検討、実施している。2017年度には各種の社会実験が奏功して利用者、収入が上向いた時期もあった。沿線のさまざまな連携と工夫が、これら路線の将来の鍵を握る。

４．高規格道路の整備

青森県内の高規格道路の概要を13－５図に示した。「高速自動車国道」である東北縦貫自動車道弘前線と同八戸線、「一般国道の自動車専用道路」である津軽自動車道と八戸・久慈自動車道、さらに「地域高規格道路」である下北半島縦貫道路などが骨格を成し、国や県がさまざまな建設方法を組み合わせて、全県的な高規格道路ネットワークの整備を進めている。

13－5図　青森県の道路網と空港

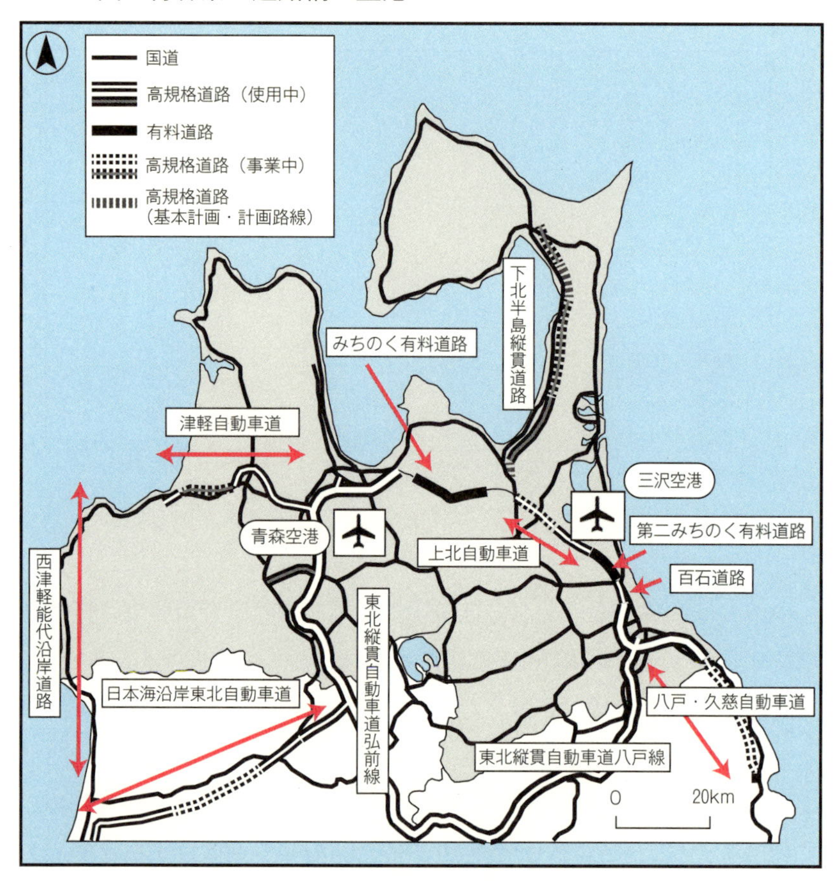

資料：「青森県主要幹線道路網」（青森県資料）から筆者作成

東京と青森市を結ぶ弘前線（698km）は、東北自動車道と通称され、1987年に全線が開通した。一方、八戸線（167km）は岩手県の安代ジャンクション（ＪＣＴ）で弘前線から分離し、八戸市を経て青森市へつながる。安代ＪＣＴ－八戸北インターチェンジ（ＩＣ）間は八戸自動車道と通称され、1989年に安代ＪＣＴ－八戸ＩＣ間が、2002年に八戸ＩＣ－八戸北ＩＣ間が開通している。八戸北ＩＣと青森市の間は未開通だが、東北自動車道・青森ＪＣＴと青森東ＩＣ間15.6kmは2003年、青森自動車道の名で開通した。

八戸線の未開通区間では、青森県道路公社が運営する、みちのく有料道路（21.5km）と第二みちのく有料道路（9.7km）、東日本高速道路が管理する百石道路（6.1km）が供用されている。また、みちのく有料道路と第二みちのく有料道路の間は、国が上北自動車道として整備を進めており、最も東側の上北道路（7.7km）は2013年度に開通した。これらの道路は、八戸自動車道から百石道路、第二みちのく自動車道、上北道路までが一体化して通行できる。2018年度には、上北自動車道の中央部分に当たる上北天間林道路（7.8km）が開通予定で、七戸町天間林地区から八戸市以南が、高規格道路でひと続きになる。上北自動車道の残り区間、天間林道路（8.3km）は用地買収が進んでいる。

津軽自動車道は、青森市浪岡－鰺ヶ沢間の38kmのうち、未着手だった柏浮田道路（12.3km）が2018年度に事業化され、全線開通へ弾みがついた。

また、八戸・久慈自動車道（50km）は東日本大震災後、「復興道路」と位置づけられた三陸沿岸道路（仙台市－八戸市、約360km）の最北部として整備が加速してきた。区間のうち、八戸ＪＣＴと八戸南ＩＣを結ぶ八戸南環状道路（8.6km）が2014年に、八戸南ＩＣと階上ＩＣを結ぶ八戸南道路（8.7km）が2013年に開通、残り区間は2020年度の開通を見込む。

地域高規格道路のうち、下北半島縦貫道路（約68km）は、野辺地ＩＣ－横浜吹越ＩＣ間25.3kmが2017年までに開通し、横浜吹越ＩＣの北側17.4kmとむつ市側の8.7kmの区間で事業が進んでいる。

以上のほか、新潟市と青森市を結ぶ日本海沿岸東北自動車道（約322km）は、東北自動車道・小坂ＪＣＴ以北が東北自動車道と重複し、2017年３月末現在で74％が開通している。秋田県内の大半の区間が開通済みだが、大館市と能代市の間に未開通区間がある。

また、鰺ヶ沢町と秋田県能代市を結び、同市で日本海沿岸東北自動車道に接続する地域高規格道・西津軽能代沿岸道路（総延長約90㎞、県内部分約60㎞）について、候補路線から計画路線への格上げが模索されている。

本節でみてきたように、高規格道路の整備は、2018年度を一つの節目に各地で進んでいるが、県内第一の都市・青森市と第二の都市・八戸市を直結する見通しも、下北半島と県内他地域を直結する見通しも、まだ立っていない。

13－6図に、筆者が作成した、青森市から県内39市町村までの時間距離（市役所・役場所在地）を示した。津軽地域は、深浦町を除き、ほぼ1時間圏内に収まっているのに対し、南部地方は1時間半以上を要する市町村が多い。さらに、下北半島は依然、3時間近くかかる町村も存在する。

県内は近年、急速に人口減少が進んでおり、特に主要都市から遠い津軽半島北部や下北半島北部、西海岸地方などでの度合いが著しい。高規格道路の整備は、後述するように、自動運転技術の導入に際して大きなアドバンテージとなる。整備のピッチが、新技術の導入や人口減少社会の克服に間に合うか、時間との戦いが今後の一つの焦点となろう。

13－6図　青森市から各市町村までの時間距離（乗用車）

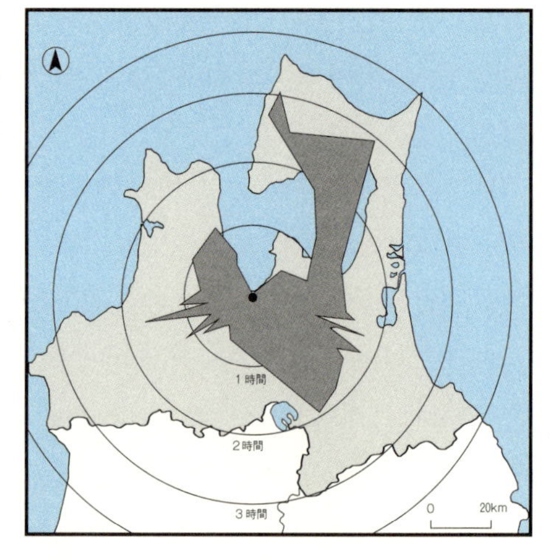

資料：Google Mapの数値を元に筆者作成

5．海路の動向

2016年の北海道新幹線開業は、併走する青函航路に思わぬ余波をもたらした。前述のように、高価な特急料金を忌避した青函圏の移動者が、片道1,000円台から利用できるフェリーを選択したためだ。往復ともフェリーを選択する人だけでなく、片道はフェリー、片道は北海道新幹線を選択する人もあるなど、開業前には予想されなかった多様な移動がみられている。

津軽海峡フェリー（本社・函館市）は2016年、2017年と立て続けに、居住性に優れる新造船を投入し、観光客の取り込みを図る一方で、2017年には通常、３時間50分の所要時間を３時間10分～３時間20分に短縮するダイヤを試行するといった取り組みを展開してきた。高速バスや青い森鉄道とのセット割引切符を導入したほか、青森県や道南の「道の駅」とタイアップしたスタンプラリーなどの企画も積極的に繰り広げている。一方、競合する青函フェリー（共栄運輸・北日本海運が共同運航、ともに本社・函館市）は、青森市内の定額タクシー・定額観光タクシーとの提携などのサービスを展開している。

さらに、両フェリーとも高速道路の定額乗り放題パスとの連携商品開発、無料Ｗｉ－Ｆｉ提供など、利便性の向上に余念がない。

これらの背景には、長距離ドライバーの不足や、ドライバーが十分な休息を取れるよう配慮した法令の改正がもたらした「青函航路離れ」があるという。青函航路は乗船時間が短いものの、ドライバーが休息を取るには不十分なため、北海道と本州を結ぶトラック輸送が、青函航路から仙台－苫小牧航路や八戸－苫小牧航路にシフトしている。そのダメージを補おうと、各社は船旅の魅力や割安感をアピールしているという。13－７図に、2015～2017年度の青函航路の輸送実績を示したが、一般旅客が増える一方で、貨物輸送がじりじりと下がっている様子が見て取れる。

13－7図　青函航路の輸送実績

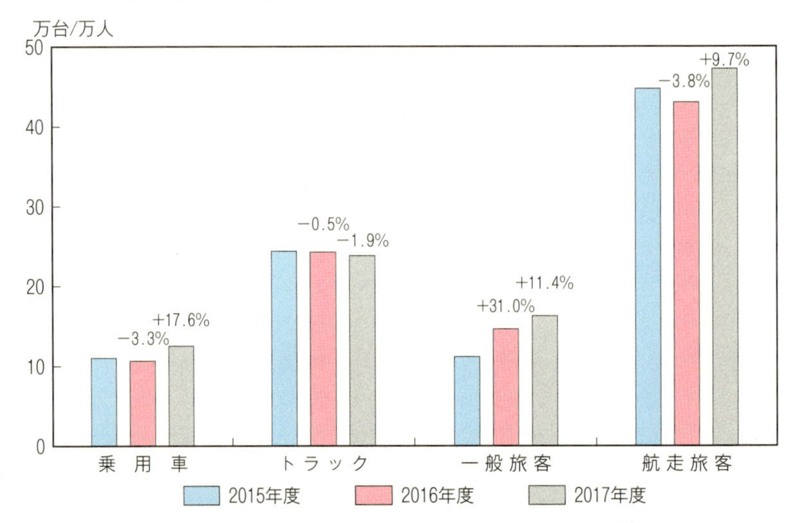

資料：函館運輸支局の提供データから筆者作成　　※%は前年度からの増減率

八戸－苫小牧航路を運航する川崎近海汽船（本社・東京）は2018年、居住性を重視した新造船を投入し、さらには宮古（岩手県）―苫小牧に航路を新設するとともに、八戸支店を八戸支社に昇格させた。これらの動きが縁となり、八戸市と函館市は同年、交流連携協定を締結した。

青森県内の主要な港湾は13－１図に示した通りである。このうち、青森港については、青森県が2018年、増加するクルーズ船の受け入れ環境を整備するため、約18億円を投じて青森港新中央埠頭の岸壁の延伸工事を完了させた。総トン数13万トン級の大型客船が、中心市街地にごく近い同埠頭に接岸可能になった。2019年度にはＣＩＱ機能（税関、出入国管理、検疫）を備え、観光案内や物産販売も行うターミナルも建設される。

青森港へのクルーズ船寄港は、国内外の観光客の増加に寄与するだけでなく、外国人観光客を念頭に置いた、青森市中心部の多言語表記の急速な普及に大きく寄与している。

また、八戸港は東日本大震災で大きな被害を受けたが、無事に復旧し、2017年度にはフェリーが２隻、同時に接岸できるよう整備された。2018年度には、多目的国際物流ターミナルのコンテナヤードが拡張された。

青森県は、国内外の観光客が陸海空の多様な交通手段を組み合わせて津軽海峡を周遊・往来する「立体観光」に力を入れてきた。だが、上記のように、北海道と本州の多面的な交流が進展する動きもある。また、クルーズ船向けの青森港の整備が、上記の多言語表記の普及に加えて、特に外国人向けのキャッシュレス決済の浸透を左右する可能性も大きい。社会構造や経済・産業のつながりが、今後、海を介した人の移動とどのような相互作用を起こしていくか、さまざまな角度から注目していく必要があろう。

6．航空網の充実

青森県には県管理の青森空港、アメリカ軍管理の三沢空港がある（13－３図参照）。東北地方でほかに２空港を持つ秋田県、山形県にはフル規格新幹線が走っていないことを考えると、東北では長距離移動の選択肢に恵まれた県といえる。

青森空港には2019年１月現在、羽田（東京）、伊丹（大阪）、新千歳（札幌）、名古屋（県営）の４空港との空路が開設されている。羽田線は日本航空（ＪＡＬ）が１日６往復、伊丹線はＪＡＬ、全日本空輸（ＡＮＡ）が各３往復、新千歳線はＪＡＬが３往復とＡＮＡが２

13－８図　青森、三沢空港の定期路線

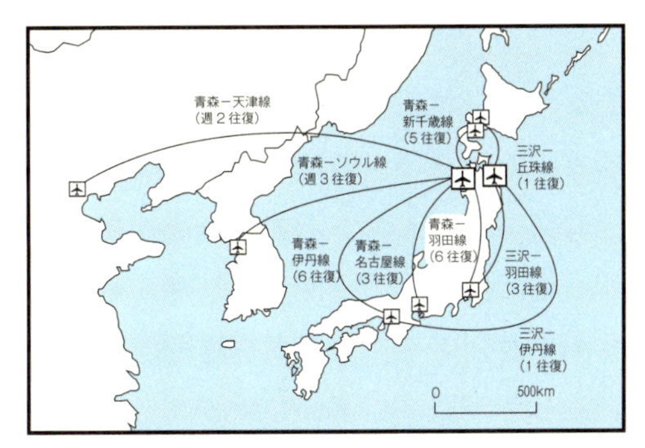

資料：青森、三沢空港資料から筆者作成

往復、名古屋線はフジドリームエアラインズ（ＦＤＡ、本社・静岡市）が３往復を運航している。また、国際線は大韓航空が1995年開設のソウル（インチョン）線を週３往復、中国・奥凱（オーケー）航空が2017年開設の天津線を週２往復運航し、ソウル線は2018年12月に週５往復、天津線は同年10月末から週４往復に増便された（13－８図参照）。さらに、エバー航空（台湾）は2018年11月、青森－台北の定期便を2019年７～９月に就航させると発表し、青森空港は初の国際線３路線を有することになる。路線数や利用者数は、東北地方で仙台空港に次ぎ、東北の北端に位置する地の利もあって、外国人観光客の動きが活発化しているとされる。

青森空港の利用者数は1999年度、166万人とピークを記録し、県管理の空港としては全国トップクラスの利用を誇った。当時、国内線は、現在の路線に加えて、仙台、広島、福岡、沖縄の各線、国際線は1995年開設のハバロフスク線が就航していた。しかし、利用の不振や、東北新幹線の八戸開業（2002年）に伴うＡＮＡの東京線撤退、ＪＡＬと日本エアシステムの統合、ＪＡＬの経営危機と再建などの曲折により、これらの路線は姿を消した。ＪＡＬが運航していた名古屋（中部国際空港）線も2010年に運休となった。2011年度には利用が80万人と、最盛期の半分以下になった。

しかし、2011年にはＦＤＡが名古屋（小牧）線の運行を始め、2014年には全日空が青森空港に復帰、新千歳線、伊丹線がダブルトラッキング（２社運行）となった。そして2017年には念願の初の中国定期路線となる天津線が運航を始めた。

青森空港における2006年以降の国内線、国外線の定期便利用者の推移（暦年）を13－９図に示した。定期路線の運休などに伴って漸減していた利用者が、東北新幹線全線開通と東日本大震災によって２割も落ち込んだ様子が浮かび上がる。それでも、相次ぐ路線開設でV字回復に近い伸びを見せ、チャーター便も合わせた2017年の利用者は、前年比９％増の117万人余りに達した。

一方、三沢空港は2018年９月現在、JALが羽田線（１日３往復）、伊丹線（１往復）、丘珠（札幌）線（１往復）を運航している。2002年の東北新幹線・八戸開業後、羽田線が４往復から３往復に減便したものの、機材の小型化によって搭乗率を維持してきた。2007年に新千歳線が、2010年には伊丹線が運休となったが、前者は丘珠線として、

13－９図　青森空港の利用者推移

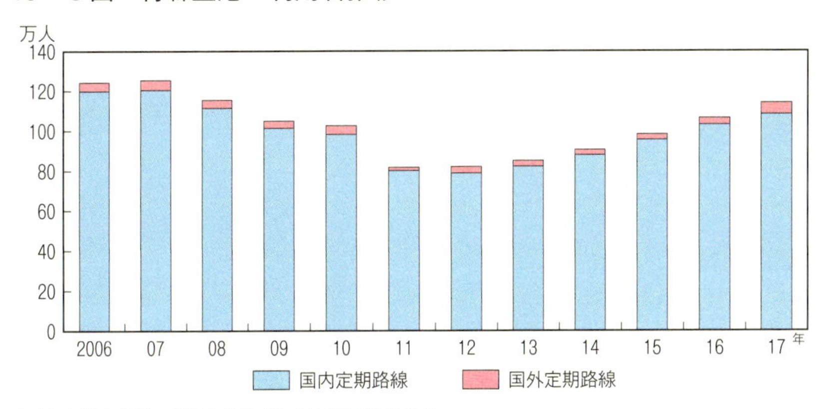

資料：「青森空港の利用実績」（青森空港管理事務所）

13－10図　三沢空港の利用者推移

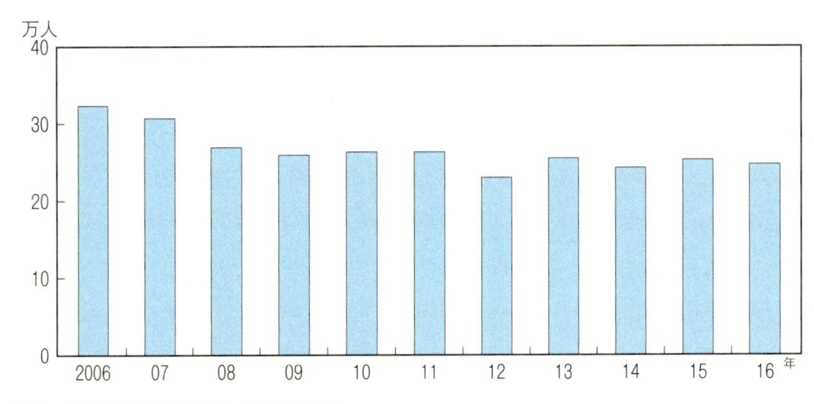

資料：「空港管理状況調書」（国土交通省）

後者はそのまま、ともに2013年に復活した。ただし、同年、新規開設された三沢－函館－丘珠線は利用が伸び悩み、土日限定の運航を経て、2016年で運休した。

13－10図に三沢空港の利用者の推移を示した。ほぼ安定して推移している。なお、2015年から2017年にかけてアメリカ軍が実施した滑走路補修のため、2016年は７～８月の繁忙期に23日間、2017年は５～７月の55日間にわたり、民間機が利用できなくなった経緯がある。2016年の数字は、本来ならさらに高い水準だったと推測される。軍事基地と共存する空港活用の難しさを感じさせる状況だった。

７．事業所数と従業者数の変化

経済センサスから運輸業界の事業所数と従業員数の変化を押さえておこう。

2009年と2016年の数字を比べると、「運輸業、郵便業」に従事する事業所数は1,552から1,376に減り、減少率は11.3％だった（13－11図参照）。県内の事業所全体は６万8,415から５万8,116に減少、減少率は15.1％だったため、事業所全体に占める運輸業界のシェアは2.2％から2.4％へ上昇した。

同じく従業員数は３万4,045人から２万7,948人へと17.9％もの減少をみた（13－12図参照）。全産業では60万8,847人から49万8,988人へと18.0％減少しており、運輸業従事者のシェアは5.2％から5.4％へ上昇している。

これらの数字からも分かるように、運輸業界は１事業所当たりの従業者数が全産業に比べて多く、2016年の値で20.3人と、全産業の8.9人の２倍以上に達する。それだけに、事業所数や従業者数の減少は、県内全体の経済に波及しやすいと言える。そして、事業所数と従業者数が多い道路貨物運送業や道路旅客運送業は、どちらの数字も減少幅が大きい。

13－11図　青森県内の運輸業の事業所数

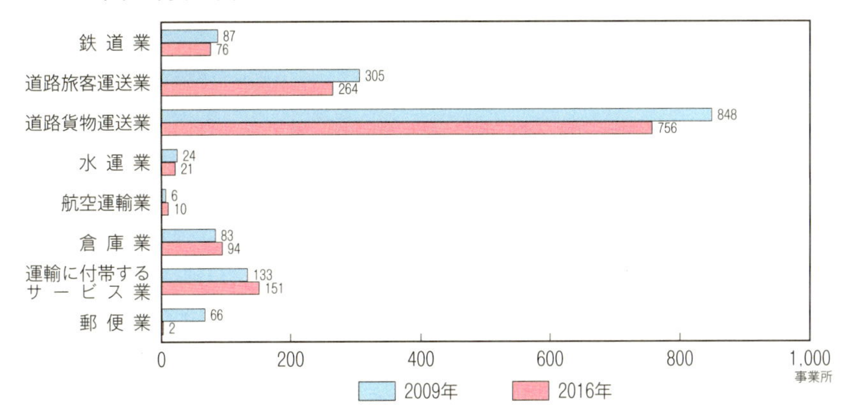

資料：「経済センサス」（総務省）

13－12図　青森県内の運輸業の従業者数

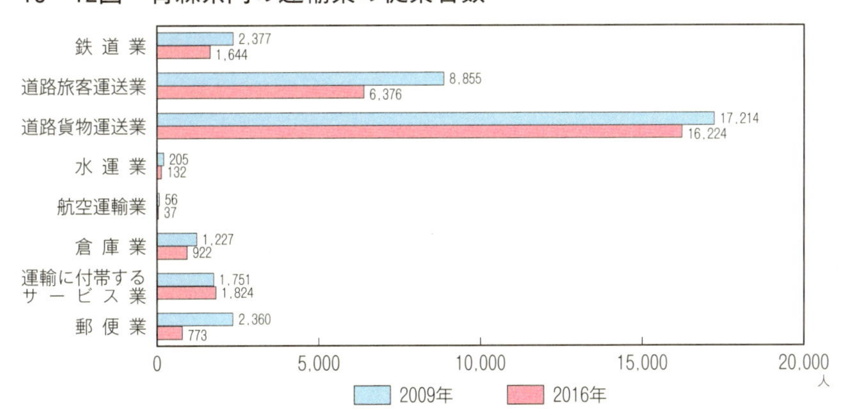

資料：「経済センサス」（総務省）

詳しくみると、一般乗合旅客自動車運送業（乗合バス事業）は事業所数が43から29に減り、従業者数は1,668人から922人へと45％減少した。また、一般貸切旅客自動車運送業（ハイヤー・タクシー事業）は、事業所数が219から189へ14％減ったが、従業者数は6,442人から4,501人へ３割もの減少となった。いずれも、業界自体が急速にしぼんでいる格好である。このほか、各業界で事業所数も従業者数も最多の一般貨物自動車運送業は、それぞれ728から655、1万6,340人から1万5,459人と減少基調にある。他方、まだ絶対数は多くないながら、貨物運送業取扱業など「運輸に付帯するサービス業」は事業所数が133から151、従業者数が1,751から1,824へと伸びており、運輸業界やサービス形態の多様化をうかがわせる。

8. 貨物・旅客の動き

国土交通省の貨物地域流動調査データによると、2016年度の青森県の総貨物輸送量は、発量・着量ベースとも約8,000万トンで、全国47都道府県の中位にある。また、13－1表に示したように、府県相互間輸送トン数をみると、8割近くを域内輸送が占める。県外輸送については、発量ベースでは岩手が最も多く、宮城、千葉、山形、神奈川、東京が次ぐ。着量ベースでも、やはり県外では岩手が最多で、室蘭（北海道）、宮城、秋田、茨城、東京の順に多い。近隣の道県にとどまらず、量は少ないものの、青森県が全国の大半の地域とモノの動きでつながっている様子が見て取れる。同時に、東北自動車道や鉄道で結ばれた、東北地方の太平洋側や関東北部との結びつきが可視化されている。逆に、地理的には近い道南地域は、あまり上位に入っていない。

一方、旅客については、13－2表に示したように、域内を除けば岩手、秋田、北海道、宮城、東京など、地理的に隣接する地域や地方中枢都市、そして日本の中枢との結びつきが強い。貨物に比べれば、人の移動のバリエーションが限定的である様子もうかがえる。貨物・旅客を通してみると、県域でモノや人の移動が完結しがちな半面、特に岩手県との結びつきの強さが浮かび上がる。

13－1表　青森県と他の都府県・地域の間の総貨物輸送量

（左・発量、右・着量、単位・トン）

1	域内	63,270,807
2	岩手	4,648,948
3	宮城	3,140,322
4	千葉	1,273,332
5	山形	1,042,760
6	神奈川	1,026,673
7	東京	976,667
8	室蘭	745,360
9	福島	715,981
10	茨城	690,460
11	愛知	529,678
12	秋田	528,230
13	釧路	201,257
14	栃木	169,812
15	新潟	134,535
16	三重	124,315
17	静岡	100,686
18	大阪	98,407
19	山口	81,496
20	函館	73,696
21	福岡	69,238
22	札幌	61,817
23	長崎	61,292
24	広島	60,382
25	愛媛	56,131
26	徳島	43,691
27	埼玉	39,599
28	山梨	37,754
29	岡山	36,254
30	兵庫	28,698
31	香川	25,389
32	群馬	21,906
33	京都	12,729
34	石川	8,517
35	大分	7,815
36	長野	7,143
37	富山	6,843
38	高知	5,985
39	佐賀	5,766
40	北見	5,757
41	和歌山	5,259
42	岐阜	3,690
43	帯広	3,184
44	旭川	2,942
45	熊本	2,921
46	福井	2,354
47	鹿児島	2,004
48	宮崎	1,182
49	鳥取	350
50	島根	60
51	滋賀	0
52	奈良	0
53	沖縄	0

1	域内	63,270,807
2	岩手	4,116,043
3	室蘭	2,352,906
4	宮城	2,077,149
5	秋田	1,495,917
6	茨城	1,325,254
7	東京	1,021,104
8	神奈川	902,273
9	福島	853,571
10	札幌	515,221
11	千葉	375,521
12	栃木	293,904
13	函館	292,131
14	埼玉	277,018
15	山形	256,751
16	大阪	191,413
17	新潟	173,727
18	兵庫	142,115
19	釧路	139,751
20	愛知	75,605
21	岐阜	70,694
22	石川	68,345
23	山口	63,922
24	広島	57,925
25	福岡	57,696
26	旭川	55,320
27	香川	41,023
28	静岡	30,386
29	帯広	30,007
30	大分	28,043
31	鳥取	23,387
32	富山	19,177
33	北見	19,015
34	島根	17,988
35	京都	13,749
36	岡山	11,426
37	三重	11,273
38	佐賀	8,892
39	愛媛	8,791
40	福井	7,372
41	熊本	4,359
42	高知	4,190
43	和歌山	2,916
44	鹿児島	2,706
45	徳島	2,420
46	宮崎	2,390
47	長野	1,969
48	長崎	1,697
49	沖縄	1,501
50	群馬	975
51	山梨	470
52	滋賀	0
53	奈良	0

資料：「平成28年度貨物地域流動調査」（国土交通省）

13－2表　青森県と他の都府県・地域の間の旅客輸送量

（左・発量、右・着量、単位・トン）

1	域内	929,395
2	岩手	6,277
3	東京	1,449
4	秋田	1,337
5	宮城	877
6	道南	523
7	道央	295
8	埼玉	130
9	大阪	114
10	千葉	88
11	神奈川	86
12	愛知	69
13	山形	44
14	福島	42
15	栃木	28
16	茨城	25
17	静岡	17
18	新潟	14
19	京都	13
20	長野	8
21	群馬	8
22	鳥取	6
23	石川	6
24	富山	5
25	兵庫	4
26	広島	4
27	道北	4
28	道東	4
29	福井	3
30	岐阜	2
31	山梨	2
32	奈良	2
33	岡山	2
34	福岡	2
35	滋賀	1
36	山口	1
37	三重	1
38	愛媛	0
39	和歌山	0
40	香川	0
41	高知	0
42	大分	0
43	島根	0
44	徳島	0
45	佐賀	0
46	長崎	0
47	熊本	0
48	宮崎	0
49	鹿児島	0
50	沖縄	0

1	域内	929,395
2	岩手	6,341
3	秋田	1,438
4	東京	1,403
5	宮城	769
6	道南	540
7	道央	305
8	埼玉	130
9	大阪	110
10	神奈川	85
11	千葉	84
12	愛知	68
13	福島	42
14	山形	33
15	栃木	28
16	茨城	24
17	静岡	16
18	京都	15
19	新潟	13
20	長野	9
21	群馬	8
22	石川	4
23	富山	4
24	広島	4
25	兵庫	4
26	道北	4
27	道東	3
28	福井	2
29	岐阜	2
30	山梨	2
31	岡山	2
32	福岡	2
33	滋賀	1
34	山口	1
35	三重	1
36	和歌山	0
37	愛媛	0
38	香川	0
39	高知	0
40	大分	0
41	奈良	0
42	鳥取	0
43	島根	0
44	徳島	0
45	佐賀	0
46	長崎	0
47	熊本	0
48	宮崎	0
49	鹿児島	0
50	沖縄	0

資料：「平成28年度貨物地域流動調査」（国土交通省）

9．展　　望

他章でも検討されているように、青森県の人口や生産年齢人口は今後、大きく減少に向かい、交通・運輸に関しては、需要そのものが減っていく趨勢にある。一方で、特にドライバーなど業界の担い手も既に不足が顕在化しており、縮小に向かう地域社会の中でも、どのように需要や労働力のバランスを維持しながら、経済活動を維持し、さらには住民のＱＯＬ（生活の質）を維持していくかが大きな課題といえる。

青森県内ではまだ、ＡＩ（人工知能）の活用や、その技術を応用した自動運転などの運用は大きな流れにはなっていない。背景には、県内でIT（情報技術）関連の産業集積が厚くない現状や、特に冬季の積雪や荒天が心理的なハードルになっている事情があると推測される。

とはいえ、現状の仕組みや意識のままでは、これまでと同様の営みを維持することはほぼ不可能である。需要やコストを考えても、例えばバス路線網を今後10年スパンでどう存続していくか、抜本的な見直しが、そう遠くない時期に迫られよう。本稿ではバス路線やタクシー業界など、生活に身近な交通機関の現状と課題について詳しく言及する余裕がなかったが、タクシー業界も、恒常的な台数過剰と構造的な低賃金が課題となってきた青森、弘前、八戸の３市と、著しい人口減少に直面する郡部とで、それぞれ性格が異なった打開策を見いだしていく必要があろう。現に、津軽地方では2018年から、路線バスをタクシーで代替する動きが出始めている。

さらには、世界的な趨勢となりつつあるシェアリング・エコノミーの進展や外国人受け入れ、外国人観光客への対応といったポイントも含めて、青森県の交通・運輸のグランドデザインをどう描き直すかが、大きな宿題と位置づけられよう。

このほか、北海道新幹線の開業に際しては、道南を北海道支社から青森営業所の担当エリアに変更する企業が現れている。道南地域から時間距離が最も近い政令指定都市は、新函館北斗駅から２時間半で到達できる仙台である。特に冬季の悪天候にも新幹線は強い。しかし、このような情報も、それを生かす視点も、青森県内ではまだ十分に共有されていない。社会的、経済的状況が厳しさを増すほど、所与の条件をどう活用するかが大きな焦点となる。交通・運輸は、多くの人に直感的に分かりやすい分野だけに、地域で情報・知見を共有する仕組みや、政策形成能力、合意形成能力を向上させていく、有効な試金石となり得ることを銘記しておきたい。

（担当：櫛引　素夫）

「立体観光」の推進によるインバウンドの持続・拡大を

青森県商工会議所連合会会長　若井 敬一郎

昨年１月から11月までの青森県への外国人宿泊客数は、約36万2,000人で（内、台湾からが約89,600人で最多）東北でトップであり順調に推移しており（対前年比約50％増）、その要因の一つとして上げられるのが、鉄路・空路・海路などの高速交通ネットワークの充実です。

ご存知の通り、北海道新幹線が開業し、北海道と本州が一つに結ばれ早くも３年が経ちました。従来、青森～函館間は特急で２時間かかっておりましたが、開業により、新青森～新函館北斗間が１時間で結ばれることとなりました。

空路においては、2017年の５月、青森と中国・天津を結ぶ国際定期便が新たに就航（昨年10月から週２便から週４便）しました。1995年の韓国・ソウル線の就航以来23年ぶりの開設であり、さらに中国の都市と初めて結ばれたこともあり、大いに期待を寄せているところです。

また、台湾エバー航空の定期便も今年７月から就航されることや昨年12月からソウル便も週５便で運航されています。

最後に海路です。現在、港をもつ都市間で大型クルーズ客船の誘致合戦が行われております。青森市では、早くから行ってきた船会社へのセールス活動などが実を結び、年々、寄港数が増加してきており、昨年は25隻のクルーズ客船が寄港しました。今年は27隻が寄港予定となっています。

さらに、青森新中央埠頭は13万トン級の船も入港できる港湾整備も完成しており、さらなる誘客が図られるものと思っています。また、今年５月には、世界でもっとも有名な豪華客船の名前を受け継ぐクイーン・エリザベスが寄港することになっており、現在埠頭には、ＣＩＱも入る「青森港国際クルーズターミナル」が建設されています。

このように、交通ネットワークの環境が整備されることにより、空路から鉄路、鉄路から海路など、「立体観光」をうまく進めていくことが、さらにインバウンド需要を伸ばす要因になっていくものと思っています。

第14章　観 光 業

1．観光の現状

(1)　観光を取り巻く環境の変化

グローバル経済の拡大に伴い、インバウンドに向かう流れが増大している。また、ＩＣＴ情報ネットワーク技術の高度化で、観光を取り巻く環境は、大きく変化している。例えば、モバイルの機器が普及したことによって､個人で現地旅行情報をリサーチし易くなっているし、またＷｉ－Ｆｉや決裁システムも観光業のあり方を変えている。ＭＩＣＥの会議では、会場にＷｉ－Ｆｉを必要とするケースが多く、ホテルでも情報ネットワークへのアクセスビリティが重要となっている。

政府も、観光を基幹産業として位置づけており、官民挙げて観光振興に力を入れている。その結果、観光競争ランキングでは、上位にくいこみつつある。ただし、従来までの旅行産業からイノベーションを起こせる新しいマネジメントが求められており、地域社会との良好な関係を保持し発展できる観光地経営も必要とされている。ＤＭＯやＤＭＣの政策と取組みも進められるようになった。

(2)　東北新幹線新青森駅開業の影響

2010年12月の東北新幹線全線開業後は、宿泊客、観光客とも大きな伸びを示したが、東日本大震災の影響を受け、落ち込みがあった。ただし、新青森駅開業により、当駅からアクセスの良い地域は一定の開業効果があったことや、コンベンションが多く開催されたことで、青東地域と中南地域が比較的良かった。

今後、個人客向けに地域や個々の施設（ホテル・旅館、観光施設、商店、飲食店、交通機関等）の魅力付けを図り、消費金額を増やしていくこと、また、リピーターを増やすため、「おもてなし」や「観光コンテンツ」の底上げにより、「満足度」を高める受入態勢の一層の強化が重要であり、県外に向けての情報発信・誘客宣伝活動とともに、引き続き、県内全域で官民あげて取り組む必要がある。

⑶　青森空港国際線拡充の影響

青森空港は、北東北・青函地域のゲートウェイであり、国内外との交流促進や地域経済の活性化（産業振興、観光振興等）の役割を担っている。2017年５月の青森空港－中国・天津線新規就航及び11月よりソウル便の増便が行われ、国際線が大幅に増えた。また、国際チャーター便も台湾が増え、国際線利用者を押し上げている。

２．青森県の観光の特色

⑴　青森県の観光の特色

青森県は、本州の最北端に位置し東に太平洋、西に日本海が面する。本県は、自然豊かな十和田湖や八甲田連峰、世界遺産白神山地を始め、その豊かな自然から生み出される農林水産物、三内丸山遺跡に代表される歴史文化遺跡、四季折々の祭りなど、豊富な観光資源に恵まれている。青森県の持つ美しい自然と歴史、湯治、食、祭りといった魅力的かつ独自性の高い文化など、多彩な地域の魅力を通じて、国内外との交流人口の拡大に取り組んでいる。

特に、ねぶたに代表される夏の祭りは、本県の特徴である。さらに、冬季の観光では、樹氷ツアー、バックカントリーツアーなど新しい観光メニューの開発も進められている。近年は、インバウンドツアーも多くなり、国際的な観光開発の進展が図られてきた。

⑵　青森県の観光資源

本県の観光資源は、世界遺産・白神山地、十和田湖、奥入瀬渓流、八甲田連峰、岩木山、恐山などの自然、八甲田山麓、浅虫などの温泉、三内丸山遺跡やねぶた祭りなどの生活文化、大間のマグロに代表される水産物、リンゴや田子牛などの農畜産物などが挙げられる。

近年、海外からの観光客が増える中、雪が観光資源として注目されている。雪そのものが珍しい、また、吹雪に耐える厳しい暮らしは、雪が降らない地域から来ると体験型アクティビティーとなる。さらに、八甲田におけるバックカントリーなど、パウダースノーに恵まれた大自然の環境は、スキー・スノーボードの聖地となってきている。

さらに、歴史と伝統のある日本の地方への魅力という点では、青森県内のどの地方も特徴がある。海外からの観光客に対して、グリーンツーリズムあるいは民泊のような形で、青森の様々な既存の資源をそのまま観光資源としてその魅力を発揮できる可能性を秘めているといえる。

3．本県観光の現状と課題

(1) 県内観光客数と宿泊客数の推移

最新データである2016年の本県の県内観光客数と宿泊客数は、それぞれ3,515万７千人と457万１千人となった。ちなみに県内観光客数に占める宿泊客数の割合は、13％である。

2007年から2009年までと、2010年からのデータが異なった計算方法で算定されているため、注意を要する。その上で、全体の推移を概観すると、2011年の東日本大震災時における影響で、観光客数及び宿泊客数ともに前年に比べ減少したが、その後着実に増加傾向を示している。

まず観光客数については、2011年に3,154万３千人と落ち込んだが、その後漸増傾向を示し、2016年には3,515万７千人となった。

次に宿泊客数については、2011年に341万８千人と落ち込んだが、翌年より増加に転じた。2014年には前年に比べ減少したものの、増加傾向を示しており、2016年には457万１千人となった。

県内観光客数は、東日本大震災からの東北復興とともに漸増しており、宿泊客数も増加傾向にある。新幹線が開業し、大都市圏から本県への移動時間の短縮化が、日帰り客の増加に繋がった時期もあったが、それも沈静化しつつある。(14－1図参照)

14－1図　県内観光客数と宿泊客数

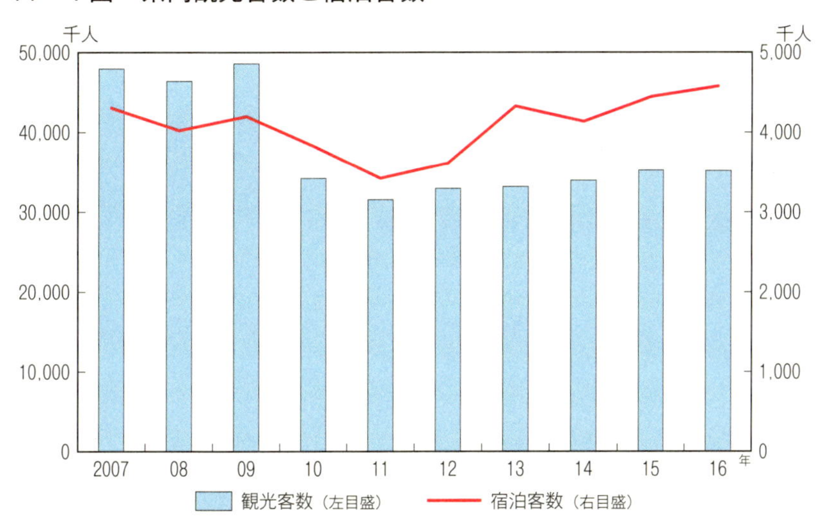

資料：「青森県観光入込客統計」（青森県観光国際戦略局）

注）2009年までは、青森県観光レクリエーション客入込み数調査実施要領による調査。2010年からは、共通基準による調査となっている

⑵ 県内観光消費額の推移

観光産業は裾野が広く、地域経済において重要な役割を果たしている。これは観光客の域内消費による経済効果が、地域の様々な産業に波及することを意味する。

こうした地域経済への波及効果が期待される観光消費額は、2016年で1,814億円となった。内訳は、宿泊費が560億円、域内交通費が271億円、買物・土産品費が481億円、その他が503億円となっている。

2007年から2016年まで10年の県内観光消費額の推移は、2008年から2010年まで漸増し、2011年で落ちこんだ後、増減はあるものの、増加傾向となった。

この間の一人当たり観光消費額の推移をみると、2009年と2010年との間で統計上の算定方法が異なっているため注意を要するが、2011年の落ち込みから横ばいが続いた後、2015年で増加傾向に転じて推移している。（14－２図参照）

14－２図　観光消費額の推移

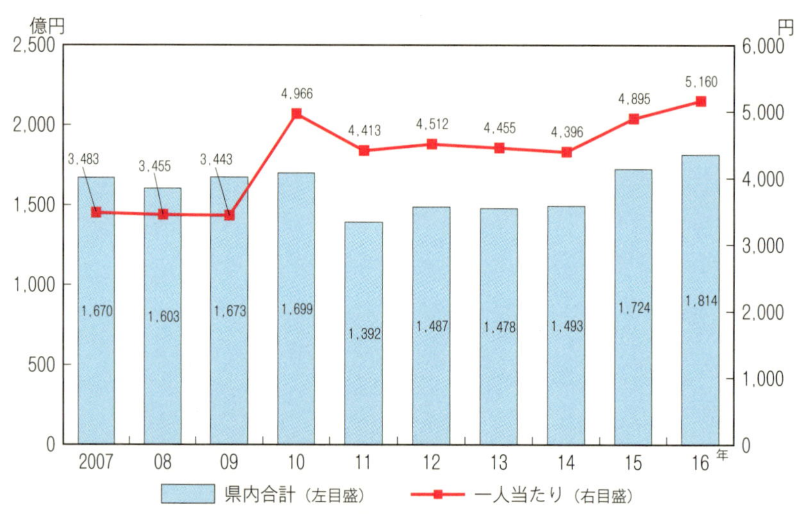

資料：「青森県観光入込客統計」（青森県観光国際戦略局）
注）2009年までと2010年からは算定方法が異なっている

(3) 県内主要行祭事・イベントの観光入込客数推移

青森ねぶた祭りの入込数は、県内で最多の入込数となっているが、2009年の330万人から概ね漸減傾向で推移し、2014年に259万人となったが、その後やや持ち直し、2016年に276万人となっている。日本一の火祭りとして名高い青森ねぶた祭りであり、入込み増加が期待される。

弘前さくらまつりの入込数は、さくらの開花時期の天候や、開花時期がゴールデンウィークに重なるかどうかなどにより大きく左右される。入込数が大幅に減少した2011年の東日本大震災の影響を除けば、入込数は漸増傾向で推移している。弘前さくらまつりに対する全国的な評価は高く、日本一のさくらの名所としてのブランドが構築されてきた。

弘前ねぷたまつりは、2007年の108万人から横ばいが続き、2014年に一時落ち込んだが、2016年には170万人と増加傾向にある。

八戸三社大祭は、2007年の109万３千人から2012年の109万２千人まで、一進一退で推移したが、その後漸増傾向にあり、2016年には117万７千人となった。

五所川原立佞武多は、2007年の166万人から、2010年180万５千人をピークに、2014年まで漸減傾向が続いた。しかし、その後持ち直し、2016年には111万人となった。（14－３図参照）

14－3図　県内主要行祭事・イベントの観光入込客数推移

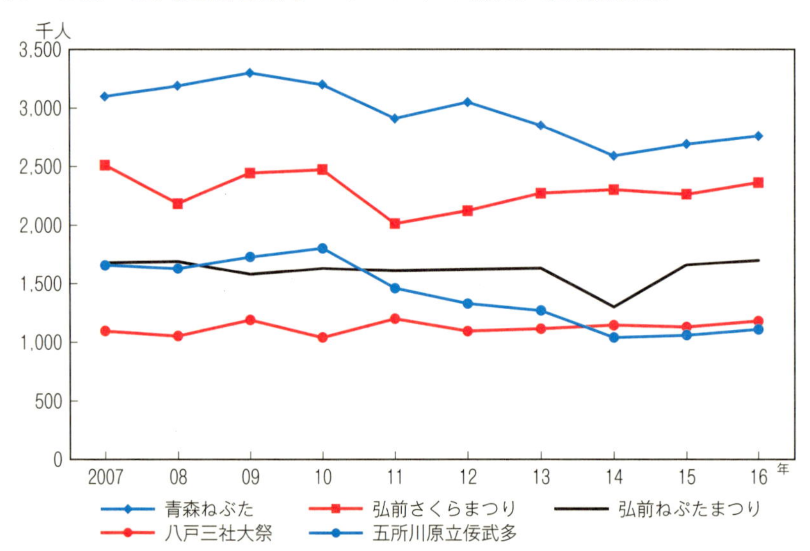

資料：「青森県観光入込客統計」（青森県観光国際戦略局）

⑷　県内自然公園内観光地点の観光入込客数推移

2007年から2016年までの推移をみると、「津軽国定公園」と「十和田八幡平国立公園」が他と比べて客入込数が多く、本県の二大観光地になっているといえる。

トップの「津軽国定公園」は、280万７千人から漸減傾向を示し、2014年には209万８千人となり、その後持ち直しているものの、2016年に214万６千人となった。

「十和田八幡平国立公園」は、2007年に280万７千人だったが減少傾向となり、東日本大震災の2011年には161万２千人まで落ち込んだ。しかし、その後持ち直し傾向を示し2016年には207万人まで回復し、「津軽国定公園」の入込客数に迫っている。

「浅虫夏泊」は、2007年157万４千人だったが増減はあるものの、ほぼ一貫して減少傾向にあり、2016年には96万３千人となって、最少を記録している。今後の増加が期待される。

「下北半島国定公園」については、2007年の140万９千人から減少し、2011年には60万４千人となった。しかし、その後回復してきており、2016年には76万７千人となった。「三陸復興国立公園」は、2007年の55万７千人から2011年に21万２千人まで減少するが、その後持ち直し、2016年には55万８千人となっている。

そのほかの自然公園への入込数は、総じてほぼ横ばいないしは減少傾向にある。「大鰐碇ヶ関温泉郷」が2009年の91万２千人から2016年の10万１千人に大幅減少、「黒石温泉郷」が2007年の74万３千人から2016年の43万人への減少、「岩木高原」の2007年の44万５千人から2016年の59万２千人への増加などが特筆される。（14－４図参照）

14－４図　県内自然公園内観光地点の観光入込客数推移

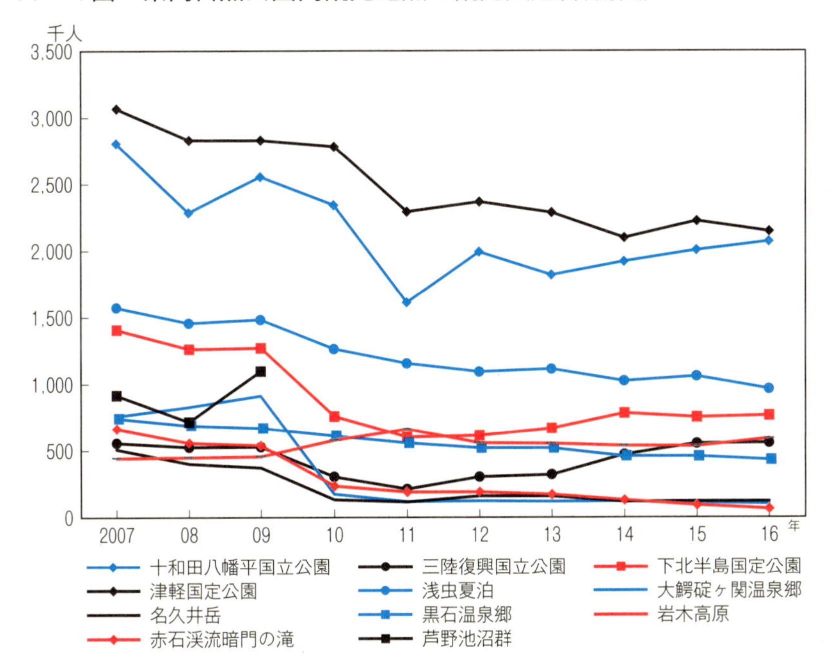

資料：「青森県観光入込客統計」（青森県観光国際戦略局）

(5) 東北６県の観光客入込数の推移

青森県は、新幹線開業年以降、観光客入込みが一時増加していたが、2009年を境に東日本大震災の影響があった2011年まで減少し、その後漸増に転じている。2016年には、東北６県の中で４位となり、3,515万７千人となっている。

東北各県の観光客入込数の推移を見ると、宮城県が全体の中では一貫して最上位にあり、次いで福島県になっている。この両県は、2011年の東日本大震災で大きな被害を受け、対前年比で大きく落ち込んでいる。しかし、その後復興に合せて入込数は増加傾向を示している。2016年には、宮城県が東北で最多の6,083万８千人、福島県が２番目に多い5,276万３千人となっている。

それから、山形県の増加傾向、秋田県の横ばい、岩手県の減少傾向などが特徴的な動きとしてあげられる。（14－５図参照）

14－５図　東北６県の観光客入込数の推移

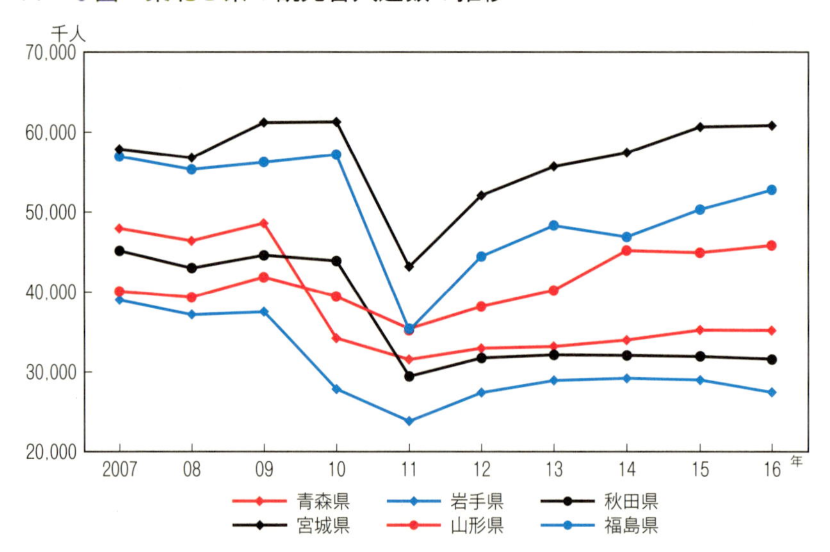

資料：「東北地方における観光の現状」（東北運輸局）

4．各種主要施設、観光地の利用入込状況

(1)　各種主要施設利用状況

県内の各種主要施設（主要海水浴場、主要スキー場、ゴルフ場）の利用状況をみると、各種主要施設ともに利用客数は、横ばいないし漸減傾向で推移していることがわかる。

主要海水浴場については､天候に左右される年毎の上下動があるが、横ばい傾向を示している。主要スキー場は、2007年から2010年にかけて上下したが、東日本大震災の平成2011年に急減し、その後も漸減傾向で推移している。ゴルフ場は、2007年から2009年にかけて減少し、その後増加したものの概ね横ばいで推移している。

以上、いずれの県内各種主要施設も、利用状況は大きく減少していないものの、横ばいないし漸減傾向を示している。（14－6図参照）

14－6図　各種主要施設利用状況

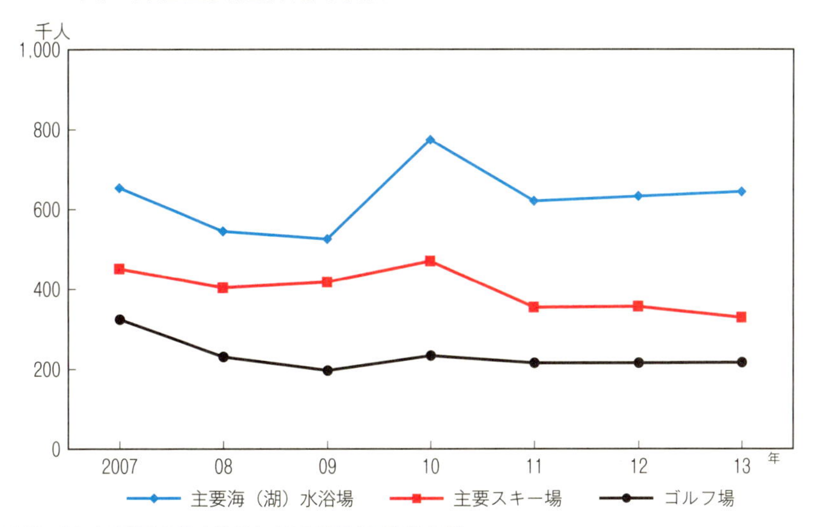

資料：「青森県観光入込客統計」（青森県観光国際戦略局）

⑵　県内主要観光地・施設の利用状況

2016年の県内主要観光地・施設の利用状況を観光地点別観光入込客数でみると、最も多かったのが「八食センター」で277万5,251人、以下、「道の駅なみおかアップルヒル」が194万1,030人、「青森県観光物産館アスパム」が109万6,974人、「奥入瀬・十和田湖」が108万8,841人、「八戸ポータルミュージアムはっち」が93万6,903人、「七戸町文化村」が82万7,258人、八戸市の「こどもの国」が65万6,520人、「大鰐町地域交流センター鰐ＣＯＭＥ」が621,765人、「道の駅とわだ」が60万3,300人、「弘前市立観光館」が50万1,300人、「ねぶたの家ワ・ラッセ」が47万7,590人、「スカイプラザミサワ」が46万9,231人、おいらせ町の「アグリの里」が42万9,574人などとなった。

⑶　ＭＩＣＥの動向

国際会議の数については、東北六県全体で2010年の86件から2015年には、256件と増加し、2016年にはやや減少している。県別でみると宮城県が一番多く、2010年に74件、2015年に225件の後、2016年には件数が減少している。青森は、2010年に１件であったが2011年に７件と増加し、その後増減を繰り返している。インバウンドが増加している中で、ＭＩＣＥ開催を通じて観光客増加と、関連ビジネスへの期待も大きくなっており、今後潜在的需要をどう掘り起こし、国際会議を含むインバウンドＭＩＣＥに関する量、質の向上を図っていくかが課題であろう。（14－７図参照）

14－7図　東北６県ＭＩＣＥ開催状況の推移

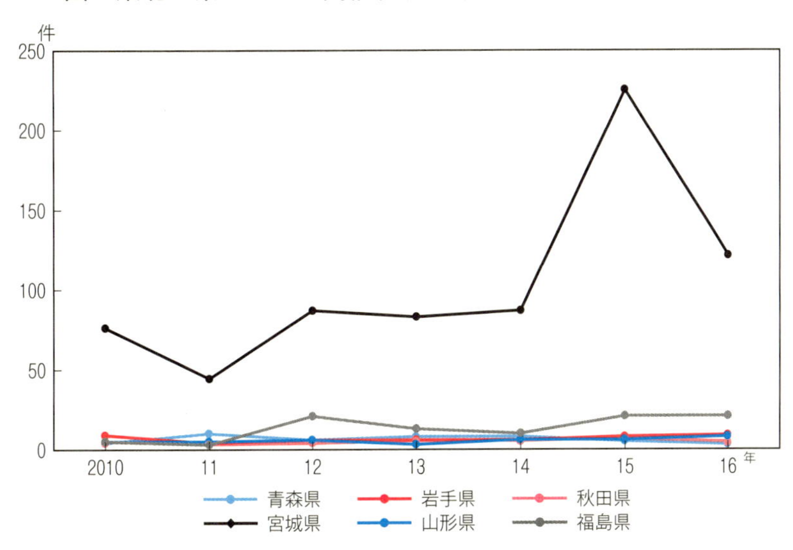

資料：「ＪＮＴＯコンベンション統計」（国際観光振興機構）

5．教育旅行客、外国人客、ウィンタースポーツ客の動向

⑴　教育旅行への取組み

2016年の県内教育旅行入込状況は、学校数が1,917校、宿泊者数は６万6,581人となった。2009年から2016年までの過去８年間の推移をみると、実施校数は2009年から増減の波があり、2015年に2,087校となった後、2016年にやや減少している。宿泊者数は、2009年から減少し、2011年の東日本大震災時に激減したが、その後回復傾向を示している。2015年には７万5,891人となり、2016年にやや減少を示し、2017年から調査方法の変更もあるが、９万9,146人となった。

県内では、神秘の湖・十和田湖をめぐる奥入瀬での自然体験（苔の観察と苔玉作り）、十和田市現代美術館、五所川原市の立佞武多（たちねぷた）、弘前市にある「津軽藩ねぷた村」での津軽三味線、農家民泊体験など、様々な資源の活用が期待される。

教育旅行市場では、少子化により中高校生の人口が今後ますます減少すると推定されている。その結果、修学旅行の規模（クラス数）の縮小が進むとともに、海外修学旅行へのシフトも始まり、国内大型団体・同一行動・周遊型を前提とした従来の修学旅行から、体験学習などを取り入れた教育プログラム色のより濃い旅行への変化が進んでおり、その対応が求められるようになってきている。（14－８図参照）

14－８図　教育旅行入込状況

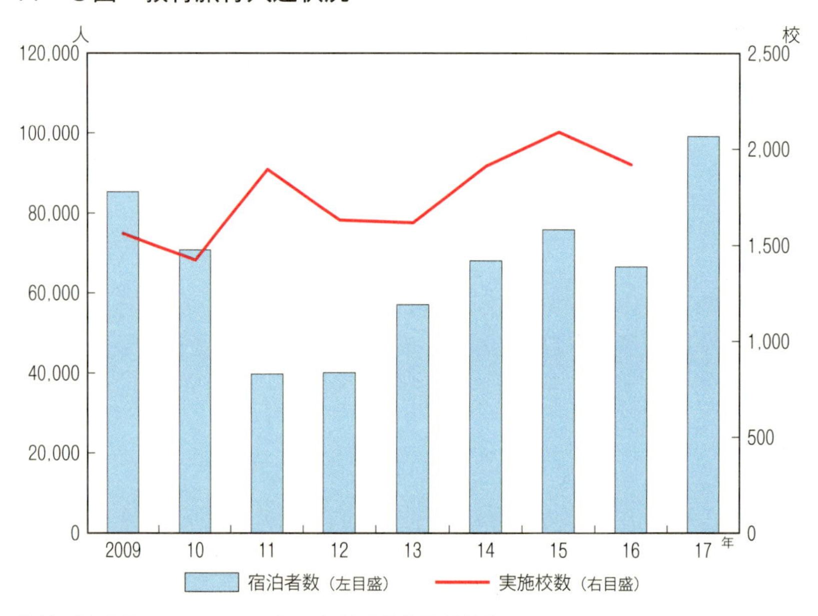

資料：「青森県アウトルックレポート」（青森県企画政策部）

(2)　外国人観光客の入込状況

我が国では、2020年訪日外国人旅行者数4,000万人等の目標の達成に向け、急速に進む個人旅行化と、それに伴う地方への展開、体験型観光への関心といったインバウンドの変化に対応した高次元の施策の具体策が求められている。

本県においては、青森空港における国際定期便としてソウル便、杭州便の他、チャーター便も発着しており、中国、韓国、台湾、ロシアからの観光客を迎え入れている。県内への外国人観光客数は増加傾向にあり、2013年が４万人、2014年が５万2,000人、2015年が８万7,000人、2016年が15万2,000人となっている。近年は、クルーズ船での来青も多くなっており、港に到着した後、中心商店街、文化財への訪問も楽しみとなっている。（14－９図参照）

14－９図　外国人観光入込客数の推移

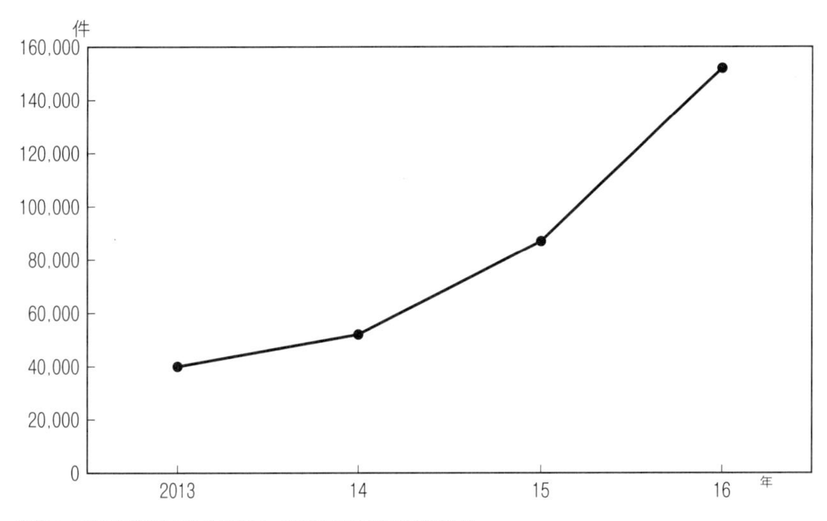

資料：「青森県観光入込客統計」（青森県観光国際戦略局）

⑶ ウィンタースポーツ客の概況

県内主要スキー場の利用状況をみると、2016年実績では、最も多かったのがモヤヒルズスキー場で７万773人。以下多かった順に、ロマントピアスキー場が４万8,410人、岩木山百沢スキー場が３万2,358人、大鰐温泉スキー場が２万1,522人、釜臥山スキー場が２万815人、まかど温泉スキー場が２万761人などとなった。

2007年から2016年まで、ここ10年の各スキー場の利用状況は、モヤヒルズが年次ごとの増減はあったが７万人から８万人の間をキープして推移した。大鰐スキー場は、2010年まで横ばいで推移していたが、2011年度に急減、その後やや持ち直したものの減少傾向にある。ロマントピアスキー場と釜臥山スキー場は、2014年に急増しているが、その後増加していない。その他のスキー場は、総じて減少傾向で推移している。

本県の観光振興において、12月から３月にかけて客足が落ち込む冬季観光をどのように充実させていくかが重要なポイントの一つとなっている。近年は、八甲田山の樹氷ツアー、バックカントリー等へ、インバウンドの観光客が多く来るようになってきた。また、スキーと併せてスノーボード愛好者もおり、さらに家族で楽しめるウィンタースポーツ、レジャーのスノーリゾート地として注目を集めるスキー場を目指す動きもある。今後、自然の豊かさ、食、文化と温泉の良さを併せて、どう顧客志向のリゾート地にしていくかが問われているといえよう。（14－10図参照）

14－10図　県内主要スキー場利用状況

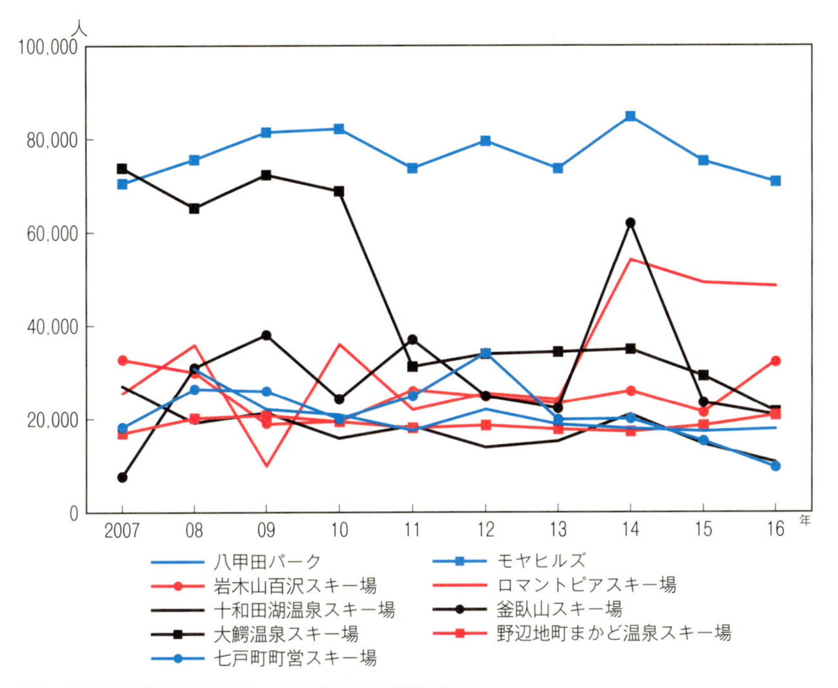

資料：「青森県観光入込客統計」（青森県観光国際戦略局）

（担当：遠藤　哲哉）

第15章　医療、健康福祉産業

1．医療、健康福祉産業の概要

青森県県民経済計算によれば、2015年度の保健衛生・社会事業の名目生産額は4,038億3,100万円、県全体の生産額の8.8％を占めている。2006年では生産額3,486億3,300万円で全体の7.3％だったことから、10年間で生産額、県内シェアともに拡大した産業と言える。しかし、「医療、健康福祉産業」は、保健衛生・社会事業分野にとどまらない。本章では、まず産業の範囲を特定し、規模を確認する。その上で産業の抱える課題、成長産業として期待できるのかといった点を検討する。

(1)　産業の範囲

医療・健康福祉に関する主な産業を産業大分類でみると、「製造業」「医療、福祉」が該当する。製造業については、「化学工業」（中分類）の「医薬品製造業」（小分類）、「業務用機械器具製造業」の「医療用機械器具・医療用品製造業」が主なものとなる。大分類「医療、福祉」では、「医療業」（中分類）の「病院（一般診療所等）」のほか、「保健衛生」（中分類）、「社会保険・社会福祉・介護事業」（中分類）などがある。

このほか関連する産業として、「宿泊業、飲食サービス業」の「配達飲食サービス」や、ヘルスツーリズムなどを担う観光産業も挙げられる。ただし、これらは医療、健康福祉以外のサービスを多く含み、統計上、区別することが難しい。よって、以下では、「製造業」における関連産業と「医療、福祉」を本章の分析対象とする。

(2)　概　　況

①　事業所数と従業者数

15－1表は、分析対象となる産業の事業所数と従業者数をまとめたものである。なお、中分類下の小分類は、注目すべきもののみを掲載している（以下、同じ）。2014年において医療業の事業所数は2,282、社会保険・社会福祉・介護事業は2,802である。表中の特化係数は、県内における当該産業のシェアと全国における当該産業シェアの比率から求められ、青森県の特定の産業の相対的な集積度を測る尺度として用いられる。1を上回っている場合、全国平均に比して青森県での集積度が高く、1を下回っている場合は逆に青森県の集積度が低いことを意味する。したがって、製造業分野の関連産業は相対的に集積度が低い一方で、社会保険・社会福祉・介護事業産業、特に高齢者向けのサービスにおいて集積度が高いと言える。

15－1表　事業所数、従業者数（2014年）

	事業所数			従業者数（人）		
	青森県	全国	特化係数	青森県	全国	特化係数
全産業（公務含む）	62,055	5,689,366		575,797	61,788,853	
165医薬品製造業	5	1,430	0.32	227	127,934	0.19
274医療用機械器具・医療用品製造業	11	2,758	0.37	1,188	61,800	2.06
P医療，福祉	5,143	446,890	1.06	90,684	7,932,400	1.23
83医療業	2,282	258,551	0.81	37,154	4,045,777	0.99
831病院	107	8,737	1.12	22,098	2,216,216	1.07
832一般診療所	727	85,773	0.78	8,925	1,020,272	0.94
833歯科診療所	547	66,925	0.75	3,494	435,609	0.86
834助産・看護業	53	4,687	1.04	448	47,411	1.01
83A助産所	4	457	0.80	12	1,717	0.75
83B看護業	49	4,230	1.06	436	45,694	1.02
835療術業	762	84,026	0.83	1,575	238,545	0.71
836医療に附帯するサービス業	81	7,875	0.94	473	72,127	0.70
84保健衛生	59	5,064	1.07	1,900	135,060	1.51
85社会保険・社会福祉・介護事業	2,802	183,275	1.40	51,630	3,751,563	1.48
85A保育所	522	31,999	1.50	8,730	679,876	1.38
854老人福祉・介護事業	1,563	95,716	1.50	32,673	2,255,649	1.55
85C特別養護老人ホーム	147	8,894	1.52	8,483	579,706	1.57
85D介護老人保健施設	67	3,816	1.61	5,180	285,820	1.94
85E通所・短期入所介護事業	353	32,018	1.01	5,254	489,823	1.15
85F訪問介護事業	265	18,803	1.29	5,274	392,667	1.44
85G認知症老人グループホーム	288	10,329	2.56	4,242	178,432	2.55
85H有料老人ホーム	175	6,458	2.48	2,466	190,510	1.39
85Jその他の老人福祉・介護事業	268	15,398	1.60	1,774	138,691	1.37
855障害者福祉事業	369	24,466	1.38	5,349	374,442	1.53

資料：「平成26年経済センサス基礎調査」（総務省・経済産業省）より作成
注）従業者数は、常用雇用か否かを区別しない数である

従業者数は医療業９万684人、社会保険・社会福祉・介護事業が５万1,630人である。特化係数は事業所数とやや異なっており、医薬品製造業では低いものの、医療用機械器具・医療用品製造業では高い集積が見られる。事業所数の特化係数が低いことから、青森県内の医療用機械器具・医療用品製造業は、他地域に比べて労働集約的な生産活動が行われているのではないかと推測できる。

15－２表は、医療、福祉産業の民営事業所について、従業者規模別の割合をまとめたものである。特化係数から、全国平均に比べ、相対的に従業者規模の小さい事業所に集中していることが見てとれる。

15－２表　従業者規模別事業所割合（2016年）

	１～４人		５～９人		10～19人		20～29人		30～49人		50人以上	
	割合(%)	特化係数	割合(%)	割合(%)	割合(%)	特化係数	割合(%)	割合(%)	割合(%)	割合(%)	割合(%)	特化係数
P医療，福祉	30.2	0.97	26.0	0.92	24.8	1.20	7.9	1.06	5.4	0.93	5.4	0.84
83医療業	43.5	1.05	30.8	0.94	16.6	0.99	3.1	1.00	2.1	1.08	3.7	0.90
831病院	1.5	1.95	－	－	1.5	1.29	2.9	3.57	2.9	0.63	91.2	0.99
8311一般病院	2.0	2.50	－	－	－	－	3.9	4.15	3.9	0.74	90.2	0.99
832一般診療所	6.8	0.55	42.7	1.02	36.2	1.11	7.5	1.14	5.5	1.27	1.3	0.60
833歯科診療所	31.0	0.83	53.2	1.14	13.8	1.01	1.4	0.80	0.4	0.70	－	－
834助産・看護業	32.6	1.52	32.6	0.84	25.6	0.85	4.7	0.73	4.7	1.67	－	－
835療術業	94.0	1.10	4.3	0.36	1.2	0.57	0.2	0.74	－	－	－	－
836医療に附帯するサービス業	68.9	1.00	20.3	1.44	8.1	1.00	1.4	0.43	1.4	0.52	－	－
84保健衛生	21.4	0.61	14.3	1.01	7.1	0.52	－	－	14.3	1.67	42.9	1.94
85社会保険・社会福祉・介護事業	19.7	1.23	22.4	1.01	31.4	1.18	11.8	0.85	8.0	0.70	6.5	0.68
8531保育所	6.9	1.07	10.2	0.72	48.0	1.86	28.5	0.99	6.0	0.28	0.3	0.12
854老人福祉・介護事業	17.5	1.33	23.2	1.13	32.4	1.10	9.8	0.74	7.8	0.74	9.0	0.71
8541特別養護老人ホーム	6.0	2.27	2.6	1.58	4.3	1.25	9.5	1.39	31.0	1.42	46.6	0.73
8542介護老人保健施設	3.6	1.96	－	－	－	－	－	－	7.3	0.78	89.1	1.08
8543通所・短期入所介護事業	6.8	0.94	30.6	1.09	42.4	1.03	11.3	0.84	6.5	0.91	2.4	0.85
8544訪問介護事業	13.1	1.21	25.3	1.25	31.4	0.96	14.7	0.85	9.8	0.74	5.7	1.04
8545認知症老人グループホーム	2.6	0.97	24.2	1.41	58.5	1.13	12.1	0.58	2.3	0.37	－	－
8546有料老人ホーム	16.4	1.94	24.6	2.28	37.7	1.90	9.8	0.45	7.7	0.30	3.3	0.26
8549その他の老人福祉・介護事業	60.1	1.28	24.0	0.85	9.3	0.71	3.1	0.60	3.1	0.77	0.4	0.17
855障害者福祉事業	27.3	1.01	28.8	1.03	23.5	1.09	6.0	0.69	10.3	1.20	3.4	0.63

資料：「平成28年経済センサス活動調査」（総務省・経済産業省）より作成

② 生 産 額

まず、製造業から確認する。15－３表は、「薬事工業生産動態統計調査」から、医薬品生産額と医療機器生産額の時系列推移をみたものである。医薬品は期間中2010年に生産額のピークを迎えたものの、その後は減少し続けており、全都道府県中46番目の低さとなっている。一方、医療機器は全国シェアが２％を上回る時期もあり、医薬品に比べると生産額も伸びていたことから、発展産業として注目された。しかし期間中2014年に全国12位でピークに達した後、翌年2015年に急激に生産額が落ち込み、2016年には全国シェア0.75％、26位にまで後退した。

15－３表　青森県の医薬品・医療機器生産額

（生産額：100万円，シェア：％）

	2008	2009	2010	2011	2012	2013	2014	2015	2016
医薬品生産額	1,536.6	1,780.9	1,845.2	1,673.6	818.2	287.8	311.1	298.6	277.9
全国シェア	0.030	0.034	0.036	0.032	0.015	0.005	0.006	0.006	0.005
順位	43	42	42	43	44	46	46	46	46
医療機器生産額	28,439.4	31,715.1	33,802.2	35,944.7	42,003.5	44,405.8	51,219.8	26,764.2	14,411.1
全国シェア	1.680	2.012	1.973	1.988	2.216	2.330	2.575	1.376	0.753
順位	19	16	14	15	12	12	12	21	26

資料：「薬事工業生産動態統計調査」（厚生労働省）より作成

次に、「平成28年経済センサス活動調査」の結果を使って医療、福祉産業の売上（収入）を確認する（15－４表）。なお、本表は民営事業所についての集計である。青森県の医療、福祉産業の売上は、2016年において約１兆1,718億円だった。うち、社会保険・社会福祉・介護事業が約9,103億円で同産業売上の77.7％を占める。医療業は2,534億円で21.6％程度である。表に掲載した産業小分類の中で最も売上が多いのは「老人福祉・介護事業」の1,319億円で、「病院」の1,291億円よりも多い。一方、従業者１人あたりの売上は、中分類では社会保険・社会福祉・介護事業が医療業を上回るものの、表中の小分類においては逆転現象がおきている。これは掲載を省略した小分類に社会保険事業なども含まれているためである。つまり高齢者向けの福祉サービス分野は、売上は多いものの、従業者１人あたりの売上が低いことがわかる。

15－４表　医療、福祉分野の民営事業所売上（2016年）

	事業所数	従業者数【人】	売上（収入）【100万円】	従業者１人あたり売上【100万円】
P医療，福祉	4,246	67,498	1,171,823	17
83医療業	1,872	25,560	253,407	9.9
831病院	68	12,741	129,116	10.1
8311一般病院	51	10,020	108,688	10.8
832一般診療所	600	7,666	89,074	11.6
833歯科診療所	500	3,256	23,882	7.3
834助産・看護業	43	395	2,011	5.1
835療術業	587	1,142	3,201	2.8
836医療に附帯するサービス業	74	360	6,124	17.0
84保健衛生	14	799	8,139	10.2
85社会保険・社会福祉・介護事業	2,360	41,139	910,276	22.1
8531保育所	333	5,673	25,182	4.4
854老人福祉・介護事業	1,459	28,031	131,889	4.7
8541特別養護老人ホーム	116	5,831	30,491	5.2
8542介護老人保健施設	55	4,593	26,797	5.8
8543通所・短期入所介護事業	337	5,042	22,202	4.4
8544訪問介護事業	245	4,437	17,575	4.0
8545認知症老人グループホーム	265	3,863	16,986	4.4
8546有料老人ホーム	183	2,671	10,154	3.8
8549その他の老人福祉・介護事業	258	1,594	7,684	4.8
855障害者福祉事業	319	4,284	21,895	5.1

資料：「平成28年経済センサス活動調査」（総務省・経済産業省）より作成

③　他産業への影響力

次に「青森県産業連関表平成23年表40部門表」を使って、他産業への影響力を確認する（15－５表）。産業連関表の逆行列表を使うと、ある産業部門に対する需要が全部門に与える生産波及の大きさをみることができる。この指標が影響力係数である。１を平均とし、値が大きいほど他部門に対する影響力が大きいことを意味する。ここでは医薬品製造業が含まれる「化学製品」、医療用機械器具・医療用製造業が含まれる「業務用機械」、「医療福祉」の３部門をみる。

15－5表　産業連関表（40部門表）にみる影響力係数・感応度係数

	影響力係数	順　位	感応度係数	順　位
化学製品	0.981792	22 ／ 40	0.789062	34 ／ 40
業務用機械	0.967100	24 ／ 40	0.783686	36 ／ 40
医療・福祉	0.942324	28 ／ 40	0.796852	31 ／ 40

資料：「青森県産業連関表平成23年表」（青森県）より作成

いずれの部門も影響力係数は１を下回り、40部門中の順位も22位、24位、28位と高くない。したがってこれらの産業の需要が増加した時の生産波及効果は、相対的に小さいということになる。

同様に、各部門にそれぞれ１単位の最終需要が発生した場合に、どの部門が最も強い影響を受けるのかを示す感応度係数をみる。感応度係数が低い場合、他部門からの影響を受けにくいことを意味するが、３部門とも0.8を下回っており、いずれも他部門の需要変動の影響を受けにくい部門であると言える。

④　医療、福祉分野従事者の収入

15－６表は、「平成29年賃金構造基本統計調査」の都道府県表から、医療、福祉分野の従業者の状況をみたものである[1]。まず全国の数値を使って職種ごとの特徴をみる。最も年収が高いのは男性医師で、次に高い女性医師との間でさえ250万円以上の差がある。医療分野は福祉分野に比べて年収が高いものの、同分野内の職種による収入差が大きい。看護師の年収は男女ともに500万円未満である。特に男性看護師は産業計の平均を下回っているが、産業計とは年齢や勤続年数が異なっており、この影響もあるものと考えられる。しかし、こうした勤続年数などの影響があるとしても、福祉・介護分野はいずれも400万円未満であって、産業計よりも低い。

なお、同調査は勤続年数や労働時間の調査を主目的とするものでは

1　青森県の数値については、都道府県別・職種別の集計のためサンプルサイズが小さい点に注意が必要である

ないが、参考として勤続年数についても確認すると、医師以外は女性が男性を上回っており、産業計とは逆の状況となっている。また介護職種は年齢に対する勤続年数が短く、転職や新規学卒者採用によらない採用が多いことが推測される。労働時間については保育士の所定内労働時間がやや長いものの、産業計と大きな隔たりはない。

次に青森県の状況を全国と比較しながら確認する。青森県民の平均所得は全国平均よりも低いことが知られている。たしかに同調査の産業計の収入をみると、青森県は全国よりも低い。ただし、医療・福祉分野においては、看護師および福祉分野の年収が全国を下回る一方で、男性医師および薬剤師の収入は目立って高くなっている。同じ医療分野の職種である看護師は、年齢、勤続年数で全国を上回っているのに年収は全国平均に満たないという特徴が抽出される。したがって、医療分野内での収入格差は、全国よりもさらに大きいと言えるだろう。福祉の分野では、女性保育士、女性ホームヘルパー、福祉施設介護員（男女とも）が、年齢や勤続が全国の数値を上回るにもかかわらず、年収が目立って低くなっている。これらの収入に関する特徴については、3節であらためて議論する。

15－６表　医療・福祉分野の職種別収入の状況（2017年）

	年齢（歳）	勤続年数（歳）	所定内実労働時間数（時間）	超過実労働時間数（時間）	きまって支給する現金給与額（千円）	所定内給与額（千円）	年間賞与その他特別給与額（千円）	年収（千円）
＜青森＞								
医　　師（男）	49.2	5.4	165	0	1,360.6	1,360.6	518.7	16,845.9
医　　師（女）	－	－	－	－	－	－	－	－
歯科医師（男）	－	－	－	－	－	－	－	－
歯科医師（女）	－	－	－	－	－	－	－	－
薬 剤 師（女）	41.9	2.9	171	23	466.5	409.0	1185.6	6,783.6
看 護 師（男）	38.0	10.2	166	4	327.3	301.9	638.6	4,566.2
看 護 師（女）	41.4	10.3	164	8	307.4	288.8	743.9	4,432.7
准看護師（女）	48.9	11.6	162	6	245.2	232.7	612.3	3,554.7
保 育 士（男）	23.8	2.5	173	2	171.1	169.0	362.3	2,415.5
保 育 士（女）	38.7	8.2	178	2	200.3	189.2	546.0	2,949.6
ホームヘルパー（男）	37.0	3.2	166	2	209.5	201.5	348.3	2,862.3
ホームヘルパー（女）	50.4	10.2	164	7	221.8	212.9	326.1	2,987.7
福祉施設介護員（男）	40.8	9.7	165	4	210.4	203.0	419.0	2,943.8
福祉施設介護員（女）	41.8	8.1	165	3	194.1	186.6	372.2	2,701.4
（参考）企業規模10人以上・産業計・男性労働者	44.0	13.3	168	14	292.3	266.5	654.9	4,162.5
（参考）企業規模10人以上・産業計・女性労働者	42.3	10.4	167	6	205.4	196.7	440.6	2,905.4
＜全国＞								
医　　師（男）	43.4	5.6	164	15	1,015.8	902.4	940.3	13,129.9
医　　師（女）	39.2	4.8	161	13	800.2	721.8	813.9	10,416.3
歯科医師（男）	38.3	7.7	165	1	646.7	641.5	321.5	8,081.9
歯科医師（女）	36.7	3.9	158	1	490.3	486.8	301.7	6,185.3
薬 剤 師（女）	39.1	7.3	163	9	375.9	351.2	749.0	5,259.8
看 護 師（男）	36.0	6.9	159	7	339.4	303.8	821.4	4,894.2
看 護 師（女）	39.6	8.0	160	7	331.1	299.1	797.6	4,770.8
准看護師（女）	49.7	11.6	162	4	281.0	261.1	657.5	4,029.5
保 育 士（男）	32.4	6.4	170	5	254.1	245.3	723.4	3,772.6
保 育 士（女）	36.1	7.8	171	4	228.2	221.3	658.3	3,396.7
ホームヘルパー（男）	40.5	4.9	168	10	261.1	238.1	280.7	3,413.9
ホームヘルパー（女）	48.7	7.1	166	7	229.4	215.3	302.5	3,055.3
福祉施設介護員（男）	38.0	6.1	166	5	248.8	233.0	548.2	3,533.8
福祉施設介護員（女）	42.4	6.6	165	4	225.3	212.9	463.7	3,167.3
（参考）企業規模10人以上・産業計・男性労働者	43.3	13.5	166	16	371.3	335.5	1061.8	5,517.4
（参考）企業規模10人以上・産業計・女性労働者	41.1	9.4	163	8	263.6	246.1	615.0	3,778.2

資料：「平成29年賃金構造基本統計調査」（厚生労働省）都道府県別第２表，産業平均については同調査第１表および都道府県別第１表より作成

注）年収は、「きまって支給する現金給与額」×12＋「年間賞与その他特別給与額」によって計算した

2．医療・健康福祉に関する県の施策

青森県に限らず高齢化が進んでおり、医療・健康福祉分野への需要は今後も高まっていくと予測されている。他方、生産年齢人口は減少し、青森県の生産額も減少していることから、生産の高付加価値化を図ることが重要な課題となっている。

青森県では、次世代のライフ産業振興戦略の基本的方向性を示すものとして、2011年11月に「ライフイノベーション戦略」のファーストステージを策定した。2016年からは、ファーストステージでの成果と課題を踏まえ、セカンドステージに入っている。同戦略では、ライフ産業の企業、医療機関、大学、行政の融合によって独自性の高い事業を生み出し、県の持続的な経済成長を支える基幹産業をつくること、それにより県民の生活の質・幸福度を向上させることが総合目標とされた。基本目標は、①ライフ産業の基幹産業化、②新規ビジネス創出、③ブランド確立、④県民の生活の質・幸福度の向上の４つである。主な取組は、医療現場や機器メーカーとの連携・マッチング、医療機器等の開発支援、弘前大学ＣＯＩプロジェクトなどサービス分野における課題解決支援型の新医療生活産業の創出支援、プロテオグリカン（ＰＧ）に代表される女性視点を重視した製品開発支援など、多岐にわたる。

ファーストステージ終了にあたって確認された主な成果は、４つの目標のうち、①基幹産業化と②新規ビジネスにおけるものであった。①基幹産業化については、医療機器出荷額が2008年284億円から2012年には420億円になるといった生産規模の拡大が見られたこと、②新規ビジネスについてはプロテオグリカン関連のベンチャー企業設立などが挙げられる。しかし、前者に関しては15－３表で確認したように、2015年以降、医療機器の生産額が減少しており、当時、成果として確認された雇用確保等の効果は大きなものとは言えなくなっている。後

者に関しては、15－１図にみるように、県内外でＰＧ製品参入企業が増えている。またそれに伴って商品数も着実に増加しており（15－２図）、ＰＧによる新たな健康美容食品市場が創出されたと言ってもよいだろう。2015年の累計出荷額は73.1億円と、現時点において生産規模は必ずしも大きくはないものの、今後の伸びが期待できる分野と考えられる。

15－１図　ＰＧ製品参入企業数の推移

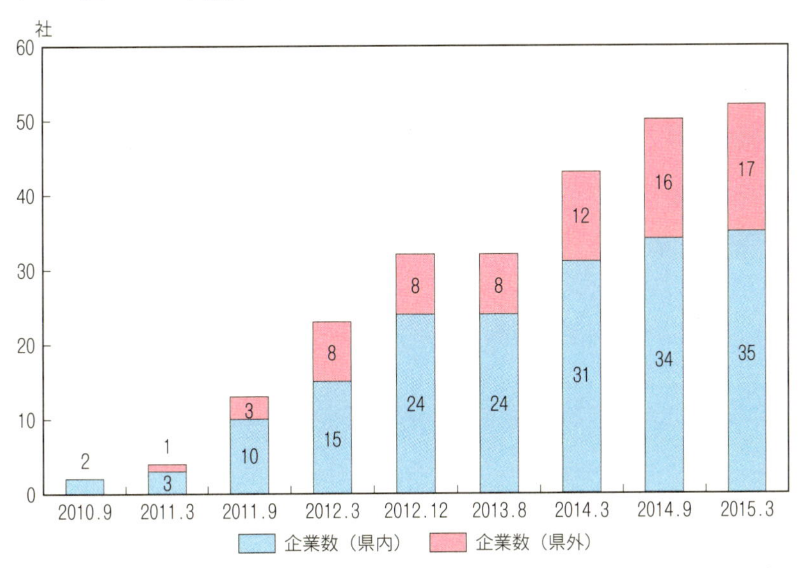

資料：「青森ライフイノベーション戦略セカンドステージ2016年度～2020年度」（青森県）、図表56。
原資料：青森県

15－2図　ＰＧ商品数と累計製造出荷額の推移

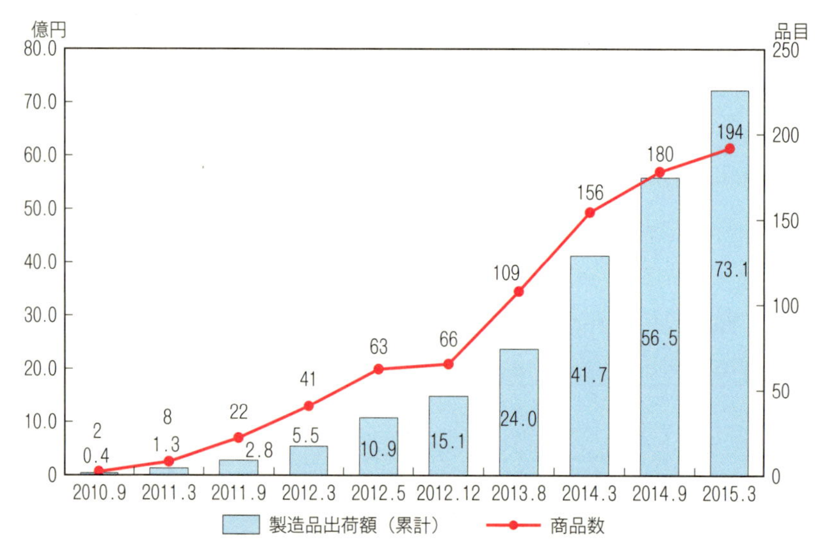

資料：「青森ライフイノベーション戦略セカンドステージ2016年度～2020年度」（青森県）、図表57。
原資料：青森県

3．医療・健康福祉産業に関する問題

この節では、特に１節で説明した産業の概要をもとにして、２つの問題を検討したい。

⑴　医療、福祉分野における労働力不足

まず、労働力不足にかかわる問題を確認する。この分野への需要の高まりに対して、供給量が十分でないと言われている。医療と福祉・介護分野では問題が多少異なるため、これを分けて労働力不足について議論する。

①　医療分野

青森県の人口10万人あたりの従事医師数は、2016年時点で198.2人、全国41位であり、全国平均の240.1人を大きく下回っている（15－３図）。また県内の人口10万人あたり病床数の分布をみると、保健医療

圏によって差があることがわかる（15－７表）。いずれの項目でも津軽地域、八戸地域、青森地域に比べて、それ以外の圏域の病床数が少なくなっており、特に病院（一般病床数）で差が大きい。青森県全体として医師数が全国平均を下回っていること、かつ病床数に域内格差

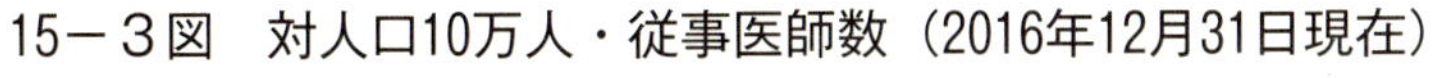

15－３図　対人口10万人・従事医師数（2016年12月31日現在）

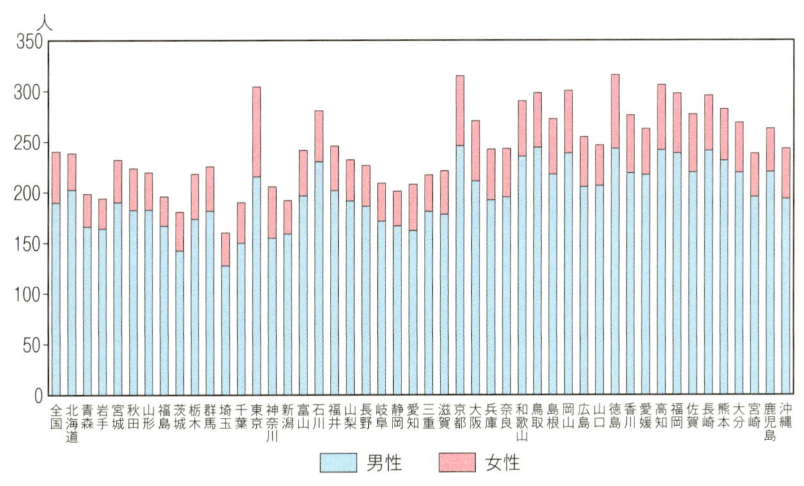

資料：「平成28年（2016年）医師・歯科医師・薬剤師調査」（厚生労働省）より作成

15－７表　保健医療圏別の医療資源の分布（2016年）

		病　院（一般病床数）	病院（一般病床数）＋一般診療所病床数		病院（総数）＋一般診療所病床数		一般診療所病床数
		率（人口10万対）	病床数	率（人口10万対）	病床数	率（人口10万対）	率（人口10万対）
県総数		791	12,502	967	19,851	1,535	176
保健医療圏	津軽地域	998	3,732	1,293	5,201	1,802	295
	八戸地域	819	3,025	943	4,972	1,550	124
	青森地域	861	3,256	1,060	5,397	1,757	199
	西北五地域	472	696	538	1,455	1,125	66
	上十三地域	578	1,226	703	2,081	1,193	125
	下北地域	619	567	773	745	1,016	154

資料：「平成28年青森県保健統計年報」第３章第２表（青森県）より抜粋

が存在するという２点から推測されるのは、県内でも特に医療資源が不足している地域が存在するということである。2018年５月にも深浦町が2,200万円の年収を提示したにもかかわらず医師が採用できなかったことが報道されており、医師不足は深刻な問題となっている。

では看護師はどうだろうか（15－４図）。青森県の人口10万人あたり従事看護師数は2016年末において正看護師989.1人、准看護師407人で、全国平均を上回っている。もっとも、西日本の水準からみれば低い。西日本が供給過剰なのだろうか。OECD Health Statistics 2017によれば、日本の人口あたりの看護職員数はフランス、イギリスよりも若干多いもののドイツやアメリカよりも少なく、また病床あたりの看護職員数はフランスの半分程度でしかない。よって、西日本が過剰というのではなく、日本の全国平均は他国に比べてどちらかといえば低い水準にあり、その平均を上回っているからといって十分な従事者数であるとみるのは危険と言えるだろう。

15－４図　対人口10万人・従事看護師数（2016年末現在）

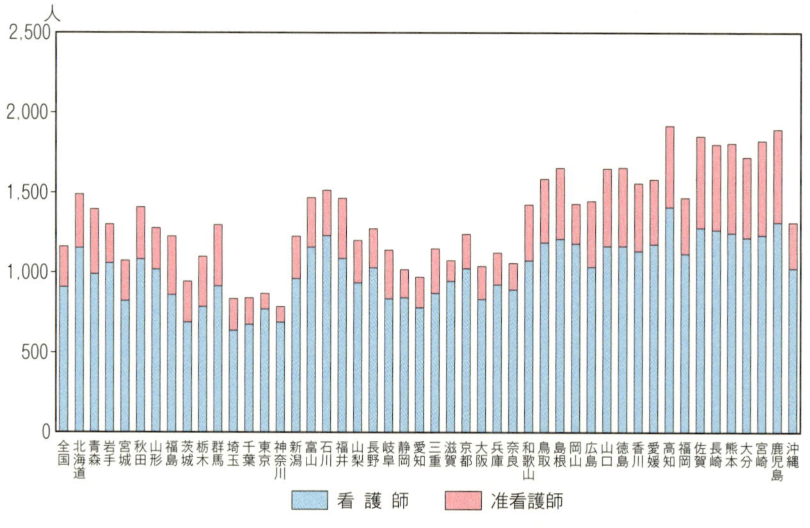

資料：「平成28年度衛生行政報告例」（厚生労働省）より作成

採用が難しい場合、特に専門職に関しては好条件を提示するという手段が考えられる。そこで「平成29年賃金構造基本統計調査」の都道府県表を用いて、男性医師と看護師の収入についての都道府県ランキングを作成したところ、15－８表のようになった。

15－８表　医療従事者の年収都道府県ランキング

（単位：千円）

	医　師（男性）		看　護　師（男性）		看　護　師（女性）	
1　位	岩　手	24,462	奈　良	5,803	神奈川	5,182
2　位	滋　賀	18,632	京　都	5,472	奈　良	5,111
3　位	北海道	17,295	群　馬	5,289	大　阪	5,028
4　位	青　森	16,846	岡　山	5,263	山　口	5,017
：	：		：		：	
			青森（33位）	4,566		
					青森（38位）	4,433
：	：		：		：	
46　位	富　山	8,351	岩　手	3,965	佐　賀	4,005
47　位	宮　崎	2,804	山　口	3,893	沖　縄	3,906

資料：「平成29年賃金構造基本統計調査」都道府県別第２表（厚生労働省）より作成

青森県の医師の年収は全国第４位、一方、看護師は男性33位、女性38位だった。男性医師の年収１位の岩手県は、男性看護師46位である。日本では診療報酬点数制度をとっており、医療サービスに自由に価格をつけることができない。ある意味、財源の大きさは決まっているのである。「平成29年版厚生労働白書」によると、分配面から国民医療費をみた場合、46.9％が医療サービス従事者に配分されるので、残りの約50％で医薬品、材料、地代、光熱費等を支払わなければならない。医療サービスには需要の不確実性が存在することから、設備維持や医薬材料確保には一定のコストをかける必要がある。となると、46.9％を誰にどのように配分して人材確保を図るかという問題を解くことになるだろう。単純な推測は危険だが、深刻な医師不足を解決するために、他地域よりも高い賃金を提示し、青森県内就業へのインセンティブとする代わりに、相対的に供給数が多い看護師給与を低く設定しているという状況が考えられる。

しかし、深浦町の例にもあるように、金銭的な報酬を高く設定しても採用できないこともある。医師が不足している地域では、1人あたりが担当する範囲が広くなるので、責任の重さや過重労働への懸念が強いのではないかという意見もみられる。過重労働を解消するために医師を増やそうとしても、そのための絶対数が不足しているのである。金銭によるインセンティブ付与が過剰になれば、看護師給与が圧迫され、看護師の県外流出や多職種への流出もおこりうる。医療現場は過重労働だと言われている。県内就職を希望する医学生を増やすと同時に、就労環境を改善し、出産による退職や過重労働を理由とした退職を減らすといった、時間のかかる取り組みも必要ではないだろうか。

② 介護分野の労働力不足問題

医療分野だけでなく介護分野でも人材確保に苦慮している。介護労働安定センター「平成29年度介護労働実態調査」によれば、訪問介護員、介護職員を中心に人手不足感が強い。2018年8月の介護サービスの仕事の有効求人倍率も4.07倍（パート含む）と、かなりの高水準が続いている。

事業所が人手不足の理由として挙げるのは「採用が困難」(88.5%)であり、その原因を「同業他社との競争」(54.9%)や「相対的に良くない労働条件」(56.9%)にあると見ている。たしかに15－6表でみたように、ホームヘルパーや施設介護員の給与水準は産業計をかなり下回っている。また先に見たように、特にホームヘルパーについて年齢に対する勤続年数の短さから、転職等を繰り返している可能性も指摘できる。この傾向は、青森県についても同様である。収入に関する数値は全国平均よりも更に低い。一方で、15－1表では他の地域よりも介護関連事業に集積が見られた。

15－５図および15－６図は、訪問介護員と介護職員の採用・離職・増加率について調査した結果をみた図である。訪問介護員は正規・非正規を問わず青森県の方が全国平均よりも採用率が高い。離職率も高いが結果として増加率は全国を上回る。介護職員は正規職員の採用率が低く離職率が高いため、増減率はマイナスになっている。非正規職員は採用率が全国を下回るものの離職率も下回るので、増加率は全国よりも高く、正規職員の減少を埋め合わせるような形となっている。しかし、青森においても福祉関連の求人倍率は高水準を維持しており[2]、労働力不足が発生している。

15－５図　訪問介護員の採用・離職・増加率

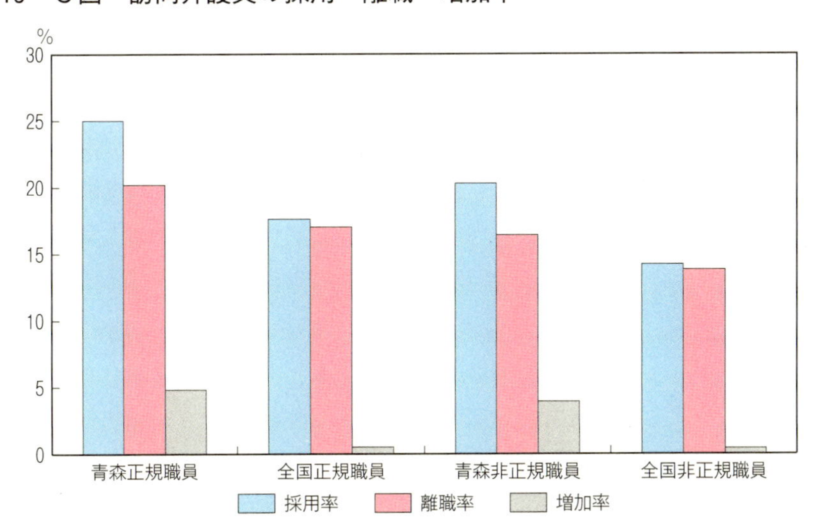

資料：「平成29年度介護労働実態調査」（介護労働安定センター）より作成

2 「青森県福祉・介護人材確保定着グランドデザイン」によれば、2014年の有効求人倍率は1.7倍である

15－６図　介護職員の採用・離職・増加率

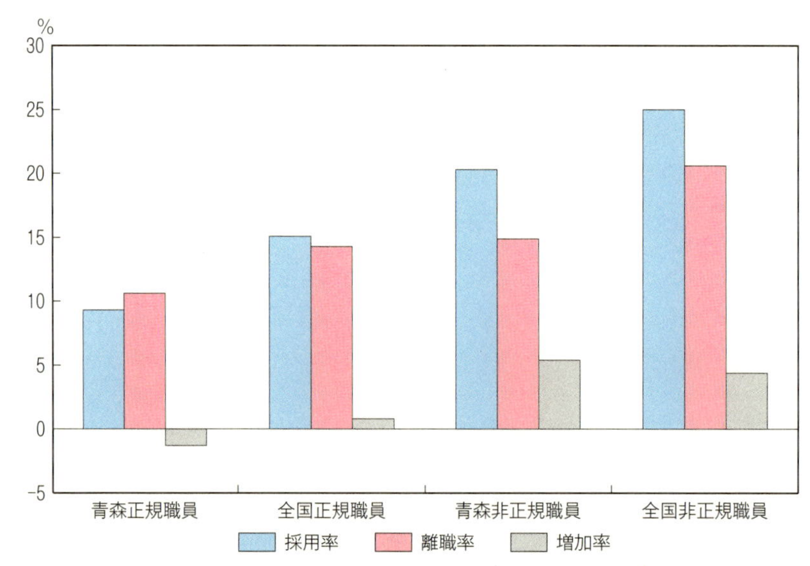

資料：「平成29年度介護労働実態調査」（介護労働安定センター）

介護人材不足の対応策として、人員配置の見直しなどによる生産性向上のほか、外国人労働力の活用、ロボットやＩＣＴの導入などがある。2009年からのEPAによる外国人介護福祉士候補生の受け入れ、また2017年11月からは技能実習生としての受け入れも可能になったが、高齢化は他の先進諸国でも進んでおり、人材の取り合いになる可能性もある。日本の労働市場が魅力的でなければ外国人人材に頼ることも難しいだろう。

⑵　医療、健康福祉産業に対する基幹産業としての期待

15－１表によれば、「医療、福祉」産業は県内事業所数の8.3％、従業員数では15.7％を占める。他地域より製造業生産額が少ない地域では、医療・福祉は基幹産業、成長産業と期待する声もある。

成長産業の要件は、価格を自由に設定できること、提供する財やサービスについて可能な限り高い価格をつけられることであろう。しか

し、医療・福祉は公共サービスとしての性格をもっている。医療では診療報酬点数表によって全国一律の診療報酬となっているし、介護保険事業の報酬は全国一律でこそないものの、財源が保険料や公費である以上、低価格で享受できるものであることが妥当とされる。つまりこの点において成長産業の要件を満たさないのである。また、先に見たように医薬品等の製造部門を含め、医療・福祉部門の生産波及効果は高くない。これらのことに留意しないと、過度な期待となってしまう。

一方で、医療・福祉分野はそれに関連する事業が多い。今後の高齢者の増加、健康志向が強まる中で、医療・福祉サービスへの需要はもちろん、宅配サービスやリフォーム、住み替え、家事代行、ヘルスケア食品、フィットネスレジャーなどへの需要も高まるだろう。ライフ産業に狙いを定めた青森県のライフイノベーション戦略では、プロテオグリカン製品について成果がみられている。

労働力不足が深刻な介護の現場では、利便性の高い介護用設備や機器によって従業者の負担を軽減するだけでなく、ロボット導入による労働力の代替、ＩＣＴの活用などが必要とされている。ＩＣＴの活用は遠隔医療を可能にするなど、医療分野でも効果が期待される。むしろ産業政策としては、医療機器や介護ロボットをはじめとする介護機器の開発、部品製造といった製造業におけるライフ産業に注目すべきではないだろうか。同時にＩＣＴやロボットなどを活用した医療や福祉の現場の働き方を見直すことが、人材不足、労働力不足の解消に不可欠であろう。

（担当：大矢　奈美）

【参考文献】

青森県（2016a）「青森県福祉・介護人材確保定着グランドデザイン」.
青森県（2016b）「青森ライフステージイノベーション　セカンドス

テージ」.

岩尾聡士（2017）「ヘルスケア・サービスのイノベーションで成長戦略に寄与する」『医療と介護Next』2017年秋季増刊，MCメディカ出版.

厚生労働省（2017）『平成29年版厚生労働白書』.

日本政策投資銀行・日本経済研究所編（2017）『医療経営データ集2017』日本医療企画.

中医協（2016）「医療と介護を取り巻く現状と課題等（参考資料）」.

椋野美智子・田中耕太郎（2018）『はじめての社会保障　第15版』有斐閣.

山重慎二（2010）「地域経済と社会保障」『社会保障と経済２　財政と所得保障』第３章，東京大学出版会.

ＡＩ時代と人間性

津軽鉄道株式会社 代表取締役社長　澤田 長二郎

ＡＩ技術の進歩により多くの仕事がＡＩやロボットに代替され、近い将来人間のみが「できる」仕事が減少し、多くの失業者が生まれる可能性も危惧されるところです。

これは、多くの仕事がＡＩに代替される中で、ＡＩが代替できない新たな仕事が生まれたとしても、それがＡＩで仕事を失った人の新たな仕事に成り得るとは限らず、多くの人間にとっても苦手な仕事である可能性が高いと考えられるからです。（何故なら現代の労働力の質がAI以上のものではないのでＡＩに代替された訳なので）

人間は「ＡＩにできない仕事」ができるのか？との質問に対し、鍵となるのは第一に人間の「コミュニケーション能力」だと思われます。

コミュニケーションの活性化が重要視される中で、その在り方に於いて人間同士の"心の通い"は重要な事です。お互いに理性･良心を持ってコミュニケーションし行動すべきです。互いの理性・良心の喪失の事態は、人間関係の調和・調子を狂わせることにも成り問題です。

ＳＮＳ等を含め情報関連技術･手段の日進月歩の中にあって、人間同士の間では、人間らしい対応（心を持っての対応）が増々重要になって来ていると私は思います。人間同士の間で、機械的対応が過ぎるようだと問題だと思います。努めて人間らしい心の通った対応を心掛けることが大切です。

私は機械的対応に走る人達を密かに「機械ダーズ（奇怪ダーズ）」と呼ぶことにしています。機械文明・物質文明の進展に比較して精神文明（心の文明）が遅れを取っているように思われる事象が数多く見られる世相を省み、今こそ、精神（心）の在り方を考えてみる必要があるのではないかと思う昨今です。

第16章　金　　融

1. 青森県における金融業・保険業の概況

(1) 金融業・保険業の規模と構成

総務省・経済産業省「平成28年経済センサス活動調査」のデータを用いて、金融業・保険業の規模と構成を紹介する。

16－1表第2列に、金融業・保険業の事業所、事業従事者数と付加価値額を示す。また、16－1表第4列に、金融業・保険業の全産業に対する割合を示す。(1)が青森県のデータである。青森県で、金融業・保険業の事業所は1,000強、事業従事者数は14,000人弱、付加価値額は約1,100億円である。これらの全産業に占める割合は、事業所で約2％、事業従事者で約2.8％、付加価値で約5.7％である。(2)が全国のデータである。(1)と(2)とで割合を比べると、青森県では、事業所の割合が全国よりも高く、付加価値の割合が全国よりも低い。

「平成28年経済センサス活動調査」で、金融業・保険業が次の6つの中分類に分かれる[1]。

- 銀行業
- 協同組織金融業
- 貸金業、クレジットカード業等非預金信用機関
- 金融商品取引業、商品先物取引業
- 補助的金融業等
- 保険業（保険媒介代理業、保険サービス業を含む）

1　各中分類の説明については、総務省統計局ウェブサイト（http://www.stat.go.jp/data/e-census/2016/kekka/pdf/28bunruij.pdf）を参照してほしい

16－１表　金融業・保険業の全産業に対する割合

⑴　青森県

項　　　　目	金融業・保険業（A）	全産業（B）	A　÷　B
事業所数	1,080	54,841	2.0%
事業従事者数　　（人）	13,648	480,290	2.8%
付加価値額　（百万円）	109,802	1,926,570	5.7%

資料：「平成28年経済センサス活動調査」（総務省・経済産業省）に基づき筆者が作成
注１）事業所数、事業従事者数と付加価値額は、総数（経営組織）のものである
注２）全産業は、公務を除く

⑵　全　国

項　　　　目	金融業・保険業（A）	全産業（B）	A　÷　B
事業所数	79,708	4,866,944	1.6%
事業従事者数　　（人）	1,535,224	53,974,282	2.8%
付加価値額　（百万円）	18,830,881	289,535,520	6.5%

資料：注１と注２の全てが、本表⑴のそれと同じ

16－１図に、各中分類に属する事業所数の、金融業・保険業の事業所数合計に対する割合を示す。青森県(a)では、全国(b)と比べて、金融商品取引業、商品先物取引業で事業所の割合が低く、保険業で事業所の割合が高い。

(2) 家計の金融資産選択

16－２図に、青森県と全国それぞれで、家計の保有する金融資産の構成比を示す。16－２図から、次の２つの傾向を読み取れる。まず、どの地域でも、預貯金の割合が高い。青森県では、通貨性預貯金と定期性預貯金合計の割合が約63.1％である。次に、全国と比べて青森県では、生命保険などの割合が高く、有価証券の割合が低い傾向にある。

人びとの金融資産保有額や金融資産構成比を、どのような要因によって説明できるだろうか？　北村・内野（2011）や大竹・明坂（2017）などが、日本全国または首都圏にいる消費者の金融資産保有額や構成比の説明要因を分析した。これらの研究によると、おおよそ、年齢が高く、多額の金融資産を持ち、高学歴で、金融知識が豊富で、リスク許容度が高く、リスク資産投資に対する主観的なリターンが高く、自信過剰な個人が、リスク資産保有額やリスク資産保有比率を高める傾向にある。リスク資産とは、株式や投資信託など比較的リスクの高い金融資産を指す。

この後の議論では、16－２図で預貯金の割合が高い傾向に注目して、金融業・保険業のうち、預金取扱金融機関に注目する。

16－1図　金融業・保険業の事業所数構成

(a)　青森県

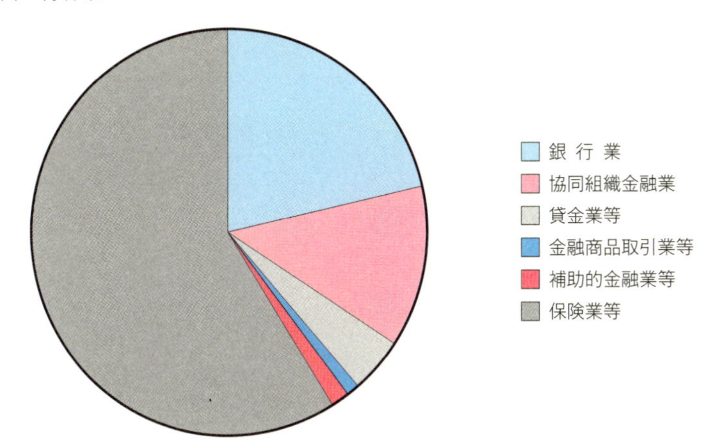

資料：「平成28年経済センサス活動調査」（総務省・経済産業省）に基づき筆者が作成

注）中分類「貸金業、クレジットカード業等非預金信用機関」、「金融商品取引業、商品先物取引業」、「保険業（保険媒介代理業、保険サービス業を含む）」を、本図ではそれぞれ「貸金業等」、「金融商品取引業等」、「保険業」と記す

(b)　全　国

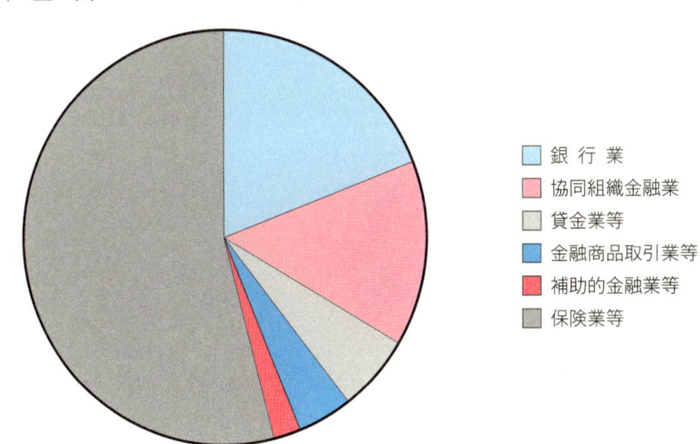

資料：本図(a)のそれと同じ

2．預金取扱金融機関の概要と貸借対照表

(1) 預金取扱金融機関の概要

経済理論で、預金取扱金融機関は、預金（貯金を含む。以下同じ。）を集めて、それを主に貸出で運用する金融機関と定義される[2,3]。16－1図の産業中分類で言えば、銀行業および協同組織金融業の大部分が預金取扱金融機関にあたる。

16－2表に、預金取扱金融機関の種類と数を示す。地域における預金取扱金融機関として、地方銀行、第二地方銀行、信用金庫や信用組合などがある。これらのうち地方銀行と第二地方銀行が銀行法を根拠にして設立される。地方銀行と第二地方銀行は、主に歴史的経緯や加盟する協会が異なる。一方、信用金庫は信用金庫法を、信用組合は中小企業等協同組合法および協同組合による金融事業に関する法律を、それぞれ根拠にして設立される。信用金庫と信用組合は、どちらも非営利法人であり、顧客や業務の範囲に制限を受ける。制限の程度は、信用金庫と信用組合とで異なる[4]。

2　預金取扱金融機関や金融全般に関する経済理論の教科書として、内田（2016）と書間（2018）などがある

3　銀行法では、貸出、預金に為替を加えた３つが銀行の固有業務として定められている

4　地方銀行、第二地方銀行、信用金庫と信用組合の違いについては、後藤（2015）や全国信用金庫協会ウェブサイト「信用金庫と銀行・信用組合との違い」（http://www.shinkin.org/shinkin/difference/index.html）を参照してほしい

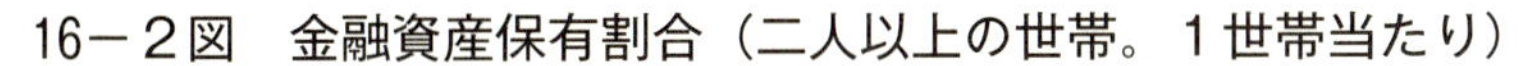

16－2図　金融資産保有割合（二人以上の世帯。１世帯当たり）

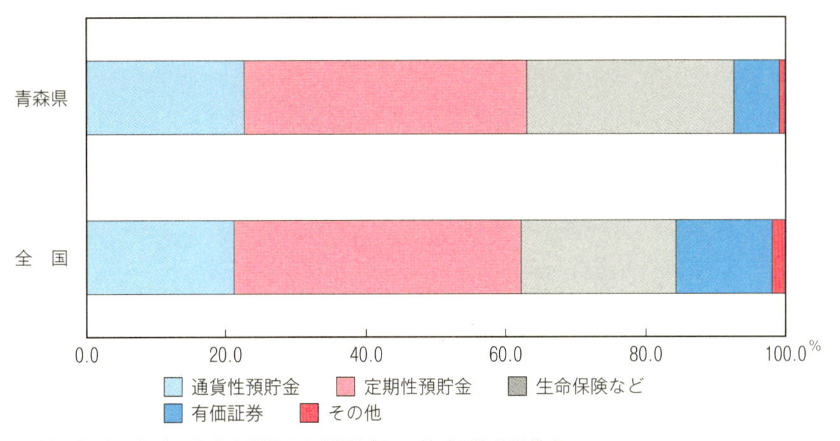

資料：「平成26年全国消費実態調査」（総務省）に基づき筆者が作成

16－2表　預金取扱金融機関の種類と数

種　類		機関数（全国）	機関数（青森県内本店）
銀　行	都市銀行	5	0
	地方銀行	64	2
	第二地方銀行	40	0
	信託銀行	15	0
	その他銀行	14	0
	小　計（1）	138	2
協同組織形態金融機関など	信用金庫	261	2
	信用組合	148	1
	労働金庫	13	0
	連合会	3	0
	その他	1	0
	小　計（2）	426	3
合　計（1)+(2）		564	5

資料：預金保険機構ウェブサイト（https://www.dic.go.jp/yokinsha/kikan.html）に基づき筆者が作成

注１）2018年９月10日現在のデータである

注２）系統金融機関（農林中央金庫、一部の農業協同組合や一部の漁業協同組合など）と外国銀行在日支店は、預金保険の対象外のため除外している

青森県内に本店を置く機関に限ると、地方銀行２行、信用金庫２金庫、信用組合１組合がある。後でこれらを再度紹介する。

最終的貸し手である預金者、預金取扱金融機関と、最終的借り手の間の資金の移転を、16－３図に描く。

⑵ 預金取扱金融機関の貸借対照表

ここでは、企業会計の用語を使って、16－３図を説明する[5]。

預金取扱金融機関は、預金を集めてそれを貸し出す。そして、預金と貸出のどちらにも原則として満期がある[6]。預金が満期を迎えると、預金取扱金融機関は預金者に払い戻しを行なわなければならない。このため、預金は、預金取扱金融機関にとって負債である。これに対して、貸出が満期を迎えると、預金取扱金融機関は最終的借り手から資金を回収できる。このため、貸出は預金取扱金融機関にとって資産である。

ある時点で預金取扱金融機関が保有する資産、負債と純資産を、貸借対照表という計算書に要約する。貸借対照表は、借方（資産の部）と貸方の２つに大きく分かれる。借方項目の合計金額と、貸方項目の合計金額は、必ず等しくなる。また、貸方は、負債の部と純資産の部の２つに細かく分かれる。

地方銀行64行全てを総合した貸借対照表を、16－３表に示す。借方（資産の部）のうち約62.8％を貸出金が占め、貸方（負債の部および純資産の部）のうち約82％を預金が占める。このように、地域を地盤にする預金取扱金融機関のビジネスにおいて、伝統的に預金業務と貸出業務の割合が高い。但し、現金預け金や有価証券の割合が10％を超えている。

5　預金取扱金融機関の会計制度については、全国銀行協会（2016）などを参照してほしい
6　但し、普通預金や当座預金には、満期が設定されない

16－3図　預金取扱金融機関の概念図

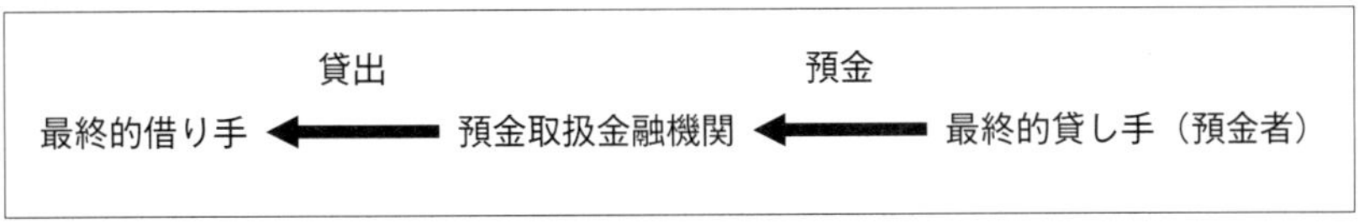

資料：筆者が作成
注1）矢印は、資金の移転を表す。また、預金と貸出それぞれの取引が始まった時点を描いている。取引終了（返済）時点では、矢印の向きが逆になる
注2）本文の説明順番とは逆に、本図では左から最終的借り手、預金取扱金融機関、最終的貸し手の配置になっている。この理由は、本図の配置を、16－3表・貸借対照表の借方と貸方の配置と同じにしているからである

16－3表　地方銀行64行の総合貸借対照表

借　方

科　目	金額(億円)	構成比
（資産の部）		
現金預け金	387,213	12.1%
有価証券	706,173	22.1%
貸出金	2,010,146	62.8%
上記以外の資産	98,350	3.1%
借方合計	3,201,883	100.0%

貸　方

科　目	金額(億円)	構成比
（負債の部）		
預金	2,625,577	82.0%
預金以外の負債	391,337	12.2%
（純資産の部）		
純資産	184,969	5.8%
貸方合計	3,201,883	100.0%

資料：「全国銀行財務諸表分析」（全国銀行協会）に基づき筆者が作成
注1）2018年3月31日現在における、単体決算のデータを載せている
注2）1億円未満の端数処理の結果、借方各科目の金額を合計した結果が、借方合計の額と一致しない
注3）借方の「現金預け金」は、地方銀行が他の金融機関等に預けた資金などである。
貸方の「預金」とは異なるので、注意してほしい

3．青森県全体の金融動向

ここでは、各預金取扱金融機関をまとめて、青森県全体の金融に関する動向をまとめる。

16－4図に、預金前年比と貸出前年比の時系列変化を描く。16－4図のポイントは、次の2つである。第1に、2006年11月以降、ほとんどの期間で、預金が増加傾向になった。これに対して、2013年5月以降、貸出が増加傾向になった。第2に、2013年9月以降、ほとんどの期間で、貸出前年比が預金前年比よりも高い傾向にある。

16－5図に、預貸率の時系列変化を示す。単純に言えば、預貸率は（貸出÷預金）×100で計算される。16－3図や16－3表と対応付ければ、預貸率は、預金取扱金融機関の主な資金調達手段である預金を分母、預金取扱金融機関の主な資金運用手段である貸出を分子にした割り算で計算される。仮に、ある個別預金取扱金融機関が、預金額を一定に維持したまま、貸出を減らして、他の資産（有価証券など）を増やす。すると、この預金取扱金融機関の預貸率は下がるだろう。逆に、別の個別預金取扱金融機関が、預金額を一定に維持したまま、貸出を増やして他の資産を減らす。すると、この預金取扱金融機関の預貸率は上がるだろう。16－5図によると、長期的に見て、預貸率は低下傾向にある。但し、より細かく見ると、預貸率は2013年6月に約54.5%になった後、上昇傾向に転じて、2018年7月には約59.4%になった。

16－6図に、貸出金利の月中変化幅を示す。単純に言えば、貸出金利は、16－3図で預金取扱金融機関が最終的借り手に資金を貸す際に適用される利子率である。16－6図では、ほとんどの期間で月中変化幅がマイナスの値になっており、貸出金利の低下傾向を示唆する。

16－４図　青森県内の実質預金と貸出対前年比

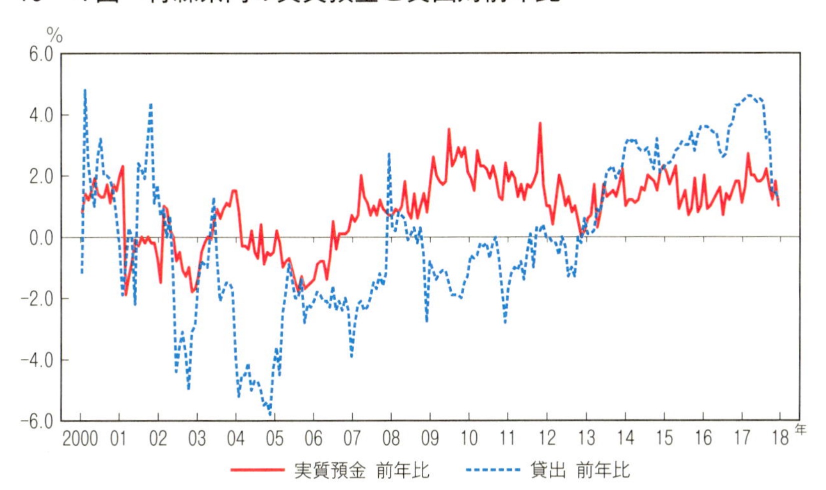

資料：「県内経済金融概況」（日本銀行青森支店）に基づき筆者が作成
注１）横軸の期間は、2000年１月～2018年７月である
注２）国内銀行（ゆうちょ銀行を除く）、信用金庫、信用組合の青森県内店舗について集計した結果が示されている
注３）実質預金は、預金から切手手形を控除したものである

16－５図　青森県内の預貸率

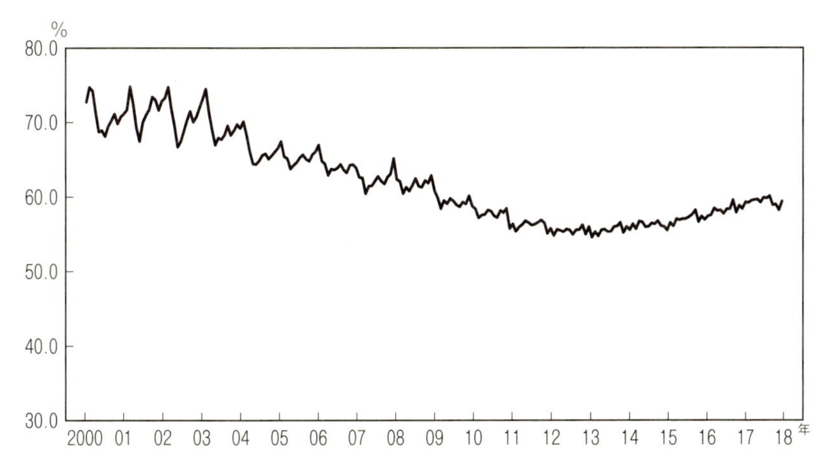

資料：「県内経済金融概況」（日本銀行青森支店）に基づき筆者が作成
注）本図では、預貸率を「（貸出金÷実質預金）×100」で計算した。また、16－４図 注１）～注３）が、本図についても成り立つ

2013年半ば以降、貸出増加傾向、預貸率上昇傾向や貸出金利低下傾向が見られる。これら変化が生じた一因として、2013年４月以降日本銀行が実施している量的・質的金融緩和によるポートフォリオ・リバランス効果を挙げられる。大雑把に言えば、ポートフォリオ・リバランス効果は、日本銀行が民間金融機関から有価証券を買う結果、民間金融機関が保有する資産が有価証券から貸出に替わる効果である。また、16－６図で、2017年以降、月中変化マイナス幅（絶対値）が前年同月比で縮小傾向にある。2016年９月に、量的・質的金融緩和に新たな枠組みが導入された。この枠組み導入後、それまでマイナス方向に強く誘導されてプラス方向に変化しにくかった金利が、比較的プラス方向に変化しやすくなったと言われている。16－６図のマイナス変化幅（絶対値）縮小に、この枠組み導入が影響しているのかもしれない。量的・質的金融緩和を含む非伝統的金融政策の議論を、湯本（2013）や小林（2015）などが行っている。

４．個別預金取扱金融機関の動向

青森県内にある個別預金取扱金融機関の動向を紹介する。なお、筆者はこの後の分析で、各預金取扱金融機関を比較する気は全くない。むしろ、動向の紹介を通じて、各預金取扱金融機関が全体として直面する経営環境やその変化のスケッチを試みたい。

まず、16－４表に、青森県内に本店を置く預金取扱金融機関の名前や本店所在地などを示す。

次に、16－５表に、青森県内における預貯金と貸出に関する、各預金取扱機関の残高とシェアを示す。16－５表に載っているデータには、青森県内に本店のある預金取扱金融機関が青森県外で行う預貯金や貸出が含まれていない一方、青森県外に本店のある預金取扱金融機関が青森県内で行う預貯金や貸出が含まれている。預貯金と貸出金のどちらで測っても、青森銀行とみちのく銀行の存在感が高い。以下、

16－6図　青森県内の貸出約定平均金利月中変化幅

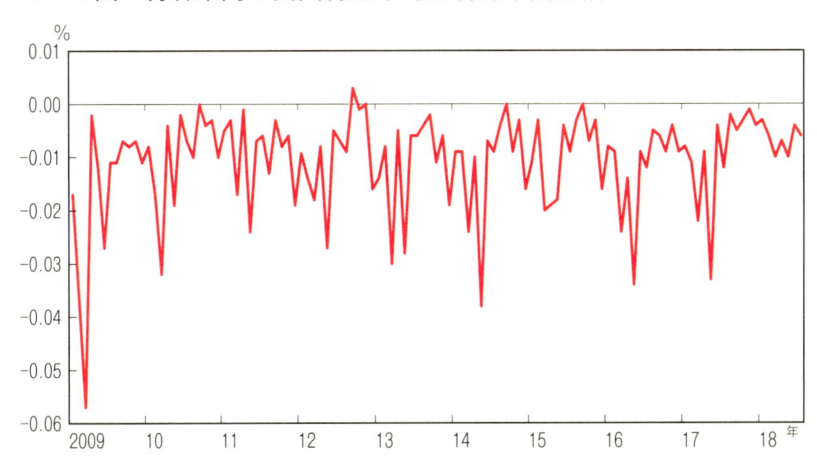

資料：「県内経済金融概況」（日本銀行青森支店）に基づき筆者が作成
注１）横軸の期間は、2009年１月～2018年７月である
注２）国内銀行（ゆうちょ銀行を除く）と信用金庫の青森県内店舗の貸出金利を貸出残高で加重平均した結果の時系列変化を示す。また、貸出金利はストックベース、長期金利と短期金利を総合したものである

16－4表　青森県内に本店を置く預金取扱金融機関一覧

金融機関コード番号	金融機関名	本店所在地	公式ウェブサイト
0117	青森銀行	青森市	http://www.a-bank.jp/contents/index.html
0118	みちのく銀行	青森市	https://www.michinokubank.co.jp/
1104	東奥信用金庫	弘前市	http://www.shinkin.co.jp/toshin/
1105	青い森信用金庫	八戸市	https://www.aoimorishinkin.co.jp/
2030	青森県信用組合	青森市	http://www.aomoriken.shinkumi.co.jp/

資料：「都道府県別の中小・地域金融機関情報一覧」（金融庁）（https://www.fsa.go.jp/policy/chusho/shihyou.html）に基づき筆者が作成
注）公式ウェブサイトを、2018年９月30日に閲覧した。それ以外の情報は、2017年３月31日現在のものである

これら２行に注目する。また、第３節で述べた量的・質的金融緩和の影響に注目するため、分析対象期間を2013年度以降に限定する。

16－７図に、各行の預貸率に関する時系列変化を示す。16－７図では、どちらの銀行の預貸率も、時間経過に伴って上昇傾向にある。この傾向は、16－５図（2013年度以降）と整合的である。

16－８図に、総資金利鞘の時系列変化を示す。総資金利鞘は貸出金利など資金運用利回りから、預金金利など資金調達原価を引いた差である。大まかに言って、どちらの銀行でも、総資金利鞘は2013年度と2017年度で高く、他の年度で低い傾向にある。最近の総資金利鞘上昇は、16－６図で述べた貸出金利マイナス変化幅（絶対値）縮小と整合するかもしれない。

総資金利鞘の低下に対処するため、預金取扱金融機関が、過去よりも収益源を多様化していると言われている。16－９図に、手数料収益の日常的収益に対する割合の変化を示す。手数料収益は、例えば銀行振り込みや振り替えを行うために預金者が預金取扱金融機関へ支払う手数料などである。どちらの銀行でも、手数料収益の割合が上昇傾向にある。

16－5表　青森県内における預貯金と貸出残高とシェア

業態など	預貯金		貸出金	
	残高（億円）	シェア	残高（億円）	シェア
大手行など	647	0.9%	515	1.6%
青森銀行	23,715	32.8%	13,716	41.8%
みちのく銀行	16,646	23.0%	10,116	30.8%
その他地方銀行	1,207	1.7%	1,129	3.4%
第二地方銀行	464	0.6%	450	1.4%
青い森信用金庫	6,043	8.4%	2,205	6.7%
その他信用金庫	1,603	2.2%	826	2.5%
信用組合	1,799	2.5%	902	2.8%
労働金庫	1,593	2.2%	1,772	5.4%
農協	5,556	7.7%	1,166	3.6%
ゆうちょ銀行	13,014	18.0%	0	0.0%
合計	72,287	100.0%	32,796	100.0%

資料：『月刊金融ジャーナル増刊号金融マップ2018年版』に基づき筆者が作成
注１）2017年３月31日現在のデータである
注２）『月刊金融ジャーナル増刊号金融マップ2018年版』では、原則として預金5,000億円超の個別金融機関が単独掲載され、預金5,000億円以下の個別金融機関が１つにまとめられている。本表もこの扱いに従う

16－７図　預貸率（期中平均）時系列変化

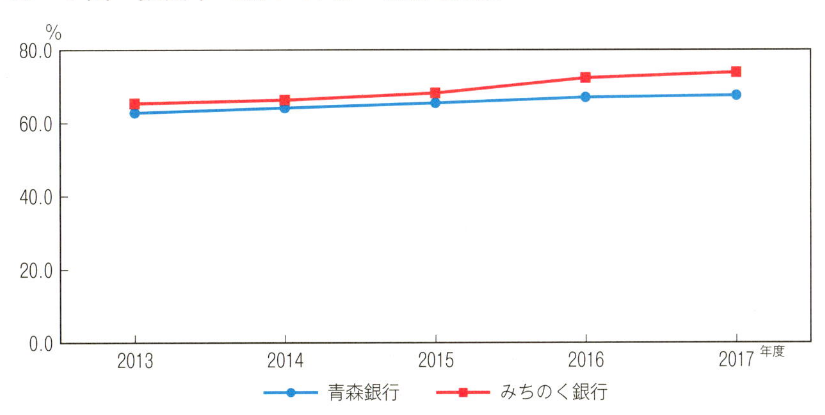

資料：各銀行ディスクロージャー誌に基づき筆者が作成
注）青森県内へ注目するために、国際業務部門を考慮せず、国内業務部門のデータだけを示す

16－8図　総資金利鞘時系列変化

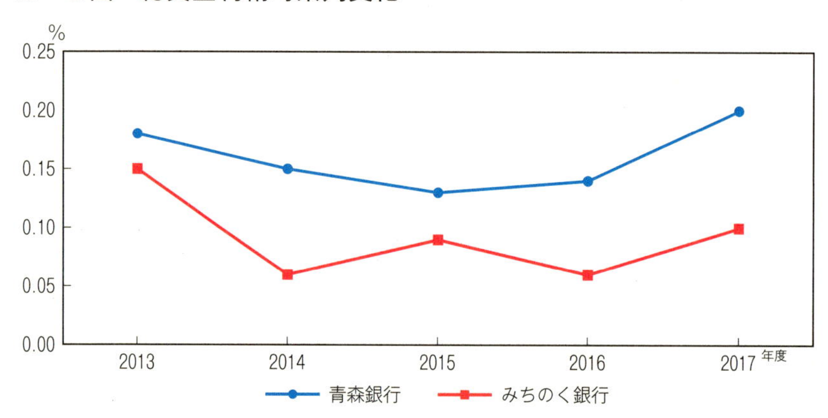

資料：各銀行ディスクロージャー誌に基づき筆者が作成
注）青森県内へ注目するために、国際業務部門を考慮せず、国内業務部門のデータだけを示す

16－9図　手数料収益割合時系列変化

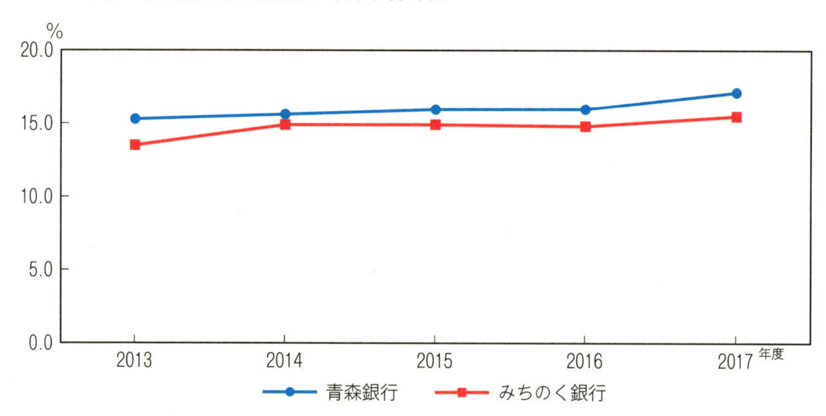

資料：各銀行ディスクロージャー誌に基づき筆者が作成
注）手数料収益割合の計算式は次の通り。手数料収益割合＝（役務取引等収益÷経常収益）×100。
また、損益計算書（単体）から、各収益項目のデータを得た

5．競争度の指標

最後に、近年、預金取扱金融機関の競争が、さまざまな次元で論点になっている。ここでは、預金取扱金融機関にとどまらず、広く企業間の競争の程度（競争度）を測る指標を紹介する。

競争度を測る最も素朴な指標は、16－５表に登場したシェアである。また、シェアを集約して、特定の市場における競争度を測る単一指標として、ハーフィンダール・ハーシュマン指数（以下、ＨＨＩと略す。）を挙げられる。ＨＨＩは、各企業のシェアを二乗し、その計算結果を全企業について合計した指標である[7]。ＨＨＩの値が小さいほど市場で競争が激しく、ＨＨＩの値が大きいほど市場で競争が緩やかだと判定される。極端な例として、ただ１つの企業だけが市場に存在してシェア100％を占める場合、ＨＨＩは10,000になる。他方の極端な例として、完全競争的な市場で、極めてシェアの小さな企業が多数存在する。この例で、ＨＨＩは０に近い値になる。さらに別の例として、16－５表で１つの行（ぎょう）が１つの預金取扱金融機関を表すと仮定して、ＨＨＩを計算する手続きを、16－６表に示す。この仮想例で、ＨＨＩは、シェア二乗の列の一番下に載っている。ＨＨＩは、預貯金について約2,079.6、貸出について約2,817.67と計算される。

シェアやそれに基づくＨＨＩに、限界がいくつか指摘されている。まず、シェアなどは一時点（例えば2017年３月31日）の状態を描く、静的な指標である。そこで、競争という動的な現象を十分に描くのが難しい。次に、ある市場にシェアの大きな少数の企業が存在する状況は、その市場で競争が制限されている状況を直接的には意味しない。なぜなら、その市場に存在する少数の企業が激しく競争する可能性を否定できないからである。これら限界を乗り越えるために、シェアやＨＨＩよりも直接的に競争の程度を測る指標が学術分野で提案されて

7　シェアから％単位を除去する

いる。これら指標は、例えば、経済学の弾力性の考え方を、企業行動にあてはめて計算される。筒井（2005）などが、銀行業や保険業について、これら指標を推定した。

16－6表　ＨＨＩの計算（仮想例）

業態など	預貯金		貸出金	
	シェア（%）	シェア二乗	シェア（%）	シェア二乗
大手行など	0.9	0.80	1.6	2.47
青森銀行	32.8	1,076.28	41.8	1,749.09
みちのく銀行	23.0	530.27	30.8	951.43
その他地方銀行	1.7	2.79	3.4	11.85
第二地方銀行	0.6	0.41	1.4	1.88
青い森信用金庫	8.4	69.89	6.7	45.20
その他信用金庫	2.2	4.92	2.5	6.34
信用組合	2.5	6.19	2.8	7.56
労働金庫	2.2	4.86	5.4	29.19
農協	7.7	59.08	3.6	12.64
ゆうちょ銀行	18.0	324.12	0.0	0.00
合計	100.0	2,079.60	100.0	2,817.67

資料：『月刊金融ジャーナル増刊号金融マップ2018年版』に基づき筆者が作成
注１）2017年３月31日現在のデータである
注２）１つの行（ぎょう）が１つの預金取扱金融機関を表すと仮定している

（※本章で示される見解は、全て筆者個人によるものであり、筆者の所属機関とは無関係のものである。また、言うまでもなく本章に残された問題は筆者の責任に属する。）

（担当：國方　明）

【参考文献】

内田浩史（2016)、『金融』、有斐閣.

大竹文雄・明坂弥香（2017)、「日本の個人資産運用と行動経済学的特性」、『証券アナリストジャーナル』、Vol.55、No.6、pp.16－24.

北村行伸・内野泰助（2011)、「家計の資産選択行動における学歴効果－逐次クロスセクションデータによる実証分析－」、『金融経済研究』、第33号, pp.24－45.
(http://www.jsmeweb.org/ja/journal/journal_ja.html#JA33, 2018年９月30日閲覧)

後藤尚久（2015)、「地方・地域を支える金融機関」、福重元嗣・細江守紀・焼田党・藪田雅弘編『応用経済学シリーズ第１巻　ベーシック応用経済学』、勁草書房、pp.109－120.

小林照義（2015)、『金融政策』、中央経済社.

全国銀行協会「やさしい銀行の読み方～銀行の財務諸表とディスクロージャー」.
(https://www.zenginkyo.or.jp/fileadmin/res/abstract/efforts/smooth/accounting/disclosure.pdf, 2018年９月30日閲覧)

筒井義郎（2005)、『金融業における競争と効率性　歴史的視点による分析』、東洋経済新報社.

書間文彦（2018)、『基礎コース金融論（第４版)』、新世社.

湯本雅士（2013)、『金融政策入門』、岩波書店（岩波新書新赤版1448).

Ⅲ．将来と課題

第17章　青森県の経済と産業の展望

これまでの各章ではさまざまの分野における青森県の経済と産業の姿を説明してきた。本章ではこれらの全体を俯瞰する視点に立って、将来への方向を展望する。

1．3つの環境変化

21世紀に入り、青森県の経済と産業の各分野をとりまく環境はこれまで以上に激しく変化した。これらの根底にあってすべての分野を通じて影響を強めている3つの大きな変化に注目することから始めよう。

⑴　人口動態の変化

第1は人口動態の変化、すなわち急激に進む人口減少（社会減と自然減）と高齢化である。人口は経済活動の基盤であるため、この影響は多面的であり、最も深刻な変化といえる。

人口の社会減の部分は経済活動にかかわりが強い。減少のパターンを年齢階層に注目すると、常に若年層の流出規模が大きく、その上の年齢階層（壮年層）のUターンなどによる流入が追いついていないという構造が続いている。若年層の大学等への進学による流出は景気に大きくは依存しないが、就職による流出とその上の年齢階層の流出入は経済面から大きな影響を受ける。2013年ごろから県内景気は緩やかに回復を始め、県内企業による求人数が増加したことから流出のペースも少し低下したが、依然、流出の規模は大きい。

少子化を主因とする人口の自然減も、若年層を中心に生産要素としての労働力を減らすという供給面からの長期的な影響が大きい。この長期的変化は、景気回復で県内の労働需要が増加したこと及び人口流出が続いていることとあいまって、多くの産業で人手不足をもたらした。

労働市場においてのみならず経営者層の次元でも影響は大きい。経営者の高齢化が急速に進み、また後継者がいない企業が多数出現して深刻な問題を引き起こしている。事業を引継ぐ親族、役員あるいは従業員がいなければ、社外の第三者へ事業を譲る可能性を探ることになる。譲り受けを希望する企業とのマッチングも進んでいるが、時間を要するプロセスである。このため収益性のある企業でさえ、事業の引継ぎができなければ廃業となり、産業からの退出となってしまう。

県内人口の縮小は県内の消費需要を減少させ、とくにサービス産業の顧客層を縮小させることから、大きな産業衰退要因となっている。また高齢化はサービス需要の構成を変え、医療・福祉・介護部門を急成長させた。今後、団塊の世代が後期高齢者となるにつれ、さらに拡大が予想される。

⑵　県内外の連関性の高まり

第2の環境変化は、県内外、国内外との間の経済活動の連関性が高まり、地域間の一体性が強まったことである。県内企業の生産活動は、海外・県外の動きに一層敏感に影響を受けるようになった。米国におけるＩＴバブルの崩壊、またリーマンショックによる世界金融危機などのマイナスショックが直ちに青森県内の経済活動と雇用、所得に及ぼした強烈な負のインパクトは記憶に新しい。

最も強く直接的な連関がみられる分野は製造業である。わが国経済活動の骨格をなしている製造業は、海外の生産拠点や海外企業との密接なサプライチェーンによって生産システムを組織している。県内のものづくり系、素材系製造業の企業も、国際的なネットワークとつながる国内の広域取引圏の中で生産活動を行っている。

そのほかにも、農林水産業や食料品製造業では輸出が増加し、海外の経済状況に依存する程度が強くなった。また観光業ではインバウンドが急増し、外国人旅行客を青森県内のいたるところで見かけるのが日常の光景になった。これら海外旅行者の数や旅行消費支出は海外の経済成長に大きく依存している。

サービス産業についても、サービス供給面では県外企業の進出がこれまで以上に活発化している。小売業でコンビニ、ドラッグストアなどの全国チェーンの展開が見られるほか、介護サービス、生活関連サービスでも進出が顕著である。また情報サービスなど、企業向けサービスにおいてさまざまの新サービスの供給が増加している。このため県内へのサービス供給や県内サービス産業の雇用が、県外企業の直面する県外の状況変化など県内経済と独立の要因に左右される度合いも高まっている。

⑶　情報通信を中心とする技術革新

第３の環境変化は、第４次産業革命といわれる情報通信分野と自動化分野の急速な技術進歩である。これらは県内の産業界と社会へ大きなインパクトを与えつつある。

個別の分野をみると、主に消費者側においてスマートフォンなどを通じる情報伝達・拡散のルートが急速に拡大し、ネットを通しての消費財購入の拡大は目を見張るものがある。また決済など全く新しい機能分野への利用が進みつつある。さらに自動翻訳などが高機能化し、外国人との意思疎通のバリア低下はビジネスや観光面でのコミュニケーションの場を変えつつある。

産業の面でも、ＡＩやＩoＴを活用した産業のスマート化が進行している。ロボットも進化しつつあり、人手不足がこれらの導入への圧力となっている。県内では工場での活用のほか農業での活用が活発であり、今後の急速な進展が予想される。

さらに社会基盤の変化として、移動手段の革新的なシフトが視野に入ってきた。自動車の自動運転や連結性の向上が進み、道路を利用する貨物輸送、旅客輸送は大きく変わるであろう。

現在進行中の技術革新の質と規模は従来に比べて格段に大きく、産業基盤を変えるという面のみならず、さらに広くは消費者、生産者の双方にかかわる経済活動の基盤を変えることが予想される。特に注意すべき点は、出現しつつある技術革新の大きな特徴が「距離を縮めること」にあり、これは青森県の地理的な特性、すなわち産業と人口の集積地である都市圏から遠距離であること（遠隔地性）の意味をドラスティックに変える可能性がある。

2．２つの目標：所得の向上と人口流出の抑制

(1)　付加価値の向上と製造業の役割

産業振興策の検討においては、従来から産業に占める製造業比率が産業高度化の指標として注目され、製造業比率の上昇による所得の増加という考えは大きな影響力を持ってきた。わが国製造業の付加価値の高さと、海外競争力の強さを要因とする輸出の増加がわが国の成長を支えたように、地域の経済成長においても製造業の役割が大きいと考える。

しかし前節の経済環境の変化でも指摘したように、製造業では国内と海外の生産拠点を一体的に運用する体制となった。1980年代後半からは工場の海外移転の急増によって、相対的に国内地方圏の生産拠点の意義が低下した。他方、近年になってからは、東アジアなどの賃金上昇傾向を理由に、製造業の国内回帰という逆方向の動きもみられる。これら両面の影響を考慮すると、地方圏の所得向上にとって製造業の持つ効果がこれまでと変わっている可能性がある。

ただ、地方圏においては第１次産業のウエイトは構造的に低下しており、また第３次産業において高付加価値かつ成長性の高い業種、たとえば情報関連産業は都市圏、とりわけ東京圏に集中するという産業

特性がある。したがって、地方圏の所得向上策を検討するスタート点として製造業の役割に注目することは、依然として意義がある。

製造業比率に注目する２つの図が出発点である。17－１図は、2014年における各道府県の製造業比率と一人当たり県民所得の関係を示す。明らかに製造業比率の高い県で、一人当たり県民所得が高いという正の相関関係がこれまでと同じく観察される。

（17－１図参照）

17－１図　製造業比率と一人当たり県民所得の相関（2014年、除く東京）

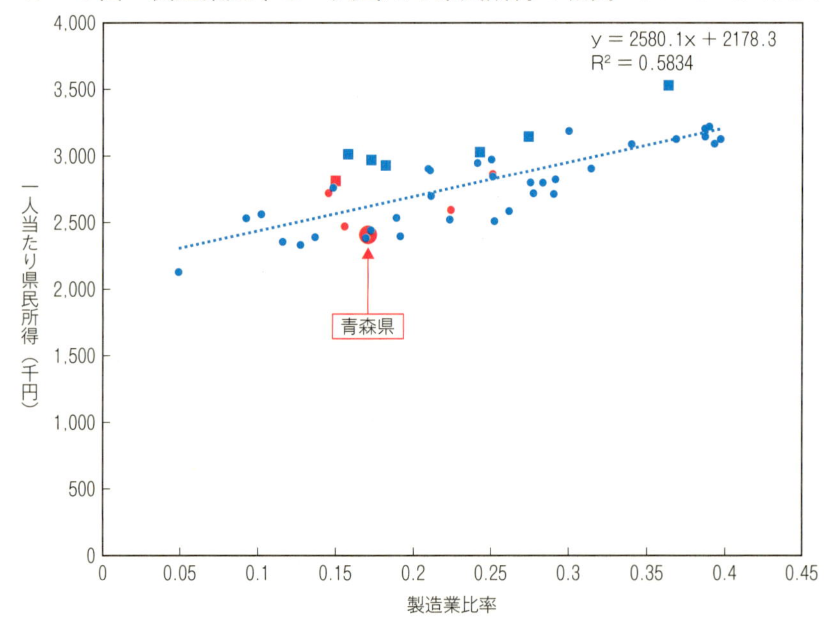

資料：「県民経済計算」（内閣府）

注）赤いマーカーは東北地方の各県を、また四角のマーカーは愛知、広島、京都、神奈川、千葉、大阪、宮城の各府県を示す

製造業比率の高い滋賀、静岡、群馬、栃木、三重、愛知、山口などの高比率グループと、逆に製造業比率の低い沖縄、高知、北海道、長崎、鳥取、鹿児島などの低比率グループを結ぶ正の傾きの傾向線がある。青森県は秋田、岩手、宮城の東北各県とほぼ同じ製造業比率のグ

ループに属し、最も低いグループの次の位置にある。

ただ、製造業比率と所得の傾向線から離れて所得の高い県もある。愛知、広島、京都、神奈川、千葉、大阪、宮城などの各府県は傾向線のかなり上に位置している。これらの府県にはそれぞれの地域の中核都市として機能する都市が所在し、それらの都市に第３次産業の中の高付加価値業種が集積し、所得水準を引き上げていると考えられる。

次に、17－２図はそれらの時間的変化の程度の関係、すなわち2001年から2014年までの14年間の製造業比率の変化と一人当たり県民所得の変化の関係を示す散布図である。図からわかるように、製造業比率が上昇するとき一人当たり所得が増加するという正の相関が観察される。　　　　　　　　　　　　　　　　　　　　　　（17－２図参照）

17－２図　製造業比率と一人当たり県民所得の変化の相関

（2001－2014、除く東京）

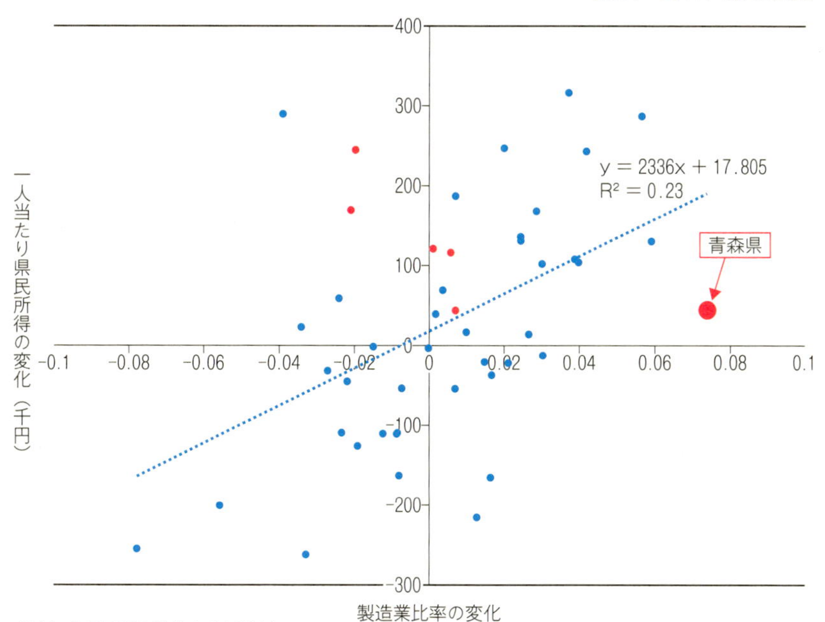

資料：「県民経済計算」（内閣府）

注）赤いマーカーは東北地方の各県を示す

Ⅲ．将来と課題

この間、製造業比率が上昇して所得も増加した県は（第１象限に分布）、三重、徳島、群馬、栃木、山口などである。電子関連、輸送関連の高度な技術を伴う資本集約的な企業や事業所の拡大が付加価値を高め、一人当たりの所得を増加させたと考えられる。この時期に青森県の製造業比率も大きく上昇し、所得も増加しているが、その増加分は傾向線を下回っている。また逆に、製造業比率が低下し、所得も減少した県は（第３象限に分布）、鳥取、神奈川、奈良などであり、地域からの大規模工場の撤退がこの変化を引き起こしていると考えられる。

ただ、この正の相関関係は大まかな傾向でしかない。岩手、福島は製造業比率を低下させているが、所得は増加している（第２象限に分布）。逆に、岐阜、石川は製造業比率が上昇しているが、所得は減少している（第４象限に分布）。これらの関係の理解には、製造業の縮小、拡大と同時に製造業の中で業種の転換が進み、業種構成が変化したことにも注意が必要である。

製造業比率が低下したとき、所得が増加するいくつかの理由が考えられる。製造業の中で、高付加価値の業種への転換が進行することのほか、同一の製造業業種の中で生産性上昇などの高付加価値化の努力が進むことがある。たとえば食料品製造業の中の生産性の低い部門の縮小と、輸送機器製造の拡大などは前者の例となる。また高付加価値の非製造業が拡大するケースもある。情報通信技術の革新を基礎として、新しい消費者向けサービスや企業向けサービスの提供が拡大するなどの例が考えられる。さらに第１次産業において、農林水産物の地域ブランド化、ＩＣＴ活用による生産性の向上などが付加価値向上の理由となる。

いずれも所得向上の要点は高付加価値化である。そして高付加価値化のばねとなる重要な要素の一つは市場の規模拡大であることに注目する必要がある。地域の所得が向上する有力な道すじである地域の中小企業が中堅企業化する可能性、また関連ニッチ市場が増殖する可能性に対しても、市場自体の拡大が大きな効果を持っている。

製造業にはものづくり系・素材系や食料品製造など移出比率の高い業種が多く、県内企業にとって市場拡大が見込まれる分野である。県内と域外経済の連関性が高まるという経済環境の変化は、域外の需要変動の影響を強く受けるリスクをともなうものの、東アジアなど成長する地域の勢いを活用する可能性を高め、移出タイプの業種にとって大きな成長機会を広げることになっている。

(2)　人口流出抑制の考え方

人口流出を抑制するためには、人々の人口移動の意思決定を左右するさまざまの地域特性要因を理解する必要があり、これらは経済的要因と社会的要因に分けることができる。

まず、経済的要因としては賃金などでとらえられる所得水準が代表的変数であり、また職業・職種の選択肢の多様性に加え、さらに仕事のやりがい、働き方などの仕事の魅力度という要因がある。

社会的要因としては、自然、文化、教育、医療、介護など暮らしやすさを形づくる多くの環境要因がある。広い意味の生活サービス環境であり、生活の質ＱＯＬを左右する要因ということができる。意思決定のステージでは、それぞれの地域においてこれら２つの要因の状態を評価し、比較を行い、最終的に移動するかとどまるか定めるであろう。

この意思決定のパターンには、年齢層によって特徴的な差異があらわれる可能性がある。若年層は今後長期にわたって獲得できる所得や仕事の内容に強い関心を持つだろう。一方、より年齢が高い壮年層は家庭を形成している割合も高く、地域の暮らしやすさを重視する割合が高いのではないか。つまり一つの仮説として、若年層は経済的要因を相対的に重視する人の割合が高く、また壮年層はくらしやすさなどの社会的要因を相対的に重視する人の割合が高いのではないかと考えられる。

さらに経済的要因の中の重要な要素である仕事の魅力はいずれの年齢階層でも重視する変数であるが、これは多面的な次元から構成される。そして若年層と壮年層で重視する魅力要素が異なる可能性が強い。このような選好における異質性の存在を考慮すると、地域における仕事の機会の多様性の広がりは、それ自体が地域の大きな魅力となっている。

したがって人口流出を抑制する政策手段は、経済的な要因の改善と同時に、社会的な要因の改善を組み合わせることであり、そのポイントは次のようになると考えられる。まず、青森県からの人口流出を年齢別にみると、若年層では進学目的があり、また賃金水準のある程度の地域間格差の残存を考慮すると、抑制努力の施策がなされた後でも若年層の一定程度の流出は今後も想定せざるを得ない。したがって全体としての人口流出の抑制のためには、壮年層のＵターンなどによる流入促進をはかり、若年層の流出（政策努力による抑制後）とのバランスをとることが肝要になる。

いいかえると政策の焦点は、県内での仕事の対県外所得格差の縮小と仕事の多様性と魅力の向上、そして県内の住みやすさの改善という３つの要因になる。県内の仕事から得られる所得と魅力が人口流出へ与える効果は、首都圏などの仕事の所得と魅力との相対的関係に依存するので、県内でのこれらの項目の向上が直ちに効果を持つとは限らないものの、長い目で見て、これらの要因の改善が、地域の人口抑制の基本となるであろう。

3．地方創生と産業振興策の移り変わり

(1)　青森県の産業振興策

青森県はこれまで継続的に長期計画を作成し、その中で産業振興策は重要な位置を占めている。21世紀にはいってから「生活創造推進プラン」(2004－2008年度)、「青森県基本計画未来への挑戦」(2009－2013年度)、「青森県基本計画未来を変える挑戦」(2014－2018年度)が策定された。

これらの計画はいずれも産業振興と雇用の改善による所得の向上を目指している。また並行して、少子化、高齢化や人口流出など人口動態にかかわる課題が取り上げられている。人口減少のテーマは年を追うごとに計画の中で大きなウエイトを占めるようになってきている。

すべての基本計画を通して、産業振興策には共通する要素が多い。それらの要素は、最近の2018年までを対象年度とする「青森県基本計画未来を変える挑戦」に見ることができる。この計画では、重点とする政策分野として、①産業・雇用分野（仕事づくりと所得の向上)、②安全・安心、健康分野（命と暮らしを守る)、③環境分野（自然との共生、低炭素・循環による持続可能な地域社会の形成)、④教育、人づくり分野（生活創造社会の礎）の４分野を設定し、それぞれに具体的な施策を定めた。その中の「産業・雇用分野（仕事づくりと所得の向上)」の政策・施策をまとめたのが、17－１表である。

（17－１表参照)

17－1表　「青森県基本計画未来を変える挑戦」産業・雇用分野（仕事づくりと所得の向上）の施策

政　　策	施　　策
1　アグリ（農林水産業）分野の成長産業化	(1)　信頼・人のつながりに支えられた「売れるしくみづくり」
	(2)　安全・安心で優れた青森県産品づくり
	(3)　経済成長が著しいアジアなどにおける青森県産品の輸出促進
	(4)　農商工連携・6次産業化による産業の創出・強化
2　人口減少などに対応したライフ（医療・健康・福祉）分野の成長産業創出	(1)　地域資源を活用したライフ分野に係る新産業の創出・育成
	(2)　生活関連サービス産業の創出・拡大
3　グリーン（環境・エネルギー）関連産業の推進	(1)　再生可能エネルギーの導入促進による産業振興
	(2)　低炭素・循環型社会を支える環境関連産業の振興
	(3)　原子力関連産業の振興と原子力分野の人財育成
4　戦略的な青森ならではのツーリズムの推進	(1)　地域の魅力の発掘・磨きあげと観光地域づくりの推進
	(2)　戦略的な情報発信
	(3)　戦略的な誘客の推進
	(4)　外国人観光客の誘致の強化・推進
	(5)　観光客の満足度を高める受け入れ態勢の整備
	(6)　幅広い分野との連携による観光産業の競争力強化
5　青森県の強みを生かした地域産業の振興	(1)　地域資源を生かして雇用を生み出す新たな産業の創出・育成
	(2)　地域産業の成長・発展
	(3)　海外ビジネス展開の推進
	(4)　戦略的企業誘致の推進
6　安定した雇用の確保と県民の活動を支える基盤の整備	(1)　雇用の改善に向けた環境整備
	(2)　産業や生活を支える交通・情報通信基盤整備

資料：「青森県基本計画　未来を変える挑戦アウトルックレポート　2014－2018」

この中で大きな位置を占めるのは食産業であり、具体的には農林水産業、食料品製造業を核とする。これらの政策・施策は青森県が優位性をもつ地域資源を活用し、移出による市場の拡大を通じて産業の成長を図っている。また、医療・健康・福祉関連という高付加価値・高成長の新産業にも注目する。さらに観光産業もこれまでの長期計画と同様に重視されている。そのほか、地域産業、エネルギー産業なども挙げられている。これらはいずれも高所得実現のための付加価値向上と産業の成長・拡大を目指しているものである。

一方、人口減少問題も重点的な課題として注目されてきた。とくに2009年度から始まった「青森県基本計画未来への挑戦」においては、「人口減少対策については、県行政全般にわたる総合的な取組が必要ですが、その中でも、若年層の県外流出に歯止めを掛けるための雇用の場の確保と、将来にわたり本県に定住してもらうための良質な仕事の創出が極めて重要です」（青森県（2008）p.27）と述べている。リーマンショックがもたらした当時の厳しい県内雇用情勢によって人口流出が急激であったことを反映して、経済面に注目した産業振興の重要性が強調されている。

(2)　青森県の地方創生

国の新たな地域振興策である「地方創生」は、地方の人口減少抑制を最大の目標として掲げ、このため「まち・ひと・しごと創生法」が2014年に施行された。これは施策の運営面において各自治体に発案を求め、また進捗状況を重要な数値指標によって把握するというスタイルにも特色がある。青森県はこれに対応して2015年８月に「まち・ひと・しごと創生青森県総合戦略」を作成した。

青森県は既に「青森県基本計画未来を変える挑戦」を実施中であることから、「まち・ひと・しごと創生青森県総合戦略」をその大枠に取り込む形で作成し、これをつぎのように整理した（青森県（2018）p.75）。

> 『まち・ひと・しごと創生青森県総合戦略』は、『青森県基本計画未来を変える挑戦』のうち、人口減少対策に係る施策について、数値目標や方向性等を記載した『実施計画（アクションプラン）』として位置づけており、社会減対策、自然減対策の両面から設定した４つの各政策分野に基本目標（2020年の目標値）と重要業績評価指標（ＫＰＩ）を設定し、「青森県基本計画未来を変

える挑戦」のマネジメントサイクルと一体的に運用する。

「青森県基本計画」と「まち・ひと・しごと創生青森県総合戦略」の進捗状況は数値的に把握でき、「アウトルックレポート」として定期的に公表されている。2018年公表の結果のうち社会減対策である政策分野１と政策分野２について、現状値、目標値および直近値を示したのが17－２表である。（17－２表参照）

17－２表　「まち・ひと・しごと創生青森県総合戦略の進捗状況
社会減対策の政策分野」

政策分野１　強みをとことん、魅力あふれる仕事づくり

		現状値（戦略策定時）	目標値（2020）	直近値（今回検証値、平成28年または29年）
基本目標	製造品出荷額等	１兆5,203億円	現状より増加	１兆8,041億円
	農家１戸当たりの農業産出額	756万円	現状より増加	961万円
	県産農林水産品輸出額	175億円	220億円	294億円
	延べ宿泊客数	476万人泊	550万人泊以上	456万人泊
重要業績評価指標（ＫＰＩ）	りんごの輸出量	２万トン	４万トン	32,010トン
	６次産業化アドバイザー等の派遣を通じた個別相談件数	304件	400件	210件
	ライフ産業新規事業分野参入企業数	３社	25社	21社
	青森県再生可能エネルギー産業ネットワーク会議会員数	171者	200者	250者
	外国人延べ宿泊者数	57,130人泊	20万人泊以上	239,150人泊
	観光消費額	1,478億円	1,800億円	1,814億円
	（公財）21あおもり産業総合支援センターのコーディネーター等による県内中小企業の積極的な事業展開に対する指導・助言件数	1,218件	1,410件	1,872件
	青森県内の創業支援拠点を利用した創業者数	43人	５年間で 250人	302人

政策分野２　人財きらめく、住んでよしの青森県

		現状値（戦略策定時）	目標値（2020）	直近値（今回検証値、平成28年または29年）
基本目標	県外からの転入者に占める移住者等の割合	28.60%	現状より増加	36.70%
	県内大学等卒業者（大学、短大、高専、専修学校）の県内就職内定率	35.20%	現状より増加	34.30%
	県内高校卒業就職者の県内就職率	58.90%	現状より増加	57.50%
重要業績評価指標（ＫＰＩ）	移住に関する相談・情報提供の件数	4,100件	現状より増加	11,179件
	中学校職場体験及び高等学校インターンシップ実施率中学校95.1%高等学校	78.10%	中学校98.0% 高等学校80.0%	中学校95.6% 高等学校73.9%
	農山漁村における地域経営体数	217経営体	300経営体	269経営体
	介護保険制度の要支援１・２の方の維持・改善率	87.70%	90%以上	88.80%
	地域移行（障害者支援施設の入所者数）	2,567人	2,470人以下	2,530人
	自主防災組織活動カバー率（旧組織率）	43.30%	50%以上	48.70%
	県内における地域公共交通会議の設置数（県及び市町村）	28	30	29

資料：「青森県基本計画未来を変える挑戦アウトルックレポート　2014−2018」
注）「基本目標及び重要業績評価指標（KPI）一覧」をもとに、政策分野１、２のすべての基本目標及びKPI項目について達成状況の一部を抜粋

基本目標及び重要業績評価指標の各項目からわかるように、政策分野１は所得の向上と魅力ある仕事づくりを目標とし、政策分野２は暮らしやすさが目標となっている。これらの項目を前節まで述べた人口流出抑制の考え方に沿って理解すると、政策分野１は経済的要因に、また政策分野２は社会的要因に対応する。経済的要因では、移出・輸出などの項目が目立ち、産業の成長性を重視していることがわかる。また、創業などによる仕事の多様性も重視されている。社会的要因では、介護や防災体制などＱＯＬの指標をとりあげていることが注目される。

４．地域の発展のために

人口減少が続く地域の厳しい時代にあって、地域の発展とは端的にはその地域がより多くの人々によって選択される状態を作り出すことにほぼ等しい。人々の移動の意思決定要因に立ち返ると、基本となる

のは、産業の高付加価値化による所得の向上、多様な仕事の機会の拡大による魅力の向上、そして暮らしやすさの改善という３つの要因であった。これまでの青森県の産業振興施策においても、これらを重視するという大きな方向はゆらぐことなく続いている。

最後に上記の３つの要因にかかわり、これからの発展のカギとなる３つのポイントを強調したい。

第１は情報通信技術の大変革への対処である。地域の産業のすべての分野において積極的にＡＩやＩoＴなどの新たな発展を吸収し活用できる態勢を作り上げることが極めて重要である。新商品・新サービスの開発、生産現場の飛躍的な生産性の向上から、さらにまったく従来と異なる販売手法など、多くの場面で革新が進んでおり、近い将来に大変革が予想される。県内中小企業においても既に意欲的な取り組みが始まっている。この動きを加速する必要がある。これによって、高付加価値化と多様な仕事の可能性が拡大するであろう。

この大変革への対処には、企業、産業の領域のみならず広範囲のＩＴリテラシーの向上が必要であり、小中高生の段階からの刺激と学びの機会の提供が重要であろう。また高等教育や社会人教育のレベルでも情報通信技術についてさまざまのアプローチで容易に学習できる機会の設定・拡張がなされるべきである。

第２は経営層と従業員の双方のレベルでの企業者精神の重要性である。企業者精神は新商品・新サービスなど研究開発においてのみ重要なのではない。創業、経営革新、事業承継など、さまざまの企業活動の局面変化がなされる場面で企業者精神によって創意工夫を持続することが企業の牽引力になる。

また企業者精神の育成が求められるのは企業トップだけではない。企業内の各層で働く人の企業者精神を活かすことこそが組織を活性化する要諦である。労働力の減少による人手不足は構造的であり、一過性ではない。従業員レベルでの働き方の改善により、従業員の意欲の向上と人材の育成が可能になる。これらが生産性の向上と革新的事業を生み出すであろう。

最後に現在進んでいる地域の人口減少は国家的課題であることを改めて認識する必要がある。本章の冒頭で経済環境の主要な変化の一つとして指摘したように、産業と経済の県内外の一体化はますます強まっている。地域で取り組んでいる多くの施策と懸命な努力の効果は、都市圏の状況との相対的な関係に大きく左右されるようになっている。

地域の人口減少の抑制という地方創生の実効性を確保するためには、地方圏と都市圏との一体的対策が不可欠である。「まち・ひと・しごと創生法」（第１条）には、人口減少の歯止めと並んで東京圏への過度の人口集中を是正することが明示されている。この両者が表裏一体の関係にあることは明らかであり、実効ある政策となるためには両者の一体的な取り組みが求められる。

（＊本稿は個人としての見解であり、必ずしも所属する組織のものではない。）

（担当：今　喜典）

【参考文献】

青森県（2004）『生活創造推進プラン』.

青森県（2008）『青森県基本計画未来への挑戦』.

青森県（2013）『青森県基本計画未来を変える挑戦』.

青森県（2018）『青森県基本計画未来を変える挑戦アウトルックレポート2014－2018』.

今喜典（2017）「長期経済低迷期における青森県ものづくり中小企業の取引動向」『中小企業季報』2017年、No２.

今喜典（2018）「人口減少下の地方圏サービス産業－最近の青森県を中心に－」、『商工金融』2018年９月号.

「青森県の経済と産業研究会」メンバー（執筆者）一覧

	氏名	所属
（座　長）	今　　喜　典	21あおもり産業総合支援センター理事長
（座長代理）	高　山　　貢	青森中央学院大学教授
	李　　永　俊	弘前大学教授
	岩　船　　彰	青森中央学院大学教授
	遠　藤　哲　哉	青森公立大学教授
	木　立　　力	青森公立大学教授
	櫛　引　素　夫	青森大学教授
	小久保　　温	八戸工業大学大学院教授
	佐々木　純一郎	弘前大学大学院教授
	大　矢　奈　美	青森公立大学准教授
	國　方　　明	青森公立大学准教授
	竹　内　紀　人	青森地域社会研究所常務理事
	長　尾　匡　道	青森地域社会研究所主任研究員
	松　田　英　嗣	青森地域社会研究所主任研究員
	竹　内　慎　司	青森地域社会研究所研究員
	野　里　和　廣	青森地域社会研究所研究員

（2019年３月現在）

変化する青森県の経済と産業

2019年３月25日発行

企画・編集　一般財団法人 青森地域社会研究所
〒030-0801　青森市新町二丁目２番７号
電 話 017-777-1511

発 行 者　塩 越 隆 雄

発 行 所　東 奥 日 報 社
〒030-0180　青森市第二問屋町３丁目１番89号
電 話 017-718-1145（出版部）

印 刷 所　東奥印刷株式会社

ISBN 978-4-88561-254-1 C0033 ￥2000E